HEYNE <

Zum Autor

Tim Pröse, geboren 1970 in Essen, ist Autor und freier Journalist (u. a. für den SPIEGEL) in München. Zwei seiner Bücher schafften es auf Platz 1 der SPIEGEL-Bestsellerliste. Tim Pröse studierte Kommunikationswissenschaften, Politik und Psychologie. Er war Reporter, Redakteur und Chefreporter, bekam den Katholischen Medienpreis, bevor 2016 sein erstes Buch erschien: »Jahrhundertzeugen. Die Botschaft der letzten Helden gegen Hitler«. 2017 folgte »Hallervorden. Ein Komiker macht Ernst«. 2018 »Samstagabendhelden« und 2019 »Mario Adorf. Zugabe!«. Sein Buch »Jan Fedder – Unsterblich« schaffte es 2021 aus dem Stand heraus bis nach oben. Darauf folgte 2022 ein weiterer Platz 1 mit: »... und nie kann ich vergessen«. Tim Pröse tourt mit bisher etwa 600 Lesungen durch Deutschland und war an mehr als 280 Schulen zu Gast. 2022 erschien »Der Tag, der mein Leben veränderte«. 2024 folgte »Wir Kinder des 20. Juli«. Im April 2026 kommt das neuste Buch von Tim Pröse heraus: »Doch noch ein neuer Tag. Wie Alexandra den Tod wählte und das Leben wiederfand«.

Zum Buch

Dieter Hallervorden hat schon lange das »Didi«-Image abgelegt. In einem Alter, in dem andere längst in Rente sind, übernimmt er das Schlosspark Theater in Berlin und überrascht viele Millionen als preisgekrönter Charakterdarsteller in *Sein letztes Rennen*, *Honig im Kopf* oder *Mein Freund, das Ekel*. Nr.-1-Spiegel-Bestseller-Autor Tim Pröse ist beeindruckt von diesem Ausnahmekünstler und nähert sich in einer jahrelangen Spurensuche dem »wahren« Hallervorden. Zahlreiche Gespräche mit ihm, seiner Lebensgefährtin, seinem Sohn, Freunden und prominenten Weggefährten, ein Besuch auf der Privatinsel und einige gemeinsame Auftritte bringen einen oft sehr ernsten, empfindsamen und selbstkritischen Mann ans Licht und die Antwort auf eine der größten Fragen: Wie wird man einfach nur man selbst?

TIM PRÖSE

HALLERVORDEN

EIN KOMIKER MACHT ERNST

WILHELM HEYNE VERLAG
MÜNCHEN

Hinweis: Das Werk basiert auf dem bei Hoffmann und Campe 2017 erschienenen Hardcover mit dem gleichnamigen Titel, wurde jedoch grundlegend überarbeitet, aktualisiert und erweitert.

MIX
Papier | Fördert gute Waldnutzung
FSC® C014496

Penguin Random House Verlagsgruppe FSC® N001967

3. Auflage

Redaktion: Dr. Heike Wolter
Umschlaggestaltung: wilhelm typo grafisch,
unter Verwendung eines Fotos von © Hannes Caspar
Satz: Satzwerk Huber, Germering
Druck: GGP Media GmbH, Pößneck
Printed in Germany
ISBN: 978-3-453-60633-3

www.heyne.de

Für alle, die niemals aufgeben

»Ja, während die Mächtigen, die großen Narren,
die Welt in Trümmer schlagen, versuchen wir,
die kleinen Narren, den Trümmerhaufen immer wieder
mit versöhnlichen Schriftzeichen zu beschreiben und
mit Blumensamen zu besäen.«

Hermann Hesse

»Ein Narr gibt nie auf!«

Dieter Hallervorden

INHALT

PROLOG

Vor und hinter dem Vorhang

Wer in Hallervordens Herz hineinsehen will, sollte in sein *Schlosspark Theater* kommen. So wie heute Abend 450 Menschen. Kurz vor acht. Volles Haus, endlich wieder nach Corona im Winter 2021. Im Zuschauersaal setzt ein Murmeln, ein Stimmengewirr ein. Dazu das Geräusch Hunderter Schritte und Absätze, das leise Klacken und Quietschen der Sessel, wenn die Leute Platz nehmen. Alles dort vor dem Vorhang richtet sich nach und nach aus, voller Erwartung. Bis die Stimmen leiser werden nach dem zweiten, dritten Gong. Und nur noch ein Raunen und Rascheln über der Szenerie liegt und zu uns auf die andere Seite des Vorhangs dringt. Eine Stille zieht auf, derart gespannt, dass sie ein bisschen wehtut. Denn nun gibt es kein Zurück mehr für ihn, der im Dunkel der Seitenbühne steht. 19.59 Uhr.

Warum tut er sich das an, immer noch? Weil er sich selbst in diesen Momenten am meisten spüren kann. Alles, was er ist – und das ist bei einem Verwandlungskünstler wie ihm so einiges. All das wird er gleich zeigen können. Und vor allem wird er leben können. Und nicht sterben.

Irgendwann vor ein paar Jahren lud er mich ein, mit ihm auf die andere Seite des Vorhangs zu kommen. Mitten hinein in sein Reich. Er schlug mir vor, mit ihm auf der Bühne zu stehen: *Pröse liest. Hallervorden erzählt* nannte er das Programm dieses Abends, mit dem wir bisher ein Dutzend Mal aufgetreten sind. Ich las und trug vor aus diesem Buch hier und moderierte. Und er erzählte, performte, berührte und erheiterte. In seinem *Schlosspark Theater* waren wir und in den Stachelschweinen in Berlin. Aber auch in Österreich, als wir im Mai 2022 auf eine kleine Tour gingen: Gmunden, Graz, Wien.

Die Bühne mit Hallervorden zu teilen, bedeutet, dass man ihn mitten in seinem Seelenreich, in einer seiner Herzkammern erlebt. Es gibt keinen Ort, der ihm mehr bedeutet, der überlebenswichtiger für ihn ist, der ihn intensiver am Leben hält.

Anderthalb Stunden vor Vorstellungsbeginn treffen wir uns in der Maske. Immer leicht verausgabt und ein bisschen atemlos erlebe ich Hallervorden in diesen Momenten. Auch angefüllt von einer beinah bangen Erwartung, ob das jetzt gleich denn nur gut gehen wird. Er fragt sich das wirklich, erst sich selbst und dann auch mich und die anderen, die ihm hinter der Bühne begegnen. Manchmal sogar den Feuerwehrmann, der jede Vorstellung an der Seitenbühne sitzt für den Fall der Fälle und der die Vorstellung aus dem Off ansieht.

Seine Stirn ist gekräuselt, die Augen tränen wie so oft ein bisschen, sein Gang ist nicht so gerade, wie er sein könnte, fast geduckt. Erst gleich, wenn es losgeht, wird er all das, was er an Präsenz und Aura besitzt, in sein Gesicht und seine Gestalt legen. Er kann es abrufen wie das berühmte Zirkuspferd, das zuverlässig lostrabt, wenn das Licht in der Manege angeht.

Sandra Meyer ist die Nachfolgerin von Roland Krämer, der jahrzehntelang Hallervordens persönlicher Maskenbildner war und nun in Rente gegangen ist. Sie kommt zu ihm in die Garderobe und beginnt, indem sie kühlende Pads auf seine Augen legt und ihm mit einem Brennnessel-Wässerchen den Kopf sanft massiert, weil das vitalisiert. Die maßangefertigten Perücken für manche seiner Rollen knüpft sie selber, wochenlang. Sie ist es auch, die weiß, welche Kräutertees sie wie lange ziehen lassen muss für den Chef.

Sandra Meyer spricht mit einer Sanftheit und Leisigkeit zu Hallervorden, dass er bald schon die Augen schließt und genießt. Es wird auch Zeit, denn irgendwann muss er alles loslassen, was bis gerade eben noch in ihm hochschwappte an Gedanken, an Konzepten, an Vorhaben, an Ideen. Das muss bitte alles zurückstehen. Endlich gelingt es. Und dennoch: So mancher Zweifel, ein kleines Weh und Ach kommen noch über seine Lippen und jedes Wort schmeckt jetzt nach Puder, weil Sandra Meyer übernimmt. Sie schminkt ihm an jenen Stellen des Gesichts hellere Farben, die breiter zum Vorschein kommen sollen und einen dunkleren Teint an jenen, die tiefer und noch markanter zur Wirkung kommen sollen. »Sein Gesicht bietet jeder Maskenbildnerin von

Natur aus sehr viel«, sagt Sandra. Was sie an Ausdruck und markanten Merkmalen in andere erst hineinlegen muss, ist bei ihrem Chef von Natur aus vorhanden.

Und so ist die Maske nicht bloß eine kosmetische Einrichtung in seinem Theater, sondern auch eine Schleuse zwischen der Wirklichkeit da draußen und der Bühnenwelt hier drinnen in seinem Eldorado. Wird ihm anschließend noch beim Anlegen des jeweiligen Kostüms geholfen, wird die Metamorphose des Dieter H. perfekt.

Doch noch etwas verhilft ihm nun, die Seiten zu wechseln, hinaus aus seinem Alltag und hinein in die Theatermagie – und das ist die Wärme der Scheinwerfer, in die er nun für eine kurze technische Probe tritt. Wenn Tom Weinhold von seiner Kommandobrücke in seinem Theaterbalkon die Lichter auf einen Schlag aufdreht, fühlt es sich an wie am Meer, wenn man auf dem Strand liegt unter einer Wolkendecke und friert, bis der Wind endlich ein Loch in den Himmel pustet und die Strahlen der Sonne wärmend auf einen herabfluten. Das Licht hüllt ihn ein, als würde es ihn schützen und Mut spenden. Es blendet kurz ganz stark, sodass die Augen tränen, aber es ist der herrliche Vorgeschmack auf die Zeit, die nun gleich kommen wird: die Zeit im Licht.

Das Lampenfieber, so sang es Udo Jürgens, kriecht langsam in ihm hoch. Der Puls wird schneller. Jetzt bitte tief ein- und ausatmen.

Dann schließt sich der Vorhang und die Türen zum Einlass öffnen sich, eine halbe Stunde vor Beginn. Hallervorden und ich stehen noch kurz hinter dem Vorhang. In der Luft liegt der Geruch des schweren roten Samts und des Staubs, den das große rote Tuch gerade aufgewirbelt hat, als es sich zugezogen hat. Dazu kommt der Duft von Sägespänen, weil sich hinter der Bühne jede Menge hölzerner Kulissen stapeln. Theaterluft.

Er weiß, jede seiner Bewegungen gleich auf der Bühne und jedes seiner Worte muss den Zuschauer in Reihe eins Mitte genau so erreichen wie jenen ganz dahinten im letzten Rang. Alle in diesem Saal muss er nun berühren, erheitern, bewegen. Alle, die mit ihrem eigenen Leben heute Abend zu ihm kommen. Mit ihrer Geschichte, ihrem Glück und auch ihrem Leid. Hallervorden spürt seinen Pulsschlag. Und die Angst. Jene Furcht, die jeden erfasst, der es wirklich ernst meint mit dem Theater und die verniedlichend Lampenfieber genannt wird. Er wird sie bändigen müssen, doch nicht ganz auslöschen. Sie wird ihm, wenn es gut läuft, helfen, gleich bis an die Reserven zu gehen. Nur keine Gewohnheit aufkommen zu lassen.

Er geht auf und ab, schließt immer wieder die Augen. Stationen, Bilder, Stimmen seines Lebens ziehen an ihm vorbei. Vor allem seine Eltern kommen ihm in den Sinn. Irgendjemand kommt noch und will irgendetwas von ihm. Doch es ist jetzt zu spät, denn Hallervorden ist mit seinen Gedanken schon auf der anderen Seite des Vorhangs.

Und spürt in diesem Augenblick jenen einsamsten Moment, wie ihn Udo Lindenberg besingt. In dem ihm keiner mehr helfen kann. Er ist ganz allein. Und wird gleich vor Hunderten Menschen stehen.

Irgendwann an diesem Abend wird er den Text eines Liedes von seiner neuen CD *80 plus* rezitieren – den Epilog zu seinem *Mein Leben*-Song. Und der geht so:

»Mein Leben, meine ganz persönlichen Wegpfeiler:
Mein Leben ist keine Generalprobe
Mein Leben wirkt so bunt, wie ich wage, es mir auszumalen.

Leben ist wie Zeichnen ohne Radiergummi
Aber eigentlich ist das Leben doch nur ein Spiel.
Ein Spiel, in dem Gott die Karten mischt,
der Teufel abhebt und wir die Stiche machen müssen.

Ich liebe mein Leben, weil ich darin eine schöne Rolle spielen darf.«

Auf seinen Wunsch hin trete ich zuerst hinaus, um ihn anzukündigen. Drei Minuten steigere ich die Spannung auf ihn, bis ich jenen Mann, der da gleich kommen wird, einen »Überlebenskünstler« nenne. Deswegen hallen jetzt die ersten Takte seines Lieblingslieds laut durch die Boxen: *I will survive* von Gloria Gaynor. Das Stichwort für Hallervorden. Im lässigen Laufschritt nimmt er nun die Bretter, die seine Welt bedeuten. Applaus brandet auf wie eine einzige große Welle, viele im Publikum johlen, lachen vor Freude. Der Mann lächelt fast besinnlich und etwas in sich hinein, noch zögernd fast. Er winkt beinahe scheu den Leuten zu und sagt: »Tagggchen!« Und dann schon mit einem bisschen seiner typischen Rotzigkeit: »Wie nett von Ihnen, dass Sie so tun, als würden Sie mich kennen ...«.

Für zwei Stunden wird dieser Mann nun endlich angekommen sein. Er wird selbst die letzte Spur seiner Schwermut überwinden. Wie im Rausch. Um die Leichtigkeit des Seins zu leben für die Zeit auf der Bühne. Denn eben jene soll er doch gleich, verdammt noch mal und bitteschön, unter die Leute bringen. Und tatsächlich wird ihm ganz leicht zumute in dieser Glücksschwere. Alles lässt er hinter sich, so wie man es sich von einem Rausch nun einmal verspricht. Er löst sich von allen Fesseln. Er spürt, wie frei er jetzt ist. Ein Ausbruch aus seinem inneren Alcatraz. Aus allem, was ihn manchmal so gefangen nimmt.

Und aufhalten kann ihn dabei nichts. Nicht einmal widrige Umstände. Rückblende: Im Januar 2018 standen wir das erste Mal gemeinsam auf der Bühne. Die Nacht zuvor unternahmen wir zusammen mit seinem Sohn Johannes einen Kneipenbummel durch sein Berlin, der sich bis in den frühen Morgen ausweitete. Am Nachmittag des nächsten Tages sollte dann die Lesung vor ausverkauftem Haus beginnen. Und wir beide traten – mit den Spuren unseres Ausflugs im Gesicht und in den Knochen – ins Dunkel der Seitenbühne.

Als sich der Vorhang dann hob und die Scheinwerfer aufflammten, setzte auf einmal die Technik aus. Unsere Bühnenmikrofone versagten. Und so erreichten unsere Worte, vor allem meine, die hinteren Reihen im Theater viel zu leise. Das ging endlose Minuten so. Bis das Publikum auf den letzten Plätzen erst murrte und dann anfing zu rumoren.

Das war der Moment, als Hallervorden unseren Auftritt rettete. Er riss sich sein Mikrofon vom Revers, schnellte hoch von seinem Stuhl. Und schritt von seinem Platz auf der Bühnenmitte bis an den äußersten Bühnenrand. Dort angekommen, erfüllte er das Theater mit seiner ganzen Stimme und Präsenz. Er schlug das eben schon zu Recht leicht missmutige Publikum, das uns so schlecht hören konnte, in seinen Bann und drehte die Stimmung ins genaue Gegenteil. Ein Dutzend Mal unterbrach ihn an diesem Nachmittag der Szenenapplaus seiner Zuschauer.

Wir redeten damals auch ganz offen über seine Schatten. In denen und mit denen er immer wieder lebt. Und aus denen er es immer wieder herausgeschafft hatte in seinem Leben. Ganz so wie aus jener noch oft zu erwähnenden Schublade, in der er als deutscher Künstler viele Jahre lang feststeckte.

Wir sprachen über seine Melancholie und seine Schwermut, die immer mal wieder bis heute anwachsen zu waschechten Depressionen. Auch über die werden wir noch reden in diesem Buch.

Aber bis der Vorhang fällt, ist der Mann gefeit gegen das Dunkel in sich. Auf seiner Bühne ist er ganz bei sich. In seiner Königsdisziplin, wie er sie selbst nennt. Die Menschen erwarten genau das von ihm. Aber jubeln auch darüber. Er wird sie überraschen mit dem, was sie von ihm kennen. Aber auch mit dem, was sie ihm vielleicht bis dahin nicht zugetraut haben. Mit Feingefühl und Melancholie wird er sie berühren. Und die Leute werden an die vielen Momente in ihren eigenen Leben denken, in denen sie seinetwegen schon lachen mussten. Zurücklehnen werden sie sich in dieser Zeitreise. Weil der Mann da vorne im Rampenlicht nun etwas von sich gibt.

Nicht irgendetwas. Sondern immer alles.

München, im August 2022 Tim Pröse

Sie können mir schreiben, wenn Sie möchten:
einkomikermachternst@web.de

DER WAHRE HALLERVORDEN

Ein Mann, eine Insel

Der Weg zum wahren Hallervorden ist weit. Raus aus dem Grau seines Berlins führen 1520 Kilometer in sein verborgenes Ich. In seine Abgeschiedenheit, in der sich der Himmel weiten wird, der sich gerade noch wolkenschwer über Deutschland wölbt.

Ein Air-France-Flieger stößt durch die Wolkendecke ins Sonnenlicht. Er gleitet nach Paris-Charles-de-Gaulle, dann geht es weiter mit der nächsten Maschine nach Brest. Von dort schlängelt sich der Besucher in anderthalb Stunden Fahrt mit dem Mietwagen die bretonische Küste entlang. An den Säumen der Landstraße wachsen immer buntere und immer wildere Blumen aus dem Gras. Das Licht und die Farben flirren.

Die Fahrt zum anderen, der Öffentlichkeit bislang unbekannten Hallervorden führt mich bis in den nordwestlichsten Zipfel von Frankreich. Fast in die Gegend, in der Asterix' Dorf steht. Bis der Kontinent aufhört. Bis sich die Landstraße am Horizont im großen Blau des Atlantiks verliert.

Irgendwo dort draußen in diesem Blau liegt Hallervordens Zweitwohnsitz – auf seiner Privatinsel. Die Mittagssonne gleißt über das Meer und lässt die Gestalt der Insel da drüben nah am Horizont fast verschwimmen. Hallervorden zieht sich auf sie immer wieder zurück, weil ihn sein ganzes Wesen dorthin treibt. Um auf ihr zu verschwinden und sich von der Welt verschlucken zu lassen.

Für dieses Buch, die aktualisierte Neuausgabe von »Hallervorden – Ein Komiker macht Ernst«, habe ich den Mann fünf Jahre lang immer wieder begleiten können: Erst das ganze Jahr 2017 über, damals für die Erstausgabe. Aber wir blieben seit dieser Zeit verbunden und sahen uns seither immer wieder.

2017 besuchte ich ihn auf seiner Insel und übernachtete in seinem Schloss, das auf ihr thront. Auch das ist eine Premiere in seinem an Erstaufführungen, Abschieden und Neubeginnen reichen Leben. Zum ersten Mal wird sich Hallervorden, mit dem Generationen von Fernsehzuschauern aufwuchsen und den viele zu kennen glauben, wirklich öffnen in diesem Buch. Er wird seine bunten Masken ablegen, hinter denen er erfolgreich war. Und einiges an Theaterpuder wird er sich abschminken. Er wird von seinen Träumen, von seiner Traurigkeit und auch von seiner Schwermut erzählen. Etwas von dieser Tiefe erahnt jeder, der seine Kinofilme *Honig im Kopf* oder *Sein letztes Rennen* gesehen hat. Aber da ist noch mehr. Hallervorden wird in diesem Buch auch von seinen Ängsten erzählen und von dem, was ihn immer schon quält. Er wird sogar berichten, dass er Angst vor dem Leben hatte und nicht mehr leben wollte.

Seine Christiane, die er kurz vor Erscheinen dieser Neuausgabe geheiratet hat, wird über ihre Liebe zu ihm sprechen. Und seine Kinder über ihren Vater.

Für Dieter Hallervorden selbst waren unsere zahlreichen Gespräche eine Überwindung, manchmal eine Häutung. Doch schließlich tat er das, was er jahrzehntelang öffentlich vermieden hatte: Er zeigte seine ganze Seele. Und war am Ende von sich selbst überrascht – »nicht nur von den Fragen, sondern auch von meinen Antworten«. Und das sagte er ohne jedes Augenzwinkern.

Da war einer verwundert über sich selbst. Und über seine große Verwandlung in den vergangenen Jahren. Von eben jener will dieses Buch erzählen. Es ist die Geschichte von einem, der vor langer Zeit auszog, das Lachen zu lehren. Von einem, der sehr ernst zu sich selbst ist. Von einem, der feststeckte in den Schubladenköpfen der Fernsehmacher und der sich noch einmal neu erfand. Von einem, der noch vor ein paar Jahren sagte, er meide rote Teppiche und VIP-Feten seiner Branche. Und der nun mit seiner Christiane – in etlichen Ausgaben von *Gala* und Bunte wird es auf Hochglanz gedruckt – durch die Nächte tanzt. Von einem, der sich als Eulenspiegel der BRD ausgab und seine Doktorarbeit schon begonnen hatte. Von einem, der sagt, er glaube nicht an einen Gott, und der doch fast jeden Tag zum Himmel hinaufschaut, um sich bei seiner Mutter zu bedanken.

Es ist Mai 2017. Die Alleen der Bretagne stehen Spalier auf dem Weg zu ihm hin. Manche Bäume hat der Seewind zerzaust. Manche trotzen ihm, stellen sich ihm entgegen. Das Salz in der Luft schlägt gegen die Windschutzscheibe. So entlegen ist die Gegend, dass das Navi im Mietwagen aussetzt. Fragt man deswegen die alten Männer im Dorf nach der Insel »mit dem Château« und »dem Monsieur Comédien aus Allemagne«, antworten sie: »Ah oui, oui, Monsieur 'Allervooorden! Oui, oui, Didier …«

Sie lächeln und deuten weiter Richtung Meer. Sie kennen den lustigen Deutschen, von dem die Kapitäne Tag für Tag auf den Touristenbooten über die Bordlautsprecher erzählen, wenn sie zum Sightseeing an seiner Privatinsel vorbeituckern.

Mit aller Macht drückt der Atlantik hier an die Küste der Bretagne. Erst schlägt er in Wellen und später als Gischt an die Felsen. Wer aussteigt, den umarmen die warmen Böen. Der steht am Ufer, atmet, schmeckt das Salz der Luft und spürt die offene See. Eine Küste, die berührt und befreit.

Deswegen also ist er hier, denke ich mir.

Deswegen also empfindet er sich heute als noch frankophiler und freier als damals. Als er Romanistik studierte mit dieser großen Vorliebe für die französische Sprache und jede Art von Unabhängigkeit.

Nur ein paar Kilometer sind es jetzt noch bis zu ihm hin. Der kleine Zacken von Frankreich, der hier in den Ozean ragt, ist einzigartig, unverwechselbar. Es sind besondere Steine, die es nur an diesem Ort der Welt gibt und sonst nur noch auf den Seychellen, so wird Dieter Hallervorden es mir erklären. Riesige Findlinge und Felsbrocken, die von den Jahrtausenden geschliffen wurden. Die märchenhaft anmuten. Sie berühren die Erde kaum. Als hätte sie ein Riese vor Kurzem beim Boulespielen in diese Gegend geworfen.

Je näher das Ziel rückt, desto gewaltiger türmen sich die Steine vor mir auf. Dann erreiche ich endlich den kleinen abgelegenen Strand, zu dem ich fahren sollte. Auch er ist eingefasst von diesen Steinen, sie sind vier bis sechs Meter hoch. Und ein rosafarbener Schimmer lässt sie aus der tintenblauen See herausleuchten.

Auch deswegen ist er wohl hier, denke ich jetzt noch einmal. Es war 1988, da las ich – als Student, der davon träumte, einmal Journalist zu werden –, dass Hallervorden sich eine Insel gekauft hatte. Davon erzählte ich ihm und dass es seither einer meiner offenen Reporterwünsche sei, ihn dort einmal zu erleben. Er zögerte. Doch dann lud er mich ein.

Vom Strand aus fallen meine ersten Blicke nun auf seine Insel. Die Spitzen und Zinnen der Türme seines Schlosses ragen aus den Kronen der Bäume hervor. Ich rufe Hallervorden an, und er meldet sich am Handy.

»Okay«, sagt er, »ich setze mich ins Boot.«

Fünf Minuten später erscheint ein winziger Punkt auf der See. Eine Viertelstunde weiter erkenne ich dieses so bekannte Gesicht, halb verborgen von einer Seemannsmütze, bis über die Augenbrauen gezogen. Er springt jetzt aus seinem Schlauchboot, zerrt es an den Strand. Aus seinem Bart und von seinem Ölzeug tropft das Spritzwasser der Wellen. »Schön, dass Sie da sind«, sagt er, umarmt mich und deutet lächelnd erst einmal in die andere Richtung, zum Dorf: »Lassen Sie uns eben noch Bier kaufen …«

Nach einem Abstecher zum nahen Supermarkt kommen wir mit einem Sixpack unterm Arm zurück zum Strand, und die Überfahrt beginnt. Die Luftkammern des Schlauchboots sind nicht richtig vollgepumpt, was das kleine Bötchen einmal mehr schaukeln lässt in der aufgewühlten See. Dann fällt auf halber Strecke auch noch der Außenborder aus, und Hallervorden kämpft gegen die Technik. Reißt tapfer an der Startleine, bis das Ding wieder anspringt. Nach jeder Welle, die das Boot emporträgt, platschen wir zurück in die See. Die Gischt weht uns in kleinen Schaumkronen entgegen, und jeder Meter nach vorn spült einen neuen Schwall Wasser in unser Boot.

»Geht doch!«, sagt er mit einem Lächeln. »Gestern hätte ich Sie nicht abholen können, da war der Sturm zu stark.«

Ich versuche zurückzulächeln, spüre jedoch bald schon Übelkeit in mir aufsteigen. Anmerken lassen will ich mir aber natürlich nichts. Bemüht tapfer steige ich aus, als wir den Strand seiner Insel im knietiefen Wasser erreichen. Ich probiere einen möglichst coolen Ausfallschritt in die Brandung hinein, so wie er Hallervorden gerade gelang, als ich schon merke, wie ich auf den Algen eines Steins ausglitsche, den Boden unter den Füßen verliere. Ich rudere mit meinen Armen, die finden aber keinen Halt mehr. Ich plumpse rückwärts ins Meer – in der einen Hand mein Gepäck, in der anderen einen Blumenstrauß für Christiane. Eine Welle drückt meinen Kopf unter Wasser in den feinen Sand.

Hallervorden gelingt jetzt der Spagat. Mit der einen Hand reißt er das Schlauchboot ans Ufer, mit der anderen zieht er mich aus der misslichen Lage. Ich schüttele mich wie ein nasser Hund, pruste und versuche zu lachen: »Ich wollte zur Begrüßung endlich einmal einen so guten Sketch hinlegen wie Sie damals, Herr Hallervorden …«

Der Meister schmunzelt höflich.

Christiane kommt uns entgegen. Mit Salz in den Augen sehe ich sie zunächst nur wie durch Schlieren. Auch die Insel ist noch verschwommen. Ich stehe tropfnass vor dem Hügel und reibe mir die Augen – und schaue und staune.

So haben wir uns als Kinder die Landschaften der Grimm'schen Märchen ausgemalt: Kiefern werfen Schatten auf den von ihren Nadeln weich bedeckten Boden. Jeder Schritt auf ihm federt sacht. Die Dächer der Bäume bestimmen zusammen mit den Haufenwolken über ihnen, welchen Sonnenstrahl sie auf welche Stelle dieses Eilands durchlassen. Und so leuchten lauter Lichtkegel rund um das Schloss, das sich über allem erhebt. Der Wind rauscht in den Zweigen. Drückt er von oben auf die Bäume, riecht die Luft nach Harz. Gleitet er über die See und wirbelt an der Insel und dem Schloss empor, verbreitet er den Duft der Blumen in den vielen Beeten.

In den Kiefern hören wir Vögel. Auch ihr Gesang wird vom Wind mal näher zu uns und dann wieder fortgetragen.

Vor uns erhebt sich der Bau mit seinen Türmen und Zinnen. Er ist aus den gleichen Steinen gemauert, die die Küste und Insel bevölkern. Und wieder einmal, nicht zum letzten Mal an diesem Tag, denke ich: Deswegen ist er also hier …

Ein Fleck Paradies im Meer, einen knappen Kilometer vor der bretonischen Küste. Hallervordens Allerheiligstes. Nirgendwo sonst ist er so sehr er selbst, das spürt man gleich. Und deswegen ist es ein großes Glück, ihn hier zu besuchen.

Er deutet jetzt auf Hecken, die die Pfade seiner Insel säumen. Er hat sie angelegt, um den Wind zu brechen. »Die Blüten des Elaeagnus hier duften wie ein Frauenparfüm«, sagt er und taucht seine Nase ins Grün.

Die Insel scheint mir ein Ort, an dem sich ein Mann wunderbar den Gewalten aussetzen kann und sich gleichzeitig in ihnen geborgen fühlt. An dem er umschlossen ist von wilder Natur. Jeweils nur wenige Momente lang gibt das Meer den Weg zum Festland frei. Bei totaler Ebbe. Dann ist sie kurz zugänglich. Zugänglich, wie es Hallervorden in seinem Innersten eigentlich auch ist. Bei Flut jedoch erlebt er wieder das, was er mindestens genauso gerne ist: reserviert und für sich.

Ist Hallervorden einer, der getragen und geliebt sein will von den Menschen und gleichzeitig nach Einsamkeit dürstet? Stecken die Ebbe und die Flut, die sein Leben auf der Insel bestimmen, selbst tief in ihm verborgen?

Dieses Buch ist eine Hommage an Hallervorden und kein distanzierter Bericht. Weil ich ihn mag und er mich. Deswegen gibt er mir Einblicke in sein wahres Ich und lässt eine Nähe zu wie nie zuvor in einem Buch oder Artikel über ihn. Nicht, weil ich ihm investigativ entgegentrete, sondern ihm zugewandt bin. Mich interessieren Hallervordens Gefühle und jene, die er entfacht, wenn man ihm begegnet.

Das Buch leistet sich auch immer wieder den kindlichen Blick auf diesen Dieter Hallervorden, denn als Kinder liebten wir ihn ja alle. Danach bemüht es sich wieder, ihn mit Vernunft zu sehen. Das, was er tut und tat, abzuwägen, zu hinterfragen. Doch oft lächelt es einfach. Denn das ist ja klar bei einem wie Hallervorden, der so viele Generationen begleitet hat beim Altwerden. Mit seinem Lachen. Und jenem, das er bei Millionen erweckt hat.

Hallervorden hat mir alle Freiheiten gelassen beim Recherchieren und Schreiben. Er wollte nichts von meiner Sicht auf ihn kontrollieren oder gar vorschreiben. Stattdessen erlaubte er mir, dass ich ihn noch einmal wie ein Junge durchbohre mit meinen Blicken und Fragen. Meine Sicht auf ihn war und ist sehr neugierig, aber nicht entlarvend und auch hoffentlich nie abgeklärt, sondern liebevoll. Einfach, weil er neben Winnetou alias Pierre Brice, der den ernsten Part übernahm, mein lustiger Kindheitsheld war. Ich sehe mich als Stellvertreter für die meisten Leser dieses Buchs. Deswegen erzähle ich manchmal auch in Ich-Form. Ein Stilmittel, weil ich ein ziemlich typischer Vertreter der Generation Didi war, der mit ihm erwachsen und mittlerweile 52 Jahre alt wurde. Ich bin zudem ein Augenzeuge seiner jahrzehntelangen Verwandlung – so wie viele Hunderttausende andere es in ihren Vorstellungen und Eindrücken von ihm sind.

Deswegen habe ich ihn gefragt, ob ich seine Biographie schreiben darf. Vor 16 Jahren tat er das selbst schon einmal, im Eilverfahren, wie er selbst sagt: *Wer immer schmunzelnd sich bemüht. Ein autobiographischer Blick zurück nach vorn.* Doch das Spannendste in seinem Leben sollte damals ja erst noch kommen. Seine große öffentliche Metamorphose von einem Berühmten, der belustigt, zu einem Berühmten, der die Menschen berührt. Die stand damals noch aus. Vielleicht hatte er schon nicht mehr mit ihr gerechnet und seine Memoiren zu früh verfasst. Er selbst hat das ein bisschen bereut.

Diese Insel ist Reichtum. Natürlich auch materieller. Im Jahr 1988 hatte er sie sich gekauft für über eine Million Mark. Mich beeindruckt aber mehr noch ihr ideeller Wert. Sie ist Freiheit. Und sie gehört einem freien Mann. Viel mehr Freiheit kann man sich für Geld nicht kaufen, denke ich.

Und bald schon spüre ich, dass dieser Mann diese Insel nicht nur besitzt. Sondern sie auch ihn.

Er zog sich hierher zurück, ohne es damals wirklich zu wollen. Viel zu lange. Er wartete auf die Ebbe und sechs Stunden später auf die Flut. Dann wieder auf die Ebbe. Er langweilte sich dort. In den Jahren um die Jahrtausendwende lebte er den größten Teil des Jahres in Frankreich, sein Sohn Johannes, Jahrgang 1998, wuchs hier quasi auf.

Erst seit 2009, seit er das *Schlosspark Theater* in Berlin übernahm, ist er nur noch wenige Wochen im Jahr auf der Insel.

Sie ist sein »Hideaway«, wie es heute heißt. »Mit dem Gesicht kann man sich nur verstecken«, sang er aus Spaß. Bis der Spaß immer ernster wurde und er in Berlin allenfalls schmunzelnd oder lächelnd die Straßen kreuzen durfte. Schaute er ganz normal wie jeder andere, stoppten ihn gleich die Leute: »Mensch, Didi, geht's dir nicht gut? Mach uns mal 'n gespielten Witz!«

Von Berufs wegen ist Hallervorden ja gerne umbrandet von Menschen und ihrem Beifall. Als Mensch lieber nur vom Wellenschlag des Atlantiks. Er flieht immer wieder auf diese Insel, weil ihn der Lärm dieser Welt quält. »Extrem geräuschempfindlich« nennt er sich selber. Und wer ihn einmal beobachtet hat, welchen Schmerz es in ihm auslöst, wenn ein Handy während eines Gesprächs klingelt oder auch bloß eine Heizung bollert, ein Kühlschrank summt, der ahnt, dass Berlin zu laut ist für ihn. »Alle unnatürlichen Geräusche stören mich«, sagt er. Das Röcheln der Kaffeemaschinen in italienischen Restaurants. Das Quäken aus den Kopfhörern der U-Bahn-Nachbarn. Das Knattern der Rasenmäher in den Vorgärten. Das Dröhnen der Presslufthämmer auf den Hunderten Baustellen der Stadt. Das Heulen der Blaulichtsirenen. All das stört Hallervorden nicht bloß. Es hindert ihn zu leben.

Da scheint es wie eine Ironie seines Lebens, dass ausgerechnet ein imitiertes nerviges Geräusch sein Markenzeichen wurde: »Palim-Palim!«. Sein Fingerabdruck, seine komische DNS.

Umso mehr spürt er jenen Geräuschen auf seiner Insel nach, die allein die Natur hervorbringt. Dem Rascheln der Blätter in den Bäumen, die er hier einst selbst gepflanzt hat. Und dem Kreischen der Möwen. Ansonsten dringt so gut wie nichts in diese meeresumrauschte Stille. Schon gar kein »Palim-Palim«.

Jeden noch so kleinen Flecken zwischen den Inselfelsen hat Hallervorden mit kleinen Steinen bewehrt und dazwischen Beete angelegt. Wenn er heute um sein Eiland spazieren geht, blickt er auf diese Beete und erinnert sich an die Jahre, in denen er die Setzlinge eingepflanzt hat. Und ist berührt, wenn sie emporwachsen. »Wobei mir nicht wichtig ist, wie groß sie werden, sondern, ob sie sich wohlfühlen«, erklärt er. »Ich habe da eine Sorgfaltspflicht, genauso wie ich sie meiner Theaterfamilie gegenüber habe, meinem Sohn oder meiner Christiane.«

Die meisten von ihm gepflanzten Sträucher wachsen längst auf Augenhöhe mit ihm oder überragen ihren Gärtner. »Diese Insel ist in weiten Teilen geprägt durch meine Persönlichkeit«, sagt er und erzählt, wie er sich das neugotische Schloss von innen Stück um Stück zurückeroberte. Wie er die geschmacklose Einrichtung seines Vorgängers, der sämtliche Kamine zugemauert und Neonröhren an die Decken geschraubt hatte, wieder herausgerissen hat. »So sehr geliebt hat diese Insel vor mir wahrscheinlich noch niemand«, lächelt er und führt mich zu seinen Lieblingsplätzen.

Zur »Abend-Philosophen-Bank« etwa, auf der er gerne beim Sonnenuntergang mit seinem Sohn sitzt und dem Tag in Gedanken und Gesprächen nachsinnt. Oder seine »Bars«. Das sind flache, abgesenkte Stellen inmitten der Riesenfindlinge, auf denen er gut ein Glas abstellen kann und von denen der Blick nur ins weite Blau geht. Von diesen »Bars« aus genießt er den Rundumblick. Hallervorden fällt, als er mir diese Weite zeigt, die Schauspielersentenz ein, nach der immer nur der Augenblick zählt, der so schnell vergeht: »Dem Mimen flicht die Nachwelt keine Kränze.« Bei ihm auf der Insel aber wachsen immer neue Zweige für diese Kränze. »Ich habe hier Beständigkeit gefunden«, sagt er.

Lachend erinnert er sich an seine ersten Abenteuer mit seiner Insel. Den ersten Einkauf etwa, als er die Lebensmittel vom Festland-Supermarkt auf sein Gummiboot verlud und gleich in starke Strömungen geriet auf dem Weg zwischen Land und Insel. Die Gezeiten zerrten so stark am Boot, dass es ohne ihn forttrieb. Hallervorden also riss sich die Sachen vom Leib, schwamm hinter ihm her, erreichte das Boot und kletterte hinein, blieb aber mit seiner Unterhose am Außenruder hängen. So schwankte er mit nacktem Hintern und ruderte mit seinen Armen, um das Gleichgewicht zu halten. Die Franzosen am Ufer gaben Szenenapplaus vor Lachen.

Der Einkauf schwamm im Meer, Orangen trieben wie Bojen in den Wellen, das gesunkene Zehn-Kilo-Waschmittel-

Paket ließ das Meer schäumen. Der Hafenmeister kehrte gerade vom Fischen zurück und wollte den Schiffbrüchigen retten, ihn zurück in den Hafen schleppen. Einen Fuß hatte Hallervorden schon auf dem Fischerboot, einen noch auf seinem, versuchte mit ganzer Kraft und beiden Beinen, die schwimmenden Untergründe zusammenzuführen, schaffte das natürlich nicht, geriet erst ins Grätschen, dann in den Spagat und plumpste erneut ins Meer. Bis ihn der Hafenmeister mit seinem Fischernetz kescherte und zum Kai brachte. Die Einheimischen im Hafen klatschten immer noch, riefen nach Zugaben. Von nun an hieß es unter ihnen: »Kommt schnell zum Hafen! Der Deutsche ist wieder da!«

Es dauerte noch etwas, bis durchsickerte, dass dieser Slapstick-Könner aus dem Hafen ein professioneller ist. Sogar ein Star! Dann wollten ihn alle mal in einer richtigen Vorstellung erleben, und Hallervorden gab den Didi auf einer Laienbühne im bretonischen Dorf. Er kann ja fließend Französisch.

Hallervorden beauftragte Handwerker, sein Schlösschen auf der Insel zu renovieren. Nach wochenlangen Bauarbeiten schmirgelte ein Maler mit einem Bunsenbrenner den alten Lack von den Fenstern und setzte dabei den Dachstuhl in Brand. Die Feuerwehr ließ sich zu viel Zeit, und auch ihr Schlauch wurde von der Strömung so weit abgetrieben, dass er nicht vom Hydranten am Hafen bis zur Insel reichte. Wieder half der Hafenmeister und hangelte sich am Schlauch entlang. Fädelte ihn zwischen den Felsen so geschickt ein, dass er doch noch ausreichte – doch da durchpflügte ein Motorboot dröhnend die Szenerie und zerschnitt den Schlauch. Das Ergebnis: Hallervordens Traumschloss war fast zerstört, noch ehe er es genießen konnte. Und nun musste er es wieder aufbauen.

Auch das passt bestens zu seinem ganzen Leben, dieses Anpacken nach dem Absturz, dieser beherzte Neuanfang.

Inzwischen ist Hallervorden längst heimisch geworden. Das Schloss der Insel, 1895 im Stil mittelalterlicher Burgen gebaut, beherbergte einst den Literaturnobelpreisträger Henryk Sienkiewicz, Autor des berühmten Romans *Quo Vadis?*. Und auch der Nachbar ist erlesen: Hallervorden schaut auf das Anwesen eines gewissen Gustave Eiffel, das heute dessen Ahnen bewohnen. Bald wird er mich hineinführen in seinen »Herrensitz«, wie er das Schloss gerne nennt. Später, gegen Ende dieses Buchs, werden wir uns dort drinnen über das Lebensende unterhalten.

Jetzt zeigt er gen Horizont. Und sagt, dass er mit seinem Bötchen gern mal zum Fischen raus aufs Meer tuckert. »Vierhundert Meter in diese Richtung gibt es viele Makrelen«, deutet er hinaus, »für Barsche muss ich etwas weiter raus.«

Etwas weiter raus ... In diesem Buch wird sich Hallervorden weit hinauswagen. Und tief eintauchen. In sein Meer. Das Meer in sich.

EIN SPÄTES WIEDERSEHEN

Wie Hallervorden in unsere Herzen zurückkehrte

Hallervorden braucht diese zwei Leben in seinen zwei Welten. Mal ist er die Rampensau, mal der Robinson. Er benötigt diesen Rollentausch mit sich selbst. Und fast hat er vergessen, dass seine Insel auch für ein großes »Was-wäre-wenn« steht in seinem Leben. Dass sie beinahe Schauplatz eines ziemlich langweiligen und verhängnisvollen Plans B gewesen wäre.

Denn mit etwas Pech wäre dieser Ort seiner Freiheit sein Frührentnerparadies geworden. Es war zu der Zeit, als er kurzzeitig dachte, das sei es jetzt vielleicht mit seinem Lebenswerk und seinem Erfolg gewesen. Die Zeit der späten achtziger und frühen neunziger Jahre. Als er dabei war, seine Figur Didi sterben zu lassen. Als es für ihn noch kein *Schlosspark Theater* zu retten gab in Berlin und keine Zweitkarriere als Kabarettist mit *Hallervordens Spott-Light* in der ARD. Da übte er hier eine Zeit lang den Vorruhestand und tat, als würde er das aushalten können. Ausgerechnet er, dieser Ruhelose.

Er fing allen Ernstes an – und da machte er keinen Scherz –, Briefmarken zu sammeln. In seinem Schloss, auf dieser Insel. Briefmarken!

Und wäre er dabei geblieben, hätte er eines Tages vielleicht von seinem vielen Geld, das ihm »Didi« eingebracht hatte, eine Blaue Mauritius kaufen können. Ab und an wäre er sicherlich auch in nostalgische Rückblicks- und Kultsendungen eingeladen worden, um an seine alten Sketche und Filme zu erinnern.

Denn hatte er nicht alles erreicht, was ein Komiker in Deutschland erreichen kann? Allein seine Serie *Nonstop Nonsens* war einer der letzten Straßenfeger der Republik gewesen und hatte sich zudem noch weltweit verkauft. So mancher Berliner Taxifahrer aus Kasachstan, Tunis oder Montenegro, zu dem Hallervorden heute in den Wagen steigt, erkennt seinen Helden aus der Kultserie und spielt für seinen prominenten Fahrgast seinen Lieblingssketch nach. Mit einer Hand am Steuer, der anderen wild um sich fuchtelnd.

»Manche schmeißen dann auch zwei Sketche von mir zusammen und erzählen mir halb auf Arabisch, halb auf Deutsch etwas von der Kuh Elsa, die eine Flasche Pommes frites kauft …«

So amüsant und skurril diese Taxifahrerbegegnungen heute sind, so sehr hasste er eines Tages diese Flasche und dieses Synonym seines Erfolgs – wenn er wieder mal irgendwo auf Tournee war und der örtliche Veranstalter samt Bürgermeister ihm die Aufwartung machte und eine

Flasche mit Pommes frites überreichte. Dutzende, viele »originelle« Male …

Für ihn war es schlimm. Es war die erste Zeit in seinem Leben, in der er drohte, in die Eindimensionalität oder gar ins Vergessen zu geraten. Und dann gab es noch ein zweites Mal, zwischen dem Beginn der Nullerjahre bis 2013. Zumindest außerhalb von Berlin, wo sie ihn schon seit 2009 feierten für sein zum Leben wiedererwecktes *Schlosspark Theater*. Was aber das bundesweite Rampenlicht betraf, war er ein wenig in den Schatten geraten.

Doch dann, im Jahr 2013, gab es das große, zu Herzen gehende Wiedersehen mit seinen alten, aber auch neuen Fans. Ich weiß nicht, wie die vielen Menschen dieses Wiedersehen für sich erlebten. Aber an meines erinnere ich mich gut.

Seit Kindheitstagen war ich Hallervorden-Fan. Trotzdem hatte ich ihn ein bisschen aus den Augen verloren. Doch dann lief ich wie so oft von meiner Wohnung in München-Haidhausen an der Isar entlang. Ich ging diese Schlaufe um das Maximilianeum, das zwischen den Baumkronen des Hochufers herausragt. Unter der Maximiliansbrücke rauschte die Isar in ihrem Kiesbett. München leuchtet an diesem Ort, spätestens wenn in der Dämmerung die Scheinwerfer unter den Bögen der Brücke aufflammen. Mitten in dieser von mir so geliebten Szenerie begegnete mir dieser alte Bekannte. Natürlich ich ihm – und nicht er mir. Denn er prangte überlebensgroß auf dieser Litfaßsäule, die an einer der schönsten Stellen Deutschlands steht. Eben direkt an der Maximilianstraße, die ins Herz der Stadt weist.

In diese Augen hatte ich länger nicht geschaut. Und nun sah er mich mit ihnen aus dem Foto in Leinwandgröße an. Er hatte sich einen Jogginganzug für dieses Wiedersehen mit mir und seinen Fans angezogen. Denn das war seine neue Rolle. Das war sein neues Leben.

Sein letztes Rennen hieß der Film, mit dem Hallervorden fulminant auf die Kinoleinwand zurückkehrte. Nur eben dieses Mal von der anderen Warte seiner zwei Welten, in denen er sich so gut auskennt. Vielleicht sogar noch besser als in der anderen, der lustigen Welt.

Von der Litfaßsäule sah mich ein Mann an, der mich Jahrzehnte zuvor belustigt hatte. Nun aber, im Jahr 2013, berührte er mich. Schon, wie er da vor mir stand mit seinem weißen Bart und dem Fünfziger-Jahre-Jogginganzug. Der Film, für den er dort warb, klang nach Abschied. Dabei markierte er einen großen Neubeginn. Das Werk von Regisseur Kilian Riedhof setzte dem bis dato selbst bei vielen Fans unbekannten Charakterstar Hallervorden endlich ein Denkmal.

Am Tag nach diesem Wiedersehen auf der Litfaßsäule ging ich zu ihm ins Kino. (Ein paar Trailer lassen sich leicht im Internet finden.)

Und hätte es dort im Kino nicht das gleiche Weingummi zu kaufen gegeben, das immer noch zwischen den Zähnen klebt, und wären die Leute im Kino nicht mit mir fast zeitgleich erwachsen geworden, hätte ich es kaum glauben können. Denn auf der Leinwand erschien mein alter

Freund, mein witziger Wahllieblingsonkel. Nur dass dieser nicht nachgelassen hatte, nicht bequem und trüb geworden war, was ja immer mal passieren kann im Leben, wenn man auf alte Bekannte trifft. Nein, dieser hier wuchs mit jeder Minute über sich hinaus, die er als Paul Averhoff über die Leinwand lief.

Hallervorden spielte einen alten Marathonläufer, der erst, als er ins Altersheim verbannt wird, bemerkt, dass er noch nicht sterben will. Der deswegen beginnt, noch einmal für das Rennen seines Lebens zu trainieren. Und dem Tod davonzulaufen.

Spielt hier jemand auch sich selbst, fragte ich mich. Und sicher viele der Hunderttausend Kinozuschauer.

Mein Wiedersehen mit Hallervorden war nicht nur eines im Cinemascope-Format. Sondern auch eines mit dem fast schon vergessenen Gefühl von früher. Hallervorden erfasste und trug mich wieder fort mit sich, so wie damals mit seinem Witz. Er stellte diesen Sog her, den ich von Kindesbeinen an genossen hatte. Wahrscheinlich auch, weil er sich als Didi und nun als Marathonläufer in seine Rollen genau so wie damals ziemlich halsbrecherisch hineinwarf. Weil er körperlich spielte, als ginge es um Leben und Tod. Damals, um lustig zu sein. Heute, um die Menschen zu ergreifen.

Doch Hallervorden hat mich als junger Mensch nicht nur erheitert, er hat mich aufgeklärt. Wie das? In einem meiner Lieblingssketche von damals wurde Didi mal wieder wie ein Stier in der Arena gereizt und parierte ungewohnt cool. Zusammen mit seiner ersten Ehefrau Rotraud

Schindler drehte er den Witz im Café Kranzler am Ku'damm. Er, als Fremder in der Stadt, der zu einer fremden Frau, die Schindler spielt, äußerst höflich an den Tisch geht und sie fragt, ob er sie zu einem Getränk einladen dürfe. Woraufhin die Frau hysterisch losschreit im vollen Lokal: »Was denn? Ins Hoteeelll!?« Das Ganze wiederholt sich zweimal, bis die Dame nun an Didis Tisch kommt und ihm ihre unrühmliche Reaktion erklärt. Sie sei Soziologiestudentin und erforsche das »Verhalten von bürgerlichen Leuten in der Öffentlichkeit«. Woraufhin Didi, als die Frau ausgeredet hat, nur noch ins Café brüllt: »Was denn? Für 150 Maaaark?!«

Ich musste damals lachen wie über alle *Nonstop Nonsens*-Sketche, dabei wusste ich noch gar nicht, was käufliche Liebe ist. Meine Mutter musste es mir daraufhin erst mühsam erklären. In diesem Sinne hat mich also Hallervorden indirekt aufgeklärt. Wie das nur einem guten Gefährten gelingt. So reich an Facetten ist der Künstler Hallervorden, dass er für mich wie für viele mehr ist als das: Er ist einer dieser höchst seltenen Lebensbegleiter.

Schön war aber auch, wie er in jeder seiner *Nonstop Nonsens*-Folgen einen »Gespielten Witz« scheinbar live im Studio darbot. Der berühmteste war natürlich der mit ihm und seinem Sketchpartner Gerhard Wollner als Strafgefangener und dem »Palim Palim«. Wie dabei Hallervordens Profimimik auf Hochtouren arbeitete! Sein Unterkiefer schwenkte bei seinen Dialogen mit Wollner hin und her, als hätte er ihn zuvor ausgerenkt. Was seinen Sätzen dieses typisch Hallervordenesk-Leiernde verlieh.

Der zweitberühmteste Wollner-Hallervorden-Sketch ist jener mit der »Kuh Elsa«. Die klassischen Didi-Auftritte lebten nicht nur von der Gesichtsakrobatik, sondern auch von Hallervordens Sprachgefühl. Als studierter Romanist liebt und verehrt er die deutsche wie auch die französische Sprache. Er ist Ehrenmitglied im Verein Deutsche Sprache e. V., der Hallervorden 2016 mit einem Preis würdigte für seinen »individuellen Umgang mit der deutschen Sprache«. Bei diesem »Kabarettisten, Schauspieler und Sänger seien die Worte mal tiefsinnig, mal provozierend oder lustig«, heißt es in der Begründung der Jury. Und er selbst sagt: »Die deutsche Sprache ist nicht nur mein Arbeitsmedium, sondern auch öffentliches Gut und wichtigster Ausdruck unserer Kultur. Sie bedarf deshalb ebenso der Pflege und des Schutzes wie Wasser, Boden, Luft.«

Nichts verabscheut Hallervorden mehr als den schlampigen Umgang mancher »Profis« seiner Branche mit ihr. Wer einen Sketch von ihm heute ansieht und nur auf den Umgang mit den Wörtern und Sätzen achtet, wird sehen, welche Schwerstarbeit sein Mund leistet. Und welche Kunststücke ihm gelingen. Wie sich sein ganzes Mienenspiel nach der Sprache ausrichtet. Da redet einer so sorgsam und überdeutlich, dass sämtliche Gesichtsmuskeln arbeiten. Und das ist vielleicht eines der Geheimnisse, warum dieser Mann so lustig wirkt.

Der private Hallervorden spricht etwas schneller als der Bühnenkünstler, weil er so viele Gedanken wie möglich in seiner Redezeit unterbringen will. Es lohnt sich, sein Gesicht dabei zu beobachten, wie es die Worte ausspricht. Es gehört einem Mann, der regelrecht schürft nach den rechten Worten. Der niemals ins Plaudern gerät oder gar ins Schwafeln. Sondern immer ernsthaft arbeitet beim Formulieren und Reden. Er denkt seinen Worten voraus, und er denkt ihnen hinterher. Seine Stirn liegt dabei in tiefen Falten, seine Augen müssen ins Weite schauen. Er fühlt sich der Sprache stets verpflichtet. Vielleicht ist es diese versteckte Ernsthaftigkeit im Komiker, die die Menschen beeindruckt und froh gemacht hat. Hallervorden wirkte immer herzenswarm in seinem Humor. Denn der ging immer nur auf seine Kosten! Niemals machte er sich über andere wirklich lustig, zumindest stellte er keinen bloß. Was für ein Fossil ist er damit in Zeiten des Alltagszynismus seiner »Comedian«-Kollegen.

Hallervordens Slapstick hatte etwas Donald Duck'sches an sich. Er lud ein, über ihn zu lachen, bei all seinen Missgeschicken und gerade dann, wenn er dabei verlor. Die Humorecke des deutschen TV ist heute, könnte man dementsprechend sagen, voll von Gustav-Gans-Typen, die sich gut gestylt und selbstgefällig wie eben jener Gänserich in ihrem Erfolg sonnen (und nicht selten selbst als Erste über ihre eigenen Pointen lachen). Und die andere der Lächerlichkeit preisgeben. Letzteres tat Hallervorden nur als Kabarettist und lediglich den Mächtigen gegenüber.

War es nicht so, dass wir über diesen Komiker Hallervorden lachen konnten, weil er wie Donald auf der Suche nach seinem Glück stets ein bisschen scheiterte – an sich selbst? Nahm er nicht unsere ganz alltäglichen Unglücke, die vielen Missgeschicke auf sich und badete sie stellvertretend für uns aus? Schaffte er dabei nicht etwas Unerhörtes? Irgendwann lachten die Deutschen nicht mehr aus ihrer so landestypischen Schadenfreude – ein Wort, dass es so nur bei uns gibt –, sondern aus purer Zuneigung zu dieser Figur mit dem Herzen am rechten Fleck.

Und noch etwas: Hallervorden hatte Mut zur sogenannten Hässlichkeit. Um uns zum Lachen zu bringen, verformte er nie seinen Charakter, sondern nur sein Gesicht. Genau so wie eine seiner frühesten TV-Partnerinnen, Helga Feddersen. Mit ihr drehte er das fast schon vergessene Format *Abramakabra,* lange vor *Nonstop Nonsens,* und bildete ein etwas anderes Traumpaar. Von 1972 bis 1976 lief diese Serie im TV mit dem Untertitel: *Themen, Typen und Toupets.*

Helga Feddersen sprach nie darüber, dass sie sich schon mit 25 Jahren einen Tumor hinter dem Auge operativ entfernen lassen musste und seitdem gesichtsgelähmt war. Zunächst gab sie deswegen ihre geliebte Schauspielerei auf und arbeitete im Geschäft ihres Vaters im Lager, auf dass keiner der Kunden sie sah. Fünf Jahre später nahm sie all ihren Mut zusammen und kehrte zurück in die Öffentlichkeit. Mit Magersucht und dem Krebs, der wieder in ihr wuchs.

Was für eine Courage sie besaß, trotz ihres schlimmen Schicksals die Menschen zum Lachen zu bringen, das hat Hallervorden immer beeindruckt: »Sie begegnete ihren Krankheiten, indem sie spielte. Daraus schöpfte sie ihre

Kraft. Niemals schonte sie sich. Was viele, auch ich, immer an ihr bewundert haben, waren ihr Lebensmut, ihre Ausdauer, ihr Kämpferherz. Sie hat sich selbst auch nie so wichtig genommen, hat ihren Humor nie verloren. Sie hat immer gesagt: Man kann den Leuten nicht ständig mit dem eigenen Unglück ins Gesicht springen.«

Stattdessen feierte sie ihr kurzes und kleines Glück. Helga Feddersen starb 1990 mit nur 60 Jahren. »Sie war ganz im Gegensatz zu mir extrovertiert. Während ich mich in einer Drehpause ganz in die hintere Reihe einer Kneipe setzte und meine Mütze tief ins Gesicht zog, um nicht erkannt zu werden, ging sie auf die Leute zu und fragte sie, ob sie ein Autogramm haben wollen. Wenn ich mal schlecht drauf war und zu viel getrunken hatte in der Nacht zuvor, hob sie ihren Rock und sagte: ›Dieter, willst du mal meine schönen langen Beine sehen?‹ So wollte sie mich aufmuntern. Sie war eine Seele von Mensch. Mit einem großen Gemüt. Sie konnte wirklich mitempfinden, sowohl im Positiven wie im Negativen.«

Hallervorden und Feddersen. Da traten zwei Komödianten in Vorleistung, gaben ihrem Publikum einen riesigen Vertrauensvorschuss, indem sie ihre nicht gerade normgemäß ebenen Gesichter zum Lachen freigaben. Dabei liegt in jedem Gesicht doch das Wichtigste eines Menschen: seine Seele und das eigene Ich. Das alles zu entblößen, mit den inneren Untiefen virtuos zu grimassieren, statt eine Maske vorzuschalten, das können nur die besten Clowns.

HONIG IM HERZEN

Woher nimmt der Held aus dem Schweiger-Film seinen Zauber?

Als ich ihn zum ersten Mal hinter der Bühne erlebe im Jahr 2015, wie er da so bebend seinem Auftritt entgegenharrt, läuft noch *Honig im Kopf* in den Kinos. Damals durchbricht der Film gerade die Sieben-Millionen-Marke. Bis heute steht Til Schweigers Meisterwerk auf Platz 6 der erfolgreichsten deutschen Kinofilme seit 1966. Weit vor *Der Name der Rose*, *Der Untergang* oder *Das Boot*. Sein internationales Einspielergebnis von etwa 60 Millionen Euro hat ihn zur zweiterfolgreichsten deutschen Kinoproduktion aller Zeiten gemacht.

Alle sahen einen Hallervorden, den sie so nicht erwartet hätten. Kaum einer dieser Millionen überraschten Zuschauer hätte sich einen Otto Waalkes, einen Karl Dall oder einen Mike Krüger vorstellen können, der sein Lebensfach so phantastisch tauscht. Der sie so in seinen Bann zieht mit dem Gegenteil seiner Klischees. Der sie im Innersten berührt. Ich habe mal versucht, Otto, den ich auch sehr mag, ernsthaft zu interviewen, wie so viele andere vor mir. Das geht nicht.

Als ich damals zum *Honig im Kopf*-Boom ein großes Hallervorden-Porträt für ein Magazin recherchierte und schrieb, passierte etwas Ungewöhnliches in der Redaktion. Nie zuvor sprachen mich so viele Kolleginnen auf den Gegenstand einer Reportage an, sie alle erzählten mir, wie sehr sie Hallervorden beeindruckt hat, wie sehr sie weinen und lachen mussten, als sie *Honig im Kopf* sahen. Es waren Kollegen, die sich ihre Emotionen im Job nie oder kaum anmerken ließen. Selbst die erweichte Hallervorden mit seinem Spiel.

Wie konnte ihm das gelingen? Liegt es an dieser technischen Exaktheit seines Handwerks? Wer sonst hätte einem Alzheimerkranken in einem Film eine Komik verleihen können, einen Witz, der die Hunderttausenden von Alzheimerkranken nicht bloßstellt oder seinen Darsteller blamiert? Hallervorden und Til Schweiger erfanden für diese Rolle einen Humor, der nur Millimeter neben der Tragik spielt. Nach wenigen Minuten des Films schon vermag der Zuschauer nicht mehr genau zu unterscheiden, ob er nun lächeln oder gerührt sein will. Denn Hallervorden öffnet Schleusen. Er führt zwei Gemütsebenen zusammen, die sich allzu oft im Leben ausschließen. Und von denen wir mindestens eine nur zu gerne in unsere Gewalt zu bringen versuchen. Wie wenige Erlebnisse lassen wir so tief auf uns wirken, dass wir uns beides zugestehen, das Lächeln und das Weinen? Viele Erwachsene nicht seit ihrer Kindheit. Hallervorden öffnet die Menschen, beides zuzulassen. Viel näher kann ein Künstler seinem Publikum nicht kommen.

Das war immer die große Absicht dieses Harlekins mit den starken Ansichten. Beides wollte er immer. Beides kann er. Und nun wissen das endlich auch alle.

Doch was war sein Trick, mit dem ihm diese große Verwandlung gelang? Was war der Zaubertrank des Wahlgalliers Hallervorden, der mit seinem Gesicht, seiner Nase und seiner Komik in jedem *Asterix* hätte mitspielen können. Denn die spinnen, die Didis ...

Und weil er zudem ein echter Entertainer ist, kommt mir manchmal die gleichnamige und so muntere Melodie von Scott Joplin in den Sinn, wenn ich ihm begegne. Als Siebziger-Jahre-Kinder spielten wir sie auf diesen Miniaturdrehorgeln ab, wenn wir mit zwei Fingern eine winzige Kurbel betätigten. Diese *Entertainer*-Melodie könnte der Soundtrack seines Lebens sein.

Und wenn ich an diese Töne denke, fällt mir auch immer auf, wie viel Hallervorden seine Lieblingsfarbe bedeutet: Blau. Die Farbe seines geliebten Meers und die seiner Augen, seiner Markenzeichen. Er selber sagt ein wenig kokett, er wisse nicht, warum ihm Blau so lieb sei. Doch keine andere Farbe trägt Hallervordens Gegensätze, die seine große Stärke sind, so sehr in sich: wie heiter kann ein himmelblauer Himmel stimmen, wie einladend ein wasserblauer See im Sommer. Ein helles Blau ist Leichtigkeit. Kein Wunder, dass man sich den Himmel als Jenseits ausmalt.

In der Mitte des Farbenspektrums wird es gewichtiger, nuancierter, beinahe schwieriger. Das Blau einer Kornblume leuchtet faszinierend aus jedem Weizenfeld heraus. Ein azurblaues Meer weckt Sehnsüchte, es stimmt ehrfürchtig. Und am Ende der Palette lässt ein tiefes dunkles Blau seinen Betrachter in Melancholie versinken. Ein dunkelblaues Meer zieht den vom Ertrinken Bedrohten in die Tiefe. Das Blau einer heraufziehenden Nacht macht demütig. Ein Saphir erscheint tiefgründig und mystisch. Der Maler Marc Chagall verschrieb sich lebenslang der Farbe Blau. Er hat den Menschen die Vielfalt dieser Farbe mit seiner Kunst wie in einem einzigen großen Traum vor Augen geführt. Hallervorden ist ein bisschen ein Chagall des Schauspiels.

Die Decke im Portal seines *Schlosspark Theaters* hat er folgerichtig blau streichen lassen. Sein Himmel.

»I am blue!«, sagt ein Amerikaner, wenn er traurig ist. Und den Meister des großen Songs, Frank Sinatra, nannten seine Anhänger »Ol' Blue Eyes«. Und das nicht nur wegen seiner Augenfarbe. Heute ist Hallervorden ein deutscher »Ol' Blue Eyes« und lässt mit seinen zwei Augen mal himmelblau hoch, mal tiefseeartig tief schauen. Fast so gut wie vor ihm Hans Albers.

Als Didi riss er sie auf wie ein Wahnsinniger, rollte sie, bis die rosa Äderchen auf dem Weiß hervortraten. Wie zwei kleine Globen ließ er sie in seinen Augenhöhlen drehen. Größer schienen sie als jene seines wunderbaren Kollegen Diether Krebs hinter dessen lupenartiger Flaschenbodenbrille. Weil Krebs natürlich als Meister seines Fachs wusste, dass alles über die Augen entsteht. Deswegen malen sich Zirkusclowns zwei riesige Bögen über ihre Brauen, auf dass sie von Weitem wie Riesenaugen erscheinen.

Viola Matthies ist Hallervordens Kostümbildnerin und Garderobiere im Berliner *Schlosspark Theater* und deswegen natürlich vertraut mit dem Blau ihres Chefs. Neben seinem Bühnenoutfit hütet sie auch ein paar blaue Sakkos für den Alltagsgebrauch des Chefs. Seine Garderobe staffiert sie immer mit Schokolade, Bananen, Tee und Honig aus. Niemals steht Alkohol griffbereit, der kommt erst dann und wann nach der Vorstellung dran. Ihr Boss verbringt den Tag vor den Aufführungen meist in einer Art Leerlauf. Das Einzige, worauf er sich konzentriert, sind sein Text und sein Spiel. Vier Stücke spielt und trägt er damals im Jahr 2016 in seinem Kopf herum. Vor den Vorstellungen duscht er eiskalt und ausgiebig, um hellwach auf die Bühne zu kommen. Auf die Bretter, die seine Welt bedeuten. Er hört seinen Puls in den Adern klopfen.

An den Schminkspiegel seiner Garderobe ist ein Foto seines Sohnes geheftet. Geht er zur Bühne, nimmt er dieses Foto mit sich, steckt es in die Innentasche seines Jacketts. »Das erinnert mich daran, dass es Wichtigeres gibt als einen Versprecher oder einen Texthänger.« Dann geht er ins Licht.

Dort hat er einen Auftrag zu erfüllen. Dieses Mal, 2016, gibt er zusammen mit Philipp Sonntag die Komödie *Sonny Boys*. Und die Leute werden lachen über ihn. Sich vielleicht auch erinnern, wie sie früher gelacht haben über diesen Mann. Wie dieses Lachen nicht im Halse stecken blieb, sondern wie sie sich ausschütteten vor Lachen über ihn. Wie tief dieses Lachen ins Zwerchfell ging, es dehnte und beben ließ. Und viele von ihnen werden erst jetzt merken, dass sie dieser Komiker, den sie manchmal zu Unrecht für einen Blödel hielten, für eine Ulknudel, schon damals mit seiner Komik berührte.

Es hat früher bloß fast niemand gemerkt. Dass Hallervorden unsere Seelen lachen ließ und nicht bloß unsere Münder. Er behielt es wie ein Geheimnis für sich. Es wollte damals auch keiner wissen. Man wollte sich amüsieren. Dass es eine ganz eigene, eben seine Kunst war, die erheiterte, ahnen die meisten vielleicht jetzt erst, da er sie zum Weinen bringt.

Heute lässt er etwas zutiefst Menschliches und Altvertrautes neu entdecken und erleben: dass das Lachen nah beim Weinen liegt, dass die beiden verwandt sind. Dass die Schwester des Glücks die Schwermut ist, wie Konstantin Wecker singt. All das vereint Hallervorden, dass es fast schon körperlich spürbar ist. Feinste Millimeterarbeit eines Mimen.

Sein Name klingt nach einem lauten Lachen, nach »Ha-hahallervorden«. Aber in diesem Namen steckt auch das Wort »Hall«. Der Nachhall, den er hinterlässt nach seinem Auftritt. Und dann noch sein ewiger Vorwärtsdrang, der im »vorden« versteckt liegt. Alles Zufall, sicherlich, aber ein schöner.

Das Symbol für den Beruf des Schauspielers sind die zwei Masken, die halb nebeneinander, halb übereinander in die Fassaden der Stadttheater gemeißelt sind oder in die Siegelringe großer Mimen graviert. Auf dem Wiener Zentralfriedhof zieren sie sogar den Grabstein des Schauspielgiganten Curd Jürgens: Eine von diesen Masken lacht, die andere weint.

Hallervorden trägt diese Masken unter seiner Haut. Sie sind ihm buchstäblich in jene Floskel vom Fleisch und Blut übergegangen. Sie sind Teil seiner selbst geworden. Mit der einen von ihnen, der lachenden, ist er reich und berühmt geworden. Mit der anderen endlich glücklich. Denn was wäre ein Mensch, schlimmer noch, ein Schauspieler, der nur die eine Seite zeigen darf. Nur ein halber.

Als ich ihn frage, warum er so lange warten musste auf den späten Triumph, sein ganzes Können endlich zeigen zu können, sagt er: »Ich wollte es immer. Und ich wusste, dass ich es kann. Aber wer lässt einen?« Und schleudert die Antwort gleich mit all seinem Glück und aller Genugtuung heraus: »Jetzt! Jetzt endlich lässt man mich!«

Er wollte und will immer das große Ganze. Das natürlich niemals zu haben ist. Aber sich danach zu sehnen und zu suchen, das wird man doch noch dürfen.

Deswegen lernte er, als er noch jünger war, das Segelfliegen und das Tiefseetauchen. Für ihn typisch, dass er das nicht bloß im übertragenen Sinne tat, sondern tatsächlich. Weil er ein Angstüberwinder ist. Weil er möglichst hoch und ziemlich tief sein möchte.

Einer wie er ist lebenslang süchtig nach diesen Momenten. Der Arzt, der wie immer im Publikum seines *Schlosspark Theaters* sitzt, falls jemand einen Herzinfarkt bekommen sollte, nennt es Endorphinausschüttung. Hallervorden nennt es Glück.

»MANN, IST DER SCHWIERIG«

Das Spiel mit dem eigenen Klischee

Bei allem, was ihn auszeichnet, soll er aber auch seltsam schwierig sein, sagen viele über ihn. Alles und jeden wolle er kontrollieren, meinen die anderen. Kompliziert sei er, wenn es um ihn selbst geht, behaupten Menschen, die wiederum von sich selber sagen, sie würden ihn gut kennen. Scheu, ja schüchtern sei er, sagt er selbst. Um diesen Zirkus und diese Etiketten um ihn herum zu erklären, hilft es einmal zurückzuschauen in die Zeit, als ich ihn kennenlernte. Winter 2015.

»Nein, Herr Hallervorden gibt keine Interviews! Er mag das überhaupt nicht! Er hasst das«, sagt seine Agentin und ihre Stimme schneidet durch den Telefonhörer. Dabei will ich einfach nur für ein Porträt recherchieren und schreiben. Und so versuche ich es nach der ersten Absage bei ihm direkt, schreibe ihm einen kleinen Brief. Daraufhin scheint seine Agentin ein paar Tage später etwas nachzugeben: »Gut, mal sehen, vielleicht ... Aber da müssen Sie sich schon etwas Intelligentes ausdenken! Fragen Sie ihn bloß nichts Dummes, das mag er gar nicht!«, ermahnt sie mich mit einem Klirren in der Stimme.

Er selbst hat das in den wenigen Interviews immer betont, wie sehr es ihn quält, mit Journalisten zu reden, wie er manchmal sogar Angst davor hat. Und jetzt warnt mich also seine Agentin vor dem Idol meiner Grundschulzeit. Und spricht mit mir, als wäre ich zehn. Ich werde neugierig. Ist Hallervorden vielleicht eine Art Nachfolger seines Kollegen Klaus Kinski, der als legendärer Interviewschreck unter Journalisten galt? Hat er in Wahrheit was von dessen Unberechenbarkeit?

Dieter Hallervorden ist vor allem auch ein ernster Mensch. Mehr Respektsperson als Augenzwinkernder. Mehr Grübler als Plauderer. Eigentlich kaum geschaffen fürs Showbusiness. Um seine Verletzlichkeit zu tarnen, gibt er sich manchmal gerne mürrisch.

Nur ganz am Anfang und ganz am Ende eines Gesprächs oder einer Begegnung macht er es einem etwas leichter. Mit seiner Stimme. Die klingt nämlich für winzige Momente wie Didi. In diesen Momenten fällt es schwer, nicht von Herzen zu lächeln, wenn man ihn hört. Bruchteile von Sekunden dauern diese Augenblicke bloß. Aber sie lassen erahnen, dass es da mindestens noch einen Hallervorden gibt, der sich hinter dem seriösen und schwierigen verbirgt.

Vor allem, wenn er einen anruft, klingt seine Stimme zur Begrüßung heller und heiterer als im Mittelteil. »Hallooo, hier ist Hallervorden!«, sagt er durch den Hörer. Schnell senkt sich die Stimme aber schon im nächsten Halbsatz, verdunkelt sich und klingt konzentrierter. Ganz am Schluss hebt sie sich noch einmal wie zum Anfang und dehnt das »Tschüss« zu einem »Tschööhöööss«. Hallervorden wirkt also zu Beginn und am Ende einer Begegnung beinahe didiesk und liebevoll. So, als wolle er mit der Begrüßung und der Verabschiedung seinen Gesprächspartnern erst zu- und dann hinterherwinken, lautmalerisch.

Mir hilft das ungemein, dass er mich automatisch lächeln lässt vor und nach fast jedem unserer Gespräche. Denn das Kind in mir hofft ja jedes Mal, dass er es erheitern wird mit seinen Erzählungen, bewegen mit seiner Sprache und dem Klang seiner Sätze. Ich muss als Erwachsener dafür etwas schürfen und schaufeln, bis er sich öffnet, aber meistens gelingt es.

Man muss sich diese flüchtigen Momente von Offenherzigkeit vorstellen wie in manchen Szenen von *Honig im Kopf.* Als Millionen Zuschauer im Kino sich nicht zu entscheiden wussten zwischen Lächeln und Weinen. Und Hallervorden seinem Publikum diese Wahl abnahm. Er ärgert sich, wenn ihn Menschen aus seiner Branche einen »Schauspieler und Komiker« nennen, weil ja ein Komiker immer ein Schauspieler ist, der im komischen Fach zu Hause ist.

Eines Abends im Winter 2015 lerne ich ihn zum ersten Mal kennen: Da sitzt er spätabends einfach nur mal in Ruhe da, vom Schminksessel der Intendantengarderobe seines Berliner *Schlosspark Theaters* aus beherrscht er den ganzen Raum. Er kommt gerade von der Bühne. Und ich gehe ihm entgegen. Ganz so, wie ich es auch vielleicht vor vierzig Jahren als Junge getan hätte. Wie wir alle aus der Generation Didi es damals vielleicht getan hätten.

Ich genieße diesen Augenblick in vollen Zügen. Ich nehme wahr, wie ich mit fast geöffneten Armen auf ihn zulaufen will. Wie ich aber inzwischen gelernt habe, die Arme unten zu lassen. Ich spüre, wie ich eigentlich strahlen und sogar lachen will, weil mich seine Person immer noch von Herzen erheitert. Aber mehr noch. Weil ich mich so freue, ihn zu sehen. Doch natürlich beschränke ich mich auf ein höfliches Lächeln.

Hallervorden erhebt sich kurz aus seinem Maskensessel zur Begrüßung. Dann lässt er sich wieder in ihn fallen, um sich abschminken zu lassen nach seinem Auftritt.

In dieser Position sehen wir uns über Bande an. Wir können uns nicht direkt anschauen, sondern müssen beide in den Spiegel gucken, um unsere Gesichter zu sehen. Und unterhalten uns, wie sich ein Frisör mit seinem Kunden unterhält. Eigentlich wollte ich mich konzentrieren. Aber jetzt fällt mir in dieser Situation andauernd mein Lieblingssketch mit Didi Hallervorden ein.

Der mit dem Frisör, der einem Mann die Haare besonders schön schneiden soll, weil der zu einer Papstaudienz in Rom eingeladen ist. Als der Mann vier Wochen später wieder beim Frisör sitzt, fragt der ihn, wie es denn in Rom war. Und der Mann sagt: »Wunderbar! Der Heilige Vater hat mich sogar gesegnet! Er hat mir seine Hand auf den Kopf gelegt und mich etwas gefragt ...« Der Frisör antwortet daraufhin voller Neugierde: »Und? Was hat er denn gefragt?«

Da imitiert der Mann den verwunderten Blick des Papstes und sagt im original Karol-Wojtyla-Sprech: »Mein Sohn! Wer hat dir denn die Haare geschnitten?!«

Das Schlimmste, was ich jetzt tun könnte, wäre, ihm davon zu erzählen. Das hat er sicher schon Hunderte Mal erlebt. Dass die Leute auf der Straße oder im Restaurant ihm ihren Lieblings-Didi darbieten wollen. Fast scheint es so, als würde Hallervorden eben das befürchten. Er taucht mit seinem Blick tief in sein Spiegelbild ein, und sein Maskenbildner beugt sich mit seinem Oberkörper beinahe schützend über seinen Chef. Hallervorden scheint es ganz recht zu sein, dass wir uns nicht direkt in die Augen schauen können. Er vermeidet diesen Blick, so gut er kann. Ich habe mal gehört, dass man Berggorillas im Dschungel, falls man ihnen begegnet, ebenfalls nie in die Augen sehen sollte. Weil die das als Angriff verstehen würden, als Herausforderung. Und genau an diese Affen muss ich nun denken, verflucht. Ich suche dennoch nach seinen Augen.

Scheu soll er sein, fällt mir wieder ein. Auch davor warnten mich ein paar Gutmeinende und Bescheidwisser. Ich spüre, wie sich mein Puls beschleunigt und gegen meinen Hemdkragen klopft. Dann höre ich mich selbst reden. Die Zeit beginnt sich zu dehnen. Merkwürdige Stille breitet sich aus in der Garderobe. Ich sehe Hallervorden wie in Zeitlupe und höre seine Stimme dumpf und dunkel und wie in Zeitlupe.

»Die Darstellung des alzheimerkranken Amandus in ›Honig im Kopf‹ verlangte eine absolute Ehrlichkeit von mir«, sagt er, »ich musste mich mit ihm quasi identifizieren. Ich musste Er sein. Es durfte in keiner Weise ›hergestellt‹ wirken. Ich war und bin sicher: Mitgefühl können die Zuschauer nur dann empfinden, wenn ich glaubhaft und authentisch das geistige Abdriften so verkörpere, als würde es mir selbst passieren.«

Hallervorden spricht diese Sätze in den Spiegel hinein, ich sitze schräg hinter ihm und schaue ihm von hinten über die Schulter. Eine seltsam abweisende Position, denke und fürchte ich. Und außerdem: Dieses In-den-Spiegel-Schauen hat ja sowieso immer etwas Melancholisches.

Er erzählt jetzt, dass er oft zu Besuch war in Demenz-WGs, um sich dort auf die Rolle vorzubereiten. »Es waren schmerzvolle Erfahrungen, und ich musste zeitweise aufpassen, nicht in eine Depression zu fallen«, erinnert er sich. Wir reden jetzt darüber, wie wichtig diese Gratwanderung war und wie viel Tiefe sie seiner Rolle gab. Hallervorden wendet sich Stück für Stück weg vom Spiegel zu mir und sieht mir zum ersten Mal in die Augen:

»Den Erfolg des Films – soweit ich daran beteiligt bin – widme ich meiner lieben Mutter, die auch das schwere Schicksal der Alzheimerkrankheit erleiden musste«, sagt er und ist gerührt von dem Gedanken an sie. Zum ersten Mal öffnet sich Hallervorden ein wenig.

Das Schlimmste, nein, das Schönste daran: Wer ihm nahe kommt, sieht in den Blicken dieses Mannes Szenen seiner Kindheit wieder. Der Mann im Schminksessel, das ist unsere Kindheit. Wir Siebziger-Jahre-Kinder, vielleicht auch ein paar aus den Sechzigern, sehen in diesem Giganten lebenslang ein paar Schatten unseres eigenen Lebens wieder bunt aufflackern, wenn wir an ihn denken. Und Dieter Hallervorden ist unser Lachen. Auch unser stilles und viel zu lange nicht mehr erfülltes Bedürfnis nach Anarchie. Eine Eigenschaft, die Hallervorden bis heute im Herzen trägt und die ihm zu eigen sei, sagt er selbst. Wenn er als Didi alle Regeln brach und gegen jeden Verstand handelte, war das erfrischend. Denn damals hatten wir noch viel mehr Mut und Willen, ohne Plan und Zwang zu leben.

Manchmal spüren wir heute als Erwachsene, wie schön es wäre, noch einmal so frei zu sein. Und probieren es gelegentlich aus. Von all diesen Versuchen am ungefährlichsten ist das Anschauen alter Lieblings-Didi-Sketche im Internet. Mit etwas Stimmung und Glück gelingt uns die Zeitreise, und dieser Mann lässt uns noch einmal so lustig und vor allem so befreit sein wie damals. Wie sehr die Menschen ihm das danken, konnte man etwa in der ZDF-Show *Wir lieben Fernsehen* im August 2017 sehen. Standing Ovations gab es vom Publikum, und auch Hallervordens eingeladene Kollegen – Annette Frier, Karl Dall und Christoph Maria Herbst – erhoben sich.

»ICH HATTE NICHT MEHR AN DIE GROSSE LIEBE GEGLAUBT«

Ein Herz-Tattoo mit 81

Während der Recherche für dieses Buch hatte ich immer eine Hoffnung. Nämlich die, dass mich Hallervorden noch einmal live zurückkatapultiert in diese Leichtigkeit, von der eben die Rede war. Vielleicht bei einem der zahlreichen Bierchen nach einer Premierenfeier, so glaubte ich. Die Biere tranken wir auch, aber Hallervorden blieb immer gedankenvoll, wohlartikulierend und ausgewogen. Geschmunzelt haben wir oft, gelacht nur gelegentlich, gealbert erst ganz zum Schluss unserer Treffen. Dafür ließ er sich umso mehr auf die Expedition in die Gegengerade ein. Und teilte mir manche Traurigkeit und Wehmut mit.

Sein einziger Witz in einer der frühen Thekensituationen war dieser: Auf meine Frage hin, ob er denn in letzter Zeit schon mal sein Alter spüre, antwortete er: »Ich trinke heute nicht mehr 20 Biere, manchmal belasse ich es jetzt bei 18.«

Dann die späte Überraschung Ende April 2017. Fast schon ganz am Ende der Recherchen für dieses Buch und einige Treffen später lässt er wirklich locker. Und das liegt an der Frau an seiner Seite.

Die Wiederaufnahme des Gerhart-Hauptmann-Stücks *Vor Sonnenuntergang* ist gerade gefeiert über die Bühne gegangen. Er starb in der Rolle des Matthias Clausen überzeugend und reich beklatscht. Seine Liebe Christiane Zander saß in Reihe sechs und ließ sich von dem Mann auf der Bühne, den sie so gut kennt, trotzdem hinforttragen in ihren Gefühlen. Nach der Todesszene flüsterte sie: »Diese Szene sehe ich jetzt zum zweiten Mal, aber es ist wieder ein Schock für mich. Zum Glück kommt er gleich wieder ...«

Zehn Minuten später tat er das und schritt geduscht und abgeschminkt ins Portal seines Theaters. Und feierte den Erfolg im kleinen Kreis. Wir standen mit Christiane Zander an einem Stehtisch, und Hallervorden war noch geflutet von der Euphorie seines Auftritts. So sehr, dass wir endlich ins herbeigesehnte Scherzen kamen.

Und er schien dann doch einmal fast so etwas wie zufrieden mit sich selbst, was sonst nie vorkam. Ein paar Fans warteten auf ihn, und Hallervorden nahm ihre Komplimente entgegen, als wäre er von ihnen wirklich überrascht. Das wirkt bei ihm immer so. Er fragt dann meist: »Ach, wirklich?« oder »Ja? Meinen Sie?« Es ist in diesen Momenten keine Koketterie, wie man leicht meinen könnte, es ist liebenswert und glaubhaft demütig. Er deutet bei jedem, der ihn lobt, eine kleine Verbeugung an, senkt seinen Kopf ein wenig. Und er genießt.

»Ich verfüge über die große Begabung, Lob und Anerkennung in unbegrenztem Maße genießen zu können«, sagt er, und er spricht diesen Satz zwar ironisch aus, meint ihn aber sehr ernst. Denn er braucht den großen Zuspruch. Noch immer, nach all den Jahren. Zuletzt kam er etwa von seinem inzwischen verstorbenen Kollegen Karl Dall. Der sagte sehr ehrlich über ihn: »Es ist doch so, dass außer Dieter Hallervorden, der es beneidenswert aus der Blödelecke herausgeschafft hat, kaum jemand von uns anderen alten Komikern diese Chance bekommt.«

Es gibt in solchen Momenten der allgemeinen Anerkennung vielleicht nur eines, wonach sich Hallervorden so verzehrt wie nach dem Applaus. Und das ist die Nähe seiner Christiane. Die beiden suchen immer die Gegenwart des anderen. Und möchten nicht getrennt sein. Sie berühren sich ständig, natürlich auch an diesem Abend. Und wenn er sich – manchmal nur notgedrungen – von ihr abwendet, weil er angesprochen wird oder selber etwas zu reden hat mit anderen, geht er danach sofort wieder zu ihr, um wenigstens kurz ihre Hand zu halten. Besser aber noch, um sie zu umarmen. Und jedes Mal, wenn die beiden »getrennt« worden sind, gehen sie aufeinander zu wie zwei Verliebte, die sich längere Zeit nicht gesehen haben. Sie geben sich dann Begrüßungsküsse. Niemals nur einen, sondern immer gleich drei oder vier. Und so schenken sie sich auch Abschiedsküsse, selbst wenn der andere nur für eine Weile den Raum verlassen muss und schnell wieder zurück sein wird. Seine Christiane nennt er *Divina* – was lateinisch ist und »die Göttliche« bedeutet.

Christiane Zander hat ihm einen Liebesbrief geschrieben, den er oft bei sich trägt. Darin steht diese Zeile: »Ich habe vor unserem Kennenlernen nicht mehr an die ›Große Liebe‹ geglaubt ... Mit Dir darf ich sie erleben!«

Zander ist eine starke, auch eine selbstbestimmte Frau, sie war Stunt-Woman beim Film. Der Mann an ihrer Seite liebt ihre taffe Art. Aber auch, wie sie ihn umzärtelt. Die beiden sind bis heute derart, ja, man muss es so nennen, verknallt ineinander, dass sie sich auch kleine, meist spielerische Eifersuchtsszenen in der Öffentlichkeit gönnen. Wenn Christiane etwa meint, diese eine Frau dort hinten in der Menge habe ihm gerade zu lange in die Augen gesehen oder die andere ihn beim Bussi-Bussi beinahe auf den Mund geküsst, dann empört sie sich ein bisschen, bis ihr Dieter sie wieder umschwärmt. Und sie mit viel Witz und List wieder herauslöst aus der kleinen Eifersuchtswolke, die ihre Mimik verfinsterte. Christiane Zander ist eine warme und stolze Frau zugleich, niemals nur ein Anhängsel, und darauf ist Hallervorden wiederum stolz.

Sie ist auch mutig. Alleine schon von Berufs wegen. Als Stunt-Frau »prügelte ich mich gern mit Mädels oder verursachte den ein oder anderen Crash«. Weil sie gelernte Rettungstaucherin ist, war ihre Spezialität, Kollegen aus in Flüsse und Seen gestürzten Autos unter Wasser zu befreien. Sie arbeitet heute als Assistentin der Intendanz, so ihre Berufsbezeichnung, im *Schlosspark Theater* und stand bisher auch in zwei Stücken mit ihm auf der Bühne. Für dieses Buch hat sie zum ersten Mal über ihre Liebe zu ihm gesprochen.

Hallervorden liebt Christiane Zanders Courage. Sie trägt ihre Power jedoch nie vor sich her, sie wirkt eher zurückhaltend und hat etwas angenehm Frisches, Klares und Unaufgesetztes in ihrer Weiblichkeit. Auch wenn sie schon seit einiger Zeit mit ihm zusammen ist, staunt sie bis heute, wie sich ihr Leben beschleunigt hat an Hallervordens Seite. Die Zeit mit ihm fliegt dahin wie im Fahrtwind. Jeder Tag Vollgas. Da hilft auch nicht die Stunt-Erfahrung, denn bei Hallervorden wird nie gedoubelt. Im Film nicht und privat schon mal gar nicht.

Zwei Ringe tragen die beiden an ihren Fingern, als ich sie vor fünf Jahren nach der Vorstellung treffe. Sie schauen sich kurz an, dann fragt er sie: »Wollen wir ihm die zeigen?«, und sie erwidert: »Ja!« Er streift ihren Ring ab und deutet auf die innere Gravur. Hallervordens Name steht dort, in seiner Handschrift verewigt. Und in seinem Ring steht ihrer, in ihrer Schrift. Brillanten zieren die Schmuckstücke, und ein Jugendstilornament rankt über das Gold. Denn Hallervorden liebt Jugendstil. (Ja, Jugendstil, und wirklich niemand hat einen Kalauer über alte Männer und junge Frauen gebracht!) »Das sind unsere Verliebtheitsringe«, sagt Hallervorden. Am 18. Februar 2017 haben sie sich diese angesteckt. Da saßen sie ganz hinten in einer Kirche als Gäste einer Hochzeit von Freunden. Und in dem Moment, in dem die Freunde vorn am Altar die Ringe tauschten, taten das auch Hallervorden und Zander in ihrer Kirchenbank. Zu dieser Zeit gingen sie dann auch in ein Tattoo-Studio für einen unauslöschbaren Liebesbeweis.

Es ist jetzt schon spät geworden im *Schlosspark Theater*, als mir die beiden ihre zwei Tätowierungen an ihren Oberarmen zeigen. Hallervorden fängt natürlich an, knöpft sein Hemd auf und deutet auf die Stelle über seinem Bizeps: »Zander ihrs« steht dort unter einem Herzchen. In einem schnoddrig-herzlichen Berlinerisch und in der Handschrift seiner Angebeteten. Die strahlt jetzt und tut es ihm nach, zeigt, wie sehr ihr dieser Mann unter die Haut geht: »Hallervorden seins« steht dort in seiner Handschrift auf ihrem Oberarm.

Und dann verstecken beide wieder ihre Tattoos und lachen dabei von Herzen. Es ist dieses Lachen, das dieses Paar in jedem Moment so selbstverständlich verbunden wirken lässt. In ihm schwingt Glück, Witz und eine große Leichtigkeit mit. Die Menschen, die sie ständig turtelnd, voneinander verzückt oder beschwipst vor Verliebtsein erleben, gönnen ihnen ihr Glück.

Jeder hat schon einmal Prominentenpaare – auch mit großem Altersunterschied – erlebt, die darauf bedacht sind, äußerlich jung zu wirken. Und bei denen es der Ältere im Inneren gar nicht ist.

Bei Hallervorden ist das anders. Er strahlt eine Jugendlichkeit aus, eine Frische, die diese Frau in ihm neu entfacht hat. Sie war vermutlich auch vor ihr da, aber recht verborgen. Er trägt dieses Junge, manchmal sogar das Kindliche, sein ganzes Leben schon in sich. Eines seiner Erfolgsgeheimnisse.

Das ist auch eine weitere Antwort auf die Frage, ob Hallervorden denn nun wirklich ein schwieriger Mensch sei oder nicht. Ja, das ist er durchaus, würde ich sagen. Aber das Liebenswerte an seinem Schwierigsein ist die gelegentliche Kindsköpfigkeit, mit der er sie zelebriert. Er macht dann manchmal bloß ein Gesicht wie ein alter Kauz. Innen drin aber ist er oft empfindlich, manchmal beleidigt und sogar enttäuscht wie ein Kind. Eines, das im Prinzip alle gernhaben, weil es allen Menschen viel Freude bereitet. Weil es dabei ohne jede Arglist ist, sondern einfach nur launisch. Das aber genauso schnell, wie es andere zum Schmunzeln und Lachen bringt, anstrengend sein kann. Oder in einer plötzlich aufziehenden Traurigkeit getröstet sein möchte. Ein Kind im alten Manne also, das eigentlich immer die Arme ausstreckt. Um zu jubeln, um die Menschen mitzureißen oder um ihnen in die Arme zu fallen. Um geborgen zu sein, wenn es dann wieder in eine seiner erwachsenen Melancholien verfällt.

Dass dieser alte Junge frühzeitig gelernt hat, seine Arme auch zu verschränken, ist klar. Denn wer überlebt schon auf Dauer ein Leben mit geöffneten Armen, ohne sie sich zu brechen? Ohne Schaden an der Seele zu nehmen? Aber eigentlich würde er gern ständig mit offenen Armen durchs Leben gehen.

Meine Mutter, die schon lange im Himmel ist und Hallervorden auch so gern mochte wie ich, hatte am gleichen Tag Geburtstag wie er, am 5. September. Und wenn ich Hallervorden treffe, scheint es mir manchmal, als würde meine Mutter zuschauen und lächeln. Ich erinnere mich daran, wie ich ihr meine ersten Hallervorden-Imitationen vorspielte. Ich probte mit ihr für die nächste Familienfeier. Ich sehe uns lachen und lachen und lachen. Von Christiane erfahre ich später, dass auch Hallervorden jeden Tag noch an seine Mutter denkt. Und dass er große Teile seines Humors aus den Erinnerungen an sie schöpft.

Allein dafür bin ich Hallervorden bis heute dankbar. Dass er uns lächelnd zurücksehen und sogar trauern lässt. Dass er die Erinnerungen, die doch bei den meisten von uns nicht gerade leicht auf dem Herzen liegen, weniger schwer sein lassen kann. Hallervorden schenkt uns bis heute kleine Unbeschwertheiten, die guttun.

Wenn wir ihm begegnen oder an ihn denken, sehen wir uns oft als Kind mit unseren Eltern vor dem Fernseher sitzen. Mitte der siebziger Jahre. Gleich kommt *Nonstop Nonsens.* Wir sind glücklich.

Wir träumen uns zurück auf die beigefarbene Couch und die übrige Welt aus Ado-Gardinen, Textiltapeten und Flokati-Teppichen. Wir sehen, wie der Röhrenfernseher die Abendszenerie des Wohnzimmers in sein damals noch flackerndes Licht taucht. Wie wir vielleicht kurz aus dem Fenster auf die Straße hinausschauen und in Dutzende von Fenstern sehen, hinter denen das gleiche bläuliche Licht schimmert.

Wenn Hallervorden lief, taten wir alle das Gleiche. Die Klassenkameraden, die Kumpels, die Verwandten, die ganze Familie. Wir lachten.

Der Gedanke, dass es heute solche Vollversammlungen nirgendwo mehr gibt, macht traurig. Und doch. Wenn Hallervorden heute in seinem Theater persönlich auftritt und dann wie immer alle 473 Plätze besetzt sind, hat etwas von der lang vermissten Zusammenkunft jener Zeiten überlebt.

Damals sang er sein albernes wie berühmtes *Schnief schnief di schneuf*, mit dem er die Filmmelodie aus *Doktor Schiwago* in einem seiner besten Didi-Sketche parodierte. Im »Wie war noch mal der Mittelteil aus Dr. Schiwago?«-Spot mit ihm löst Didi auf einer Berliner Kreuzung ein Verkehrschaos aus, weil er nach einem Auffahrunfall seinen Unfallgegner und weitere Autofahrer nach der berühmten Filmmelodie fragt. Alle sind erst einmal erbost, hupen und schimpfen und rätseln dann doch ganz rührend nach der fehlenden Strophe. Selbstverständlich kursiert dieser Klassiker auch heute noch im Netz. Und selbst nach viereinhalb Jahrzehnten kann man heute etwas Neues in ihm erkennen.

Wie kunstfertig Hallervorden es damals schaffte, ausgerechnet eine der mitreißendsten und melancholischsten Filmmelodien zu persiflieren. Wie viele Millionen hat dieses Lied im Originalfilm weinen und wie viele dank Didi lachen lassen? Schon damals balancierte Hallervorden also auf dem dünnen Seil zwischen Melancholie und Erheiterung. Nur eben einbahnstraßenartig. Es gab damals nur das Lachen gegen die Traurigkeit. Heute ist er in beiden Richtungen unterwegs.

Ganze dreißig Jahre dauerte das große Wiedersehen mit ihm für die meisten seiner Kindheitsfans. Viele von uns hatten in dieser Zeit seinen Weg verfolgt, hatten sein *Spott-Light* und seine *Spottschau* erlebt, auch seine kurze Zeit als Moderator von *Verstehen Sie Spaß?* in den Jahren 1996 und 1997. Dann in der Sitcom *Zebralla!* und später zusammen mit vielen seiner Nachfolger und Möchtegernnachfolger in der *Comedy-Falle* bei Sat1.

Wie viele unserer Kindheitsidole haben wir in dieser Zeit begraben müssen? Hallervorden lebt. Und jene Menschen, die ihm am nächsten stehen, sagen, dass sie sich gar nicht vorstellen wollen, wie es sein wird ohne ihn, sie denken einfach nicht daran. Christiane macht daraus sogar ein Prinzip. Sie sagt, dass diese Liebe »ewig« ist.

»MANCHMAL GRÜSSEN WIR HIMMELWÄRTS SEINE MUTTER«

Ein Gespräch mit Hallervordens Frau Christiane über das Glück mit ihm und die Zeit, die bleibt

Christiane, wie hast Du Herrn Hallervorden kennengelernt?

Er feierte in seinem *Schlosspark Theater* eine Premiere, und ich kam mit ein paar Kollegen zur anschließenden Premierenfeier vorbei. Ich nahm einen Drink an der Foyerbar, und dann kam Herr Hallervorden und bestellte sich ein Bier. Wir lächelten uns kurz an, er nahm ein paar Schlucke, es gab einen kurzen Smalltalk, er ließ seinen Blick zwischen meinen Augen und dem Dekolleté hin- und herschweifen – und dann fragte er charmant: Ist das zufällig noch frei?

Klingt forsch ...

Ich war kurz überrascht, aber da dem so war, antwortete ich ehrlich und frei heraus: Ja! Wir unterhielten uns weiter über sein Theater, und kurz vor dem Abschied lud er mich zu einem seiner Soloprogramme ein. Das sollte aber erst elf Tage später stattfinden.

Ich war nicht sicher, ob er sich am nächsten Tag noch an unsere Begegnung und sein Versprechen, mir eine Karte dafür an der Kasse zu hinterlegen, erinnern würde. So habe ich mich sicherheitshalber vorher an der Kasse telefonisch erkundigt, ob es eine Karte für mich geben würde. Tatsächlich! Anschließend haben wir uns wieder an der Bar getroffen, und dann haben wir in der Champagnerhalle nett bei einem Gläschen geplaudert. Wir hatten schnell einen Draht zueinander, und wir haben viele Übereinstimmungen entdeckt.

Aber sicherlich hattet Ihr beide einige Beobachter?

Ja, es kam zu einer weiteren Verabredung in einer Bar. Dort wollte er mich das erste Mal küssen. Aber ich konnte mich nicht dazu hinreißen lassen, weil ich stets und ständig die Blicke der anderen Gäste, ohne sie weiter zu sehen, spüren konnte ... wie sie starrten. Da war mir das erste Mal bewusst, was es bedeutet, mit Dieter unterwegs zu sein. Ich war es nicht gewohnt, mich stets im Blickfeld anderer Leute zu befinden.

Aber das hat Euch beide nicht stoppen können?

Bald rief er mich wieder an und schlug ein weiteres Treffen vor. Ich dachte: Der ist aber hartnäckig ... Dieses Treffen kam dann aber erst mal gar nicht zustande, da er es recht kurzfristig wegen einer Frühjahrsbronchitis absagte. Ich nutzte die Zeit, um mir seinen letzten Film *Honig im Kopf* anzusehen und mich auf den neuesten Stand zu bringen, wovon andere die ganze Zeit schon sprachen. Ich war beeindruckt. Als er wieder gesund war, trafen wir uns dann regelmäßiger, den Rest kann man sich ja denken.

In welche seiner vielen Eigenschaften hast Du Dich denn verliebt?
Wir sind uns irgendwie ähnlich. Es gibt so viele Punkte, in denen wir uns sofort verstanden haben. Zum Beispiel sind wir beide sehr naturverbunden. Es passt auch auf allen anderen privaten Ebenen mit uns. Jede Unternehmung mit ihm macht mir Spaß. Jetzt im Urlaub etwa war er seit langer Zeit wieder tauchen, weil ich das so liebe. Und im Beruf ist das Schöne, dass ich ja auch aus dem Filmbereich komme. Er hat in letzter Zeit ja viel gedreht, ich besuchte ihn am Set am Wochenende und bewunderte, wie professionell er dort arbeitet.

Gibt es denn Facetten von ihm, die nur Du erlebst?
Er ist ein extrem liebenswerter Mann und Mensch. Vor ihm war ich viele Jahre Single und war es gewohnt, alleine zu leben. Ich war sehr glücklich allein, ich habe überhaupt nicht an einen möglichen Mann gedacht. Ich habe einen tollen Freundeskreis und meine wunderbare Familie. Einen prima Sohn, der ist 33 Jahre alt. Ich war also glücklich in meinem Leben. Dieter ist ein extremes Topping dieses Glücks!

Es ist einfach wunderbar zu erleben, wie bei uns beiden total unterschiedliche Emotionen nebeneinander Platz haben. So können wir uns gerade mal wieder zärtlich unsere großen Gefühle füreinander »gestanden« haben – und wenig später bekommen wir aus noch so kleinem Anlass einen Riesenlachanfall, der uns eine halbe Stunde am Einschlafen hindert … Leben, wir beide lieben dich! Und uns! Ein herrliches Gefühl der Übereinstimmung.

Hallervorden gilt als mitunter schwieriger, aber auch sehr höflicher Mensch. Wie ist er denn zu Dir?
Er ist sehr charmant! Ein Meister der alten Schule! Vorher habe ich mir immer selbst mit einem lauten Pfiff mein Taxi gerufen, und ich war es gewohnt, mir die Türen selber zu öffnen. Zu Beginn habe ich es immer noch abgelehnt, mir in meine Jacke oder meinen Mantel helfen zu lassen. Inzwischen genieße ich seine Fürsorge. Das Einzige, was mich immer noch »sauer« werden lässt, ist die Tatsache, dass er stets um das Taxi herumrennt, um mir auf der Straßenverkehrsseite die Taxitür aufzureißen. Ist doch Quatsch, dass ich bequem einsteige, während er jedes Mal Gefahr läuft, überfahren zu werden! Dennoch: Auf seine wunderbaren Komplimente möchte ich auch nicht mehr verzichten. An seiner Seite fühle ich mich total als Frau. Übrigens hat er den wirklich nicht weit verbreiteten Mut als Mann, mir Klamotten mitzubringen – die mir dann auch noch passen und gefallen! Er hat einen guten Geschmack. Und ich liebe seine immer wieder überraschenden Aufmerksamkeiten, etwa die Blumen, und dass er mir meine Lieblingssüßigkeiten mitbringt.

Ihr seid beide sehr unabhängige und selbstständige Charaktere. Kann es sein, dass Euch das aneinander angezogen hat?
Ja, das kann sein, es ist aber auch nicht immer ganz leicht für uns. Wir sind beide starke Persönlichkeiten und ecken deswegen auch mal gegenseitig an. Und so ähneln wir uns auch in unseren Macken. Wir sind beide auch nicht gerade unempfindlich, wobei ich im Vergleich zu ihm die Unempfindlichere bin. Es ist also alles sehr leidenschaftlich bei uns. Niemals ist es langweilig mit ihm.

Womit kann denn der Mann, der Millionen zum Lachen bringt, Dich erheitern?
Auf unterschiedlichste Art und Weise. Und zwar oft gewollt, aber manchmal auch ungewollt! Aber gerade wenn er mich ungewollt zum Lachen bringt, hat er genügend Humor, sich mit mir zu amüsieren. Wenn er einfach mal wieder Blödsinn redet, grüßen wir himmelwärts seine Mutti, von ihr hat er seinen Humor. Sie nannte ihn damals schon »Quatschikokel«.

Wie erlebst Du ihn auf seiner Insel?
Ich habe mich natürlich auch in diesen Ort verliebt. Wie Vater und Sohn dort zwei Jungs sind und alles zusammen unternehmen, die Gärten pflegen, jede Pflanze mit Namen kennen, das ist schon schön mitzuerleben. Dieter ist ein solcher Pflanzenexperte, dass er, wenn er mit mir durch fremde Städte spaziert, am Wegesrand stehen bleibt und

mir die Pflanzen erklärt. Manchmal fragt er mich deren Namen ab. Da muss ich noch viel lernen.

Wie geht Ihr mit dem Altersunterschied um?
Auf den wurde ich zu Beginn unserer Liebe oft angesprochen. Der ist natürlich da, aber er war von Anfang an kein Thema für uns, wir haben nie über ihn reden müssen. Er war so gar nicht zu spüren, für mich auf alle Fälle nicht. Mit seiner Energie übertrifft er einfach alles. Ich nenne ihn manchmal Mr. Energy! Was er alles unternimmt! Ich muss darum betteln und kämpfen, dass wir wenigstens einen Abend im Monat vor dem Fernseher sitzen. Als Single habe ich das genossen, nach einem anstrengenden Arbeitstag die Beine hochzulegen und fernzusehen. Mit ihm gestaltet sich das schwierig!

Verrätst Du mir noch solch eine ganz persönliche Anekdote?
Wir waren auf einer Schiffsreise. Mein Schatz hatte an diesem fraglichen Abend eine Menge Alkohol verkonsumiert. Also rappelte er sich nachts aus dem Bett und ging zur Toilette. Verwechselte aber die Tür und stand mitten auf dem langen Schiffsflur, von dem alle Kabinen abgehen. Um sich das bildlich vorzustellen, muss ich dazu sagen, dass Herr Hallervorden immer nackt schläft. Doch bevor er zur Tat schreiten konnte, konnte ich meinen Arm aus der Kabine schnellen lassen und ihn wieder einfangen, um ihn in die richtige Richtung zu lenken, was er unter Protest geschehen ließ. Die Pointe: Am nächsten Morgen glaubte er mir die Geschichte nicht und stritt alles kategorisch ab.

Gibt es noch ein paar Macken und Rituale in Eurem Zusammenleben?

Okay, da fallen mir ein paar ein ... Erstens: Wir nehmen in Restaurants nur an einem Tisch Platz, an dem wir möglichst nah nebeneinandersitzen können. Steht ein solcher Tisch nicht zur Verfügung, wechseln wir das Lokal. Zweitens: Unsere Zahnbürsten stehen nie getrennt im Zahnputzglas. Sie umarmen sich zärtlich küssend, unsere Bürsten sind also ineinandergesteckt. Drittens: Beim Autofahren hat die Hand des Beifahrers ihren Platz auf dem Schenkel des Fahrers. Viertens: Fahrstühle, egal ob sie sich nach oben oder unten bewegen, sind unsere obligatorischen Kussareale. Fünftens: In der Wohnung geht keiner an dem anderen vorbei, ohne seinen »Zoll« in Form eines Küsschens zu entrichten.

Was hat Dich an seinem Heiratsantrag am meisten bewegt?

Dass er nicht zwischen Tür und Angel und nicht am Küchentisch stattgefunden hat. Sondern in einer schönen Location über den Dächern von Berlin. Wir haben dort ein Video zu einem Song von seiner CD *80 plus* gedreht. Wir waren beide gut gekleidet und vorher in der Maske. Ich habe nichts gewusst – es war also eine echte Überraschung, eine freudige. Und er machte mir einen sehr klassischen Antrag: Dieter ist vor mir auf die Knie gegangen und hat mich gefragt, ob ich ihn heiraten möchte. Die Antwort musste ich mir nicht lange überlegen, darüber hatte ich bereits vorher schon mal nachgedacht ...

Ihr steht nun schon im zweiten Stück zusammen auf der Bühne des Schlosspark Theaters *– diesmal in* Der König stirbt. *Wie erlebst Du ihn dort als Kollegen? Und wie geht er mit Dir um?*
Als Kollege ist er superkorrekt. Man kann sich auf ihn verlassen. Er bleibt in seinem Text und sollte er ›Verbesserungsideen‹ haben, spricht er diese immer mit den betroffenen Kolleginnen und Kollegen ab und fragt sie nach ihrer Meinung. Im Umgang auf der Bühne kann ich keinen Unterschied zu mir oder anderen Kolleginnen und Kollegen erkennen. Außer, dass wir uns vor jeder Vorstellung nochmal küssen, was er (zum Glück) mit den anderen Kolleginnen nicht macht.

Es bewegt mich, wie sehr Du Dein Leben 24 Stunden am Tag mit Herrn Hallervorden teilst, und auch, wie Du in seiner Welt mit ihm lebst, ohne Deine Selbstbestimmtheit zu verlieren. Hast Du Dich verändert an seiner Seite – und falls ja, inwiefern?
An meiner Persönlichkeit hat sich, glaube ich zumindest, nicht viel verändert. An meinem ›Äußeren‹ und in meinem Kleiderschrank schon etwas. Durch viele andere Events, die ich mit Dieter besuche, brauchte ich neue Kleider, für die ich vorher nicht so häufig Verwendung hatte.

Ich muss meine Haare häufiger stylen und ich habe immer ›professionell‹ gepflegte Fingernägel. Zu ›besonderen‹ Anlässen lasse ich mir manchmal auch falsche Wimpern kleben. Auf diese Äußerlichkeiten habe ich vorher privat keinen großen Wert gelegt.

Da Dieter der ›aktivere‹ Part in Sachen ›Wie hole ich mir noch weitere neue Arbeit ran‹ ist, richte ich mein Leben doch mehr in seine Richtung aus. Ich habe es noch nicht geschafft, ihn dahingehend etwas zu bremsen und eine etwas ruhigere ›Schiene‹ zu fahren. Ich könnte mir mehr Reisen an bisher unbekannte Orte mit Entspannungsphasen vorstellen. In gemeinsamen Gesprächen stimmt mir Dieter theoretisch immer gerne zu ... praktisch macht er dann doch lieber noch ein drittes Theater auf und die Reisen gehen dann nach Dessau.

Und hat sich auch Dieter Hallervorden an Deiner Seite verändert? Und falls ja, wie müssen wir uns das vorstellen?
Das ist von meiner Seite aus schwer zu beantworten. Ich kannte ihn ja vorher nicht. Auf alten Bildern kann ich sehen, dass er heute keine quietschgelben oder schräg karierten Hemden mehr trägt. Er hat sich inzwischen auf blaue Hemden mit Weste eingeschossen.

Eine traurige Frage muss ich Dir dennoch stellen. Denkst Du manchmal daran, dass Euch vielleicht nicht mehr sehr viel Zeit bleiben könnte, weil Dieter Hallervorden nun schon 87 Jahre alt ist?
Ich war immer Realist und weiß zu gut, dass Menschen sterben müssen ... Aber der Gedanke an seinen Tod begleitet mich nicht in meinem Alltagsleben. Er gibt mir ja auch keinen Anlass dazu, er strahlt sehr viel mehr Lebenslust und Energie aus als die meisten Menschen seines Alters

und bedeutend jüngere Menschen. Und ich habe es auch nicht ständig vor Augen. Ich genieße lieber die gemeinsame Zeit. Nein, daran denke ich nicht, solange es nicht andere zum Thema machen.

Du schaust also nach vorn. Was siehst Du da?
Wir haben uns gesagt, dass das nun die Liebe für immer und ewig ist. Die Heirat war ein weiterer Schritt dieser Bestätigung und nun hoffe ich, dass uns noch viel gemeinsame Zeit bleibt.

Du bist nicht nur die »Assistenz der Intendanz« am Schlosspark Theater, *sondern bringst Dich auch künstlerisch ein ...*
Seit fünf Jahren stehe ich Dieter nun auch im Theater zur Seite. Er hat mich gefragt, ob ich nicht noch mehr mit ihm zusammenarbeiten kann, und so habe ich meine Position in der Stuntfirma aufgegeben, um nun Theater zu machen. Am Anfang habe ich mich etwas schwergetan, bei von Dieter zu treffenden Entscheidungen die Angelegenheiten mehr künstlerisch als betriebswirtschaftlich zu betrachten und zu handeln. Mein Betriebswirtschaftsstudium benötige ich dafür eher nicht. Für diesen Part hat Dieter den besten Steuerberater.
Außerdem durfte ich bei der Inszenierung von bisher drei Eigenproduktionen bei verschiedenen Regisseuren als Regieassistentin tätig sein. Diese Arbeit macht mir viel Spaß! Auch wenn es dadurch nicht nur spaßig mit Dieter ist ... Am Ende des Tages vertragen wir uns wieder.

Und nun stehst Du auch selbst auf der Bühne, wie kam es dazu?

Seit 2020 nehme ich regelmäßig privaten Schauspielunterricht bei der renommierten Schauspiellehrerin, Schauspielerin und Regisseurin Irene Christ. Sie lehrt mich in Theorie und Praxis diverse Arbeitsweisen der Schauspielkunst und lässt mich in verschiedenste Rollen schlüpfen. Dabei trainiert sie mit mir stets auch Stimmbildung.

In der ZDF-Serie *Mein Freund, das Ekel* durfte ich als Gegengutachterin in einem Versicherungsfall mit Dieter vor der Kamera stehen. In dem Theaterstück *Gottes Lebenslauf* umtanzte ich mit zwei weiteren Engeln den ›lieben Gott Dieter‹ bei seinen Song-Darbietungen. Und als in dem Theaterstück *Der König stirbt* das Julchen besetzt werden sollte, habe ich mich darum beworben. Ich bekam die Chance, mich mit meinem Schauspiel beim Regisseur des Stückes Philip Tiedemann vorzustellen. Ich habe einen gelernten Monolog aus meinem Schauspielunterricht vorgetragen, einen längeren Dialog aus dem Stück *Der König stirbt* vorgespielt, und er konnte mit mir arbeiten, um zu sehen, ob ich seine Anweisungen umsetzen kann. Und so spielte ich mit dem Besten, meinem Besten, gemeinsam auf seiner Bühne!

HOCHZEIT

Ein bisschen dringend und mit großer Freude

In einem Theater haben die ganz großen Gefühle immer eine Heimat. Deswegen war es keine Frage für Christiane Zander und Dieter Hallervorden, wo die beiden denn heiraten werden. Natürlich in ihrem *Schlosspark Theater* in Berlin. Am 10. Juni 2022.

»Wir haben uns versprochen, dass es für immer und ewig halten soll«, sagt der Bräutigam. »Ganz so, wie ich es an meinem Oberarm eintätowiert habe. Und genau dieses ›Immer und ewig‹ wollte ich nun dokumentieren und amtlich sicher machen.« Er ahnte, dass seine Christiane sich danach gesehnt hatte, dass es ihr Herzenswunsch war. Aber nie hatte sie ihn dazu gedrängt. »Sie sagte mir oft, dass sie all das, was wir zusammen erleben, die schönen Reisen, den gewissen Lebensstil, zwar genießt, dass sie aber genauso mit mir ganz einfach zusammenleben würde. Ohne den Wohlstand. Von ihr aus sogar unter einer Brücke.«

Und weil sich Hallervorden nun mal gern von seiner Liebsten inspirieren lässt und weil er lieber in potenziellen Filmszenen als im Einerlei denkt, wollte er ihr folgerichtig und eigentlich den Antrag unter irgendeiner Berliner Brücke machen. »Schließlich sollte alles an diesem Antrag außergewöhnlich sein. Aber dann dachte ich, was mache ich, wenn es an diesem Tag kalt und windig ist – und kam auf eine andere Idee. Ich mietete im November 2021 eine Etage für Dreharbeiten zu einem Musikvideo in einem Turm über den Dächern von Berlin und ging dort oben vor ihr auf die Knie.« Christiane aber hatte sofort die Kameras entdeckt und bat gleich darum, diesen Antrag mitzufilmen. Damit hatte sie einen handfesten Beweis.

Nun aber bricht der große Tag an und die Standesbeamtin kommt zur Festgesellschaft ins Theater. Sie spricht natürlich über das Glück und die Liebe und auch ein bisschen über die Ewigkeit. Bei diesem großen Wort dreht sich Hallervorden kurz um zur Gästeschar – gespieltes Erstaunen in seinem Gesicht. Der berühmte Blick mit den geweiteten Kugelaugen und dem rund sich kringelnden Mund.

Die Gäste schmunzeln festlich leise. Denn dann wird auch der Bräutigam ergriffen, als seine Christiane ihre Stimme erhebt und zu ihm sagt: »Mein geliebter Schatz, was ich Dir heute sagen möchte, hast Du bereits alles gehört. Hier und jetzt ist nur der Unterschied, dass gerade viele andere Menschen dabei sind. Danke an dieser Stelle an Euch, dass ihr alle da seid und wir unser Glück mit Euch teilen dürfen! Du bist mein Bester, mein großes Liebesglück im Leben! Ich danke Dir, dass Du Dein Leben mit mir teilst! Ich danke Dir für all Deine Liebe! Für all Deine liebevollen Komplimente und für den schönen Kosenamen, den Du mir gegeben hast! Ich finde es schön, dass wir uns stets unsere Liebe gestehen! So wünsche ich es mir – für immer und ewig! Ich freue mich darauf! Danke, dass Du Ja zu mir sagst! Ich liebe Dich!«

Als seine *Divina*, die »Göttliche«, das ausspricht, füllen sich Hallervordens Augen mit Freudentränen. »Als ich das sah, kam ich kurz ins Schwanken«, erinnert sich Christiane. Aber dafür hat sie ja einen Profi an ihrer Seite, der die Rührung des Augenblicks aus dem Stand verwandelt in Heiterkeit. Und so antwortet er ihr: »Bevor die Braut sich das in letzter Minute doch noch mal anders überlegt: Bloß schnell die Ringe und ein Kussi, damit sie deutlich merkt, jetzt muss sie!«

Dann spielt Thomas Schmidt-Ott auf seinem Cello den *Salut d'Amour* von Edward Elgar und *Nefeli* von Ludovico Einaudi.

Später wird Hallervorden sagen: »Eine Hochzeit vermittelt ein Glücksgefühl. Und Glück ist das Einzige, was größer wird, wenn man es teilt!« Und weiter: »Für viele Menschen ist das ganze Leben ein Wagnis. Das beginnt bei denen jeden Morgen mit dem ersten Schritt aus dem Bett und setzt sich fort auf rutschigen Fliesen. Christiane und ich dagegen sehen das Leben als ein Geschenk, das man in vollen Zügen genießen sollte.« Und wie er das so ausspricht, erinnert er sich ein bisschen selbst daran, es auch zu tun. Und nicht nur immer durch dieses Leben zu jagen.

Noch dauert die Zeremonie am Freitagnachmittag an, auch wenn es den beiden kaum schnell genug gehen kann. Christiane sagt ihr entschlossenes »Ja« noch in die Worte der Standesbeamtin hinein. Und auch das »Ja« des Bräutigams kommt laut und klar und ein bisschen dringend hervor. Wie das meistens ist bei ihm.

Was bedeutet den beiden dieser Tag und dieser Bund? Für Christiane Zander ist es »das i-Tüpfelchen auf unserer Liebe«. Und für Hallervorden ein Bekenntnis: »Das Wort ›Ich liebe dich‹ wird nicht nur mal eben so nebenbei verbal ausgetauscht, sondern für immer und ewig gedacht.«

Das »offizielle« Hochzeitsfoto macht Hallervordens Lieblingsfotograf Dirk Dehmel direkt nach der Trauung auf dem Dach des Theaters. Er inszeniert die beiden in ihrem Hochzeits-Outfit als selbstironische Liebeskomödianten: Christiane gibt er ein schweres Tau in die Hände, mit dem sie Hallervorden »einfängt«. Ein fesselndes Ereignis ...

Zeit jetzt für ein Ständchen von den Mitarbeitern des Theaters. Dass die allesamt dabei sind, ist dem Paar besonders wichtig. Es soll keine Promi-Hochzeit sein, sondern eine mit Familie und Theaterfamilie. Und die singt nun »Heirat« aus »Cabaret« und «Hei, heute Morgen mach ich Hochzeit« aus »My fair Lady«.

Am Abend dann hält man sich nicht lange auf mit dem Hochzeitsessen, auch nicht mit langen Reden. Es soll bitteschön jetzt einfach nur getanzt werden! Und wie eröffnet ein Schauspieler-Ehepaar den Tanzteil seiner Hochzeit?

Nein, nicht mit einem Walzer im Dreivierteltakt. Sondern mit dem legendären Tanz von Stan Laurel und Oliver Hardy aus dem *Dick&Doof*-Kultfilm *Zwei ritten nach Texas*. Den haben die beiden extra einstudiert.

Danach erklingt der erste Song: *Weißer Holunder* von der 50er-Jahre-Schlagerqueen Lolita. Wieso um Gottes willen so ein Schinken? Doch der wird nur kurz angespielt, denn dann dreht der DJ Hallervordens Lebenshymne auf: *I will survive*.

Die »wilde Party« (O-Ton Hallervorden) startet in der mit lauter aufgestiegenen Luftballons verzierten Champagner-Halle. Motto: »Lasst uns feiern, was die Schluckmuskeln und Tangolatten hergeben!« Und das bitte zwanglos und ohne Dresscode. Die Braut zog sich zweimal um an diesem Tag. Zunächst kam sie in einem wunderbar cremefarbenen langen Hochzeitskleid mit hochhackigen Schuhen, zum Tanzen wechselte sie in ein ebenfalls cremefarbenes, nicht ganz so langes Kleid. Um dann gegen elf Uhr nachts in ein Off-white-Kleid, ein gräulich-silbernes zu wechseln. Auch der Bräutigam zog sich um: vom klassischen Hochzeitsanzug in Dunkelbraun hinein in sein Lieblings-Outfit: Jeans, hellblaues Hemd und dunkelblaue Weste. Nicht zu vergessen die Turnschuhe, denn Hallervorden tanzt nicht bloß, sondern rockt wie immer das Parkett. Roberto Blanco, der gerade im Theater auf der Bühne steht, singt Tom Jones' *Sex Bomb* und Peter Alexanders *Sag mir Quando, sag mir wann*. Vom Buffet gibt es Crêpes-Lachsröllchen und Tandoori-Geflügelbällchen. Später dann Panna Cotta und Mousse au chocolat.

Um 4:30 Uhr am Morgen verlässt das Paar die Party. Christiane hatte keinen einzigen Tropfen Alkohol getrunken, weil sie möglichst lange »durchhalten« wollte. Und so fuhr sie ihren Mann durch ein Berlin, in dem gerade der Tag anbrach und die Vögel sangen. »Die haben alle ein Konzert für uns veranstaltet! Es war warm, wir sind ›offen‹ gefahren in unserem Cabrio, und es ist uns auf dem Nachhauseweg kein Auto begegnet«, sagt Christiane, und dass sie sich »nicht mehr daran erinnern kann, wann ich das letzte Mal im Hellen nach Hause gekommen bin«. In diesem Moment wurde ihr bewusst, »dass alles rundherum gelungen war. Und dann sprach mich Dieter während der Fahrt mit Frau Hallervorden an …«

EIN NEUER DOPPELGÄNGER

Wie sich Michael Kessler in Hallervorden verwandelt

Wenn Hallervorden eine Vorstellung am Abend hat, bittet er darum, sich erst nach ihr zu treffen. Er sei zu aufgeregt an Theatertagen, sagt er. Den ganzen Tag kann er an nicht viel anderes denken. Von der Früh bis zum Heben des Vorhangs sammelt er sich, verkriecht sich in der Ruhe, wartet, bis es endlich Abend wird.

Selbst in den »Tagen seiner späten und nicht zu überbietenden Triumphe kommt er innerlich nicht zur Ruhe«, sagt ein Kollege, der Hallervorden seit 50 Jahren kennt. Ilja Richter, berühmt geworden in den Siebzigern mit seiner *Disco* im ZDF, sagt über seinen häufigen Bühnenpartner: »Schauen Sie sich an, wie er reagiert, wenn er sich für einen Preis bedankt. Da steht ein Sieger auf der Bühne, und der hält diese Trophäe eher wie eine Axt in der Hand, nicht wie eine Ehrung. Und er reckt dann diesen Preis in die Höhe, und es muss ihm immer dringend von den Lippen kommen, dass es doch einmal einige gab – er meint meist die Presse –, die ihm unrecht getan haben. In diesen Momenten sieht man keinen Mann, der sich freut, sondern einen Mann, der triumphiert.«

Alles, was Hallervorden spielt – wenn es wirklich gelingt und gut ist –, schöpft er stets von Neuem aus sich selbst heraus. Er muss damit immer wieder beginnen und darf nie aufhören anzufangen. »Es gibt Momente in meinem Leben, die sehr, sehr traurig waren«, sagt er, »und als ich diese traurige Rolle in *Honig im Kopf* spielte, ließ ich diese Momente Revue passieren.«

Es waren jene mit seiner Mutter, die an Alzheimer litt. Er erzählt, wie die Aussetzer der Mutter mehr und mehr wurden, bis sie mit Fortschreiten der Krankheit zwar noch gesprochen und von Begebenheiten aus ihrem Leben erzählt hatte, »aber es waren Geschichten, die nichts mehr mit dem zu tun hatten, was wir gemeinsam erlebt hatten. Irgendwann war sie in ihrer eigenen Welt.«

Manchmal, wenn er von solch etwas Wichtigem spricht, vernuschelt er das Satzende gern ein wenig. Als wolle er Spuren verwischen, die Schwächen verraten könnten. Die lassen sich allerdings auch in seinem Gesicht erkennen. In seinen Augen und Grübchen. Und erst recht in diesen Kinnkringeln, die sich mit jedem Zug seiner Mimik verbiegen, seinen unverwechselbarsten Kennzeichen. Man muss ihn nur anschauen. Diese vermeintlichen Schwachstellen hat er in über acht Jahrzehnten Leben längst in Stärken verwandelt. Er muss jetzt nicht mehr der Clown sein, der alle Trauer weglächeln kann. Der seine Eltern aufheitern wollte in den schlimmen Zeiten. Hallervorden kann Frieden mit sich selbst schließen, kann sich seine Verwundbarkeit eingestehen.

Es gibt einen Kollegen von Hallervorden, quasi einen seiner »Söhne im Geiste«, der sich tiefsinnig und gekonnt wie kein Zweiter im deutschen Fernsehen auf die Suche nach diesem Innersten begibt. Und der es vortrefflich nachahmen kann.

Die Rede ist von Schauspieler Michael Kessler, der Hallervorden in seine Sendung *Kessler ist …* einlädt. Leider versteckt im Spätprogramm des ZDF lief dieses Juwel von einem Fernsehformat zwischen 2014 und 2019. In ihm schlüpfte der Komiker Michael Kessler – sehr nah am Wortsinn – in die Haut einer prominenten Person. Er befragte dafür sie und ihre Weggefährten mit journalistischer Raffinesse und studierte dann den Duktus, die Körpersprache und sogar die Aura seines Gastes ein. Bis er sich zuletzt auch optisch und in ausgeklügelter Maske in ihn selbst verwandelte und ihm gegenübertrat. Der Prominente stellte dann seinem Alter Ego Fragen und führte quasi ein Interview mit seinem Spiegelbild.

Michael Kessler wurde neben Til Schweiger bekannt als Klausi in *Manta, Manta,* war dann lange am Staatstheater Mannheim engagiert, bis er zum Fernsehen zurückkehrte mit genialen Parodien in *Switch* und *Switch reloaded.* Er war der perfekte Günther Jauch, der komischste Hitler, der dabei auch noch nach Christoph Maria Herbst alias Stromberg klang. Und er spielte sich selbst in der Serie seines Kollegen Pastewka. Ich durfte dabei sein, als Kessler sich an zwei Drehtagen im Frühling 2017 in Dieter Hallervorden verwandelt.

Die ersten Interviews ohne Maske führt Kessler – noch ohne Maske und Kostüm – mit dem Geschick und der Empathie eines Therapeuten. Hallervorden ist davon überrascht und bietet ihm in einer Drehpause gleich eine Hauptrolle in einer seiner Inszenierungen an. Und auch Kessler, der zu den meisten seiner Gäste spürbar auf Abstand bleibt, sympathisiert sichtbar mit Hallervorden. Die beiden lachen nach jeder zweiten Frage, und man spürt: Da erkennen und mögen sich zwei Komiker.

Am Ende der Drehs wird Kessler zu mir sagen, dass er die ganze Zeit über den Wunsch verspürte, diesen großen alten Kollegen in den Arm zu nehmen, und dass ihm das zuvor noch nicht passiert ist. Auch Hallervorden geht es so, und er umarmt sein Gegenüber innig, klopft ihm auf die Schulter.

Bei einem der Interviews drehen die beiden, weil Hallervorden gerne segelt, auf einem Segelboot im Kölner Rheinhafen – als mitten im Gespräch Kirchenglockengeläut vom Ufer in die Szene dringt. Darauf Hallervorden: »Die Kirche ist die einzige Organisation, die so lautstark auf sich aufmerksam machen darf. Wenn die Metzger und Bäcker das auch dürften, wäre ganz schön was los ...«

Später in einem zum Studio umfunktionierten Loft in Köln geht das Interview weiter – zu langsam, wie Hallervorden findet, und er raunzt den Regisseur an, weil der eine Szene dreimal nachdrehen lässt. Für einen Augenblick ist

Hallervorden die Diva, wird laut und maulig. Fünf Minuten später bedauert er das und entschuldigt sich beim Regisseur, einmal, zweimal, dreimal. »Es tut mir so leid, ich bin eben ein schüchterner Mensch, und mir ist es peinlich, wenn ich so laut werde.« Ein typischer doppelter Hallervorden. Nicht nur in dieser Verbindung von leichter Reizbarkeit und Harmoniesucht ähnelt er seinem großen französischen Kollegen Louis de Funès.

Kessler hat Augen, die hellblau und stechend blicken wie jene eines Greifvogels und immer zu beobachten scheinen. Er befragt seinen Gast nun, was ihn traurig mache. Und Hallervorden antwortet mit einer von seinem Gemüt aufgeweichten Stimme und bringt diesen wundervollen Satz hervor: »Immer, wenn ein Tag zu Ende geht, macht mich das traurig. Weil er ja unwiederbringlich vorbei ist. Und weil ich hoffe, dass es einen morgigen für mich geben wird.«

Kessler schluckt und schweigt lange nach dieser Antwort. Dann fragt er ihn, wovor er denn Angst habe im Leben, und Hallervorden antwortet: »Vor Interviews. Und davor, irgendwann einmal alleine zu sein. Das wäre das Schlimmste für mich.« Und in die ergriffene Stille hinein zündet er wieder einmal einen seiner Ausreißer, mit denen er jeder Wehmut entkommt: »Außer auf der Toilette.«

Am nächsten Tag ist Kessler dann nur noch Hallervorden. Das Team hat dafür das komplett identische Outfit von Hallervorden in Kesslers Größe gekauft: einen meerblauen Anzug mit schneeweißem Hemd und ebenso blauer Krawatte.

In stundenlanger Feinarbeit haben drei Maskenbildnerinnen ihm dann Ohren, Tränensäcke, ein Kinn und eine Nase aus Silikon in sein Gesicht geklebt und aus Kessler einen Hallervorden geschminkt. Diese Maske gleicht dem Konterfei des damals 82-Jährigen perfekt, samt Bart und weißem Wuschelhaar.

Bevor die Kopie Kessler erstmals dem Original entgegenkommt, ist Hallervorden sehr aufgeregt. In dem Loft in Köln geht er auf und ab wie der eingesperrte Panther in Rilkes berühmtem Gedicht, das er gerne mag. Sein Atem beginnt zu zittern, die wenigen Worte, die er jetzt noch spricht, geraten beinahe ins Stottern.

Die Maskenbildnerin tupft sein Gesicht noch einmal ab und reicht ihm Tücher für seine Augen, die immer ein bisschen tränen im heißen Scheinwerferlicht. Das Lampenfieber! Es steigt und steigt. Nach all den Jahren. Noch immer. Es kriecht wie damals, als er anfing, in ihm hoch und bemächtigt sich seiner. Doch wenn das Rotlicht aufleuchtet, verschwindet die Nervosität, und von allem Zittern zuvor ist nichts mehr zu sehen. Jedes Mal scheint es mir, als hätte jemand eine Laterne angeknipst, die einen warmen Schein von sich ins Dunkel wirft. So leuchtet Hallervorden, strahlt von innen nach außen, wenn es darauf ankommt.

Jetzt wird ein Interview des echten mit dem falschen Hallervorden gedreht. Er sitzt seinem »Double« gegenüber und schmunzelt gerührt. Dann fragt er Kessler, warum er denn den Unruhestand bevorzuge. Und der antwortet: »Nun, das liegt daran, dass ich immer mehr leben und erleben will, als man eigentlich kann.« Der echte Hallervorden ist beeindruckt und wird ganz einsilbig.

Eine Viertelstunde später ist die Szene abgedreht, und die beiden umarmen einander erneut. Einmal, zweimal, dreimal. Kessler bleibt aus Spaß an der Freude noch ein bisschen in seiner Rolle und geht jetzt direkt auf Hallervordens Christiane zu, packt sie sich und ruft: »Christiane, komm jetzt! Wir müssen zurück nach Berlin!«

Nachdem Kessler seine Rolle doch noch abgelegt hat, erzählt er mir, wie sehr ihn die Begegnung mit Hallervorden berührt habe. Wie er erst vor zwei Wochen dessen Film *Honig im Kopf* angeschaut habe und die ganze Zeit »sehr weinen musste«. Kessler sagt, dass man als Künstler darauf achten müsse, empfindsam zu bleiben. Und nicht nur empfindlich. Der große Unterschied.

»Denn das sind wir Schauspieler nun mal alle. Wir sind empfindlich, wenn es um uns selbst geht. Über die anderen reden wir dafür gerne schlecht, wenn sie gegangen sind.« Kessler ist vertraut mit diesem Dilemma, sich als Schauspieler einerseits ein dickes Fell wachsen lassen zu müssen, und andererseits dennoch durchlässig zu bleiben für jedes Gefühl.

Und dann erzählt er, wie sehr er Hallervordens Kampf nachspüren kann, als Komiker dem eigenen Klischee wieder zu entkommen. »Ich kenne diesen Kampf selbst allzu gut. Und bewundere ihn dafür.«

INS GESICHT GESCHRIEBEN

Was er ist, trägt er um die Nase herum. Eine Nahaufnahme

Es gibt gleich ein paar Szenen in *Honig im Kopf* und in *Sein letztes Rennen*, in denen Hallervorden weint. Und zwar richtig gut weint. Ohne Glycerin-Behelfstränen, die manche Maskenbildnerin ihren Stars unter die Lider schminken muss.

In einigen Gesprächen mit Hallervorden habe ich nach den Gründen für dieses Talent zu echten Tränen gesucht. Und ein paarmal bin ich fündig geworden. Dann sah ich, wie sich Wasser in seinen Augen sammelte. Wie es eine ganze Weile in seinen Augen stehen blieb und er dann seine Lider hochzog, um noch mehr Platz zu schaffen auf seinem Augapfel für die Träne, die ihm da kam.

Hallervorden berührt andere, weil er die große Fähigkeit zur Empathie in sich trägt.

Ich habe in der Zeit mit ihm zu unterscheiden gelernt, was ihn besonders bewegt und was ihn nur streift. Ich glaube, seine Melancholie zu erkennen, die wie eine Gewitterwand aufzieht und die ihn regelrecht gefangen nimmt. Es gibt daneben natürlich auch nur eine leichte Wehmut, ein Vermissen oder Sehnen. Dann halten sich seine Tränen in seinen Augen so wie gerade beschrieben. Wie Tautropfen am Fenster. Nur zwei, drei Mal sammelten sich zu viele davon in seinen Augen, und er weinte einen von ihnen heraus.

Aber wirklich nur eine Träne. Sie verfängt sich in einer der Falten, die seine Tränensäcke wie Halbmonde umschließen. Dort bleibt sie so lange liegen, bis er sie sich wegwischt. Dabei lenkt er sich und sein Gegenüber gerne davon ab. So wie jetzt.

Dann muss er sich bewegen. Meistens liegt ein Schwingen in seinem Gang. Vielleicht ist das so, weil er Segler ist: Hallervorden geht immer etwas breitbeinig vorwärts. Als suchten seine Füße auf schwankendem Deck nach Halt, federt er in seinen Knien auf und ab, schwenkt leicht nach rechts und links. Er sieht in seinem blauen Lieblingslook und mit dem weißen Bart nicht bloß aus wie ein Seemann, sondern geht auch wie einer.

Wie fast alle Menschen ist auch er ein bisschen seiner jungen Zeit verbunden geblieben in seinem Look. Er trägt in den Jahren, in denen ich ihn kennenlerne, am liebsten blaue Sakkos über kanariengelben Hemden, in deren Kragen er zwei Verstärker aus Plastik einnähen lässt, weil die dann gerader anliegen an seinem Hals. Dazu gemusterte Krawatten. In den letzten Jahren aber zieht er erstaunlich coole Jeans an, und zwar nicht solche, wie sie Männer seines Alters bevorzugen. Keine Bundfalten-Wrangler, sondern ziemlich angesagte. Dazu Laufschuhe, ebenfalls trendige, gern knallrote. Und eine dunkelblaue Weste über einem hellblauen Hemd. Seine Christiane geht mit ihm einkaufen. Aber erstaunlicherweise tut er es selbst auch gern. Ungewöhnlich auch das, für einen Mann.

Spätestens wenn man ihn umarmt, verwundert einen die Breite seines Kreuzes. Mit ihm hängt er sich noch immer ins Trapez beim Segeln auf dem Atlantik, der, getrieben vom Biscayawind, bis in die Vorgärten seiner Insel brandet.

Er trägt den Rest seines Haares in ehrlichem Schlohweiß. Gern lässt er es von seiner Maskenbildnerin verwegen auftoupieren, sodass die Locken die kahle Mitte seines Schädels umspielen. Ein bisschen Deckhaar für die Stirnglatze, aber nicht peinlich, sondern strubbelig drapiert. Es ist der Look aus seiner Rolle in *Honig im Kopf*, den er da übernommen hat. Es hat etwas vom Modell »Zerstreuter Professor«, aber es steht ihm.

Helge Schneider sang auf der Fernsehgala zum 70. Geburtstag seines Vorbilds ein Lied mit dieser Strophe: »Im Jahre neunzehnhundertfünfunddreißig war eine Dame ganz besonders fleißig. Sie kriegt ein Kind mit 'nem Gesicht, doch zu 'nem Säugling passt die alte Fresse nicht!«

»Ich sah als Baby aus wie eine auf Hochglanz polierte Bowlingkugel«, beschreibt sich Hallervorden selbst, »ich hatte einen kugelrunden Kopf mit Vollglatze.« Vielleicht lag ja auch schon im Blick des jungen Hallervorden etwas von der zuversichtlichen Weisheit, die ihm heute zu eigen ist. Die Falten um die Augen von heute hat er beinahe alle schon jahrzehntelang. Schnell ist er in dieser Gegend um die Tränensäcke gealtert. Und dann stehen geblieben.

Es gibt einen Kupferstich eines seiner Urahnen aus dem 17. Jahrhundert – auf ihm ist eine gewisse Familienähnlichkeit auch über die Jahrhunderte hinweg erkennbar.

Eines seiner Bühnenprogramme von 2004 nannte er schlicht: *Mit dem Gesicht* .... Für diese Abende zog er sich erst einen weinroten, dann einen meerblauen Smoking an und sang, ganz frankophil, Chansons. Unter anderem wunderbar zärtlich *L'important c'est la rose* von Gilbert Bécaud. Er klang, bewegte sich und sah dabei aus wie eine Mischung aus Max Raabe und Joe Cocker. Und er sang auch ein Lied, das so geht:

»Als der Tag nahte, an dem ich geboren werden sollte / Herbst war's, aber des Lebens Frühlingsanfang / Das Laub fiel von den Bäumen / Da lag ich in der Mutter Schoß / Und schwelgte dort in Träumen / Von einer Zukunft rosarot / Von schönen Frauen, Kaviarbrot / Und jubelndem Erfolg / Hoffnungstrunken wurde ich herausgeweht / Und hörte den ersten Schrei meiner Mutter / Kreidebleich saß sie kerzengerade in ihrem Wochenbett / Schaute mich unverwandt an und stammelte: / Mit dem Gesicht kann man sich nur verstecken / Mit dem Gesicht schafft man es nicht! / So vom Schicksal gebeutelt wurde ich ins Leben geworfen / Das hat mich natürlich ziemlich umgehauen / Die Schulzeit schlich an mir vorüber / Vom Kind war schon halb ich zum Manne gereift / Als ich mir der Hypothek / Die mir die Natur auf den Hals gesetzt hatte / Voll bewusst wurde / Da tanzte ich zu Karneval mit einer hübschen Frau / Diese oder keine, das wusste ich genau / Hoffnungstrunken dachte ich, wir würden uns verführen / Da bat sie gegen zwölf ganz lieb, mich auch zu demaskieren / Das war natürlich ziemlich dumm / Denn ich hatte, unter uns gesagt, gar keine Maske um.«

Niemand anderes hat dieses Gesicht jemals so gut eingefangen in all seinem Ausdruck wie der Fotokünstler Dirk Dehmel, der sich DERDEHMEL nennt. Als er vor ein paar Jahren zum ersten Mal bei Hallervorden anfragte, ob er ihn fotografieren dürfe, gewährte der ihm divenhaft limitierte zwölf Minuten. Die nutzte Dehmel.

»Ziehen Sie sich bitte obenrum aus, Ihre Kleidung lenkt nur vom Wesentlichen ab!«, forderte er Hallervorden auf, und der tat das prompt. Was er dann festhielt, war das Antlitz eines Unverstellten. Ein Gesicht, das und mit dem er tief blicken lässt. Eines Mannes, der endlich die Maske abgenommen hatte. Der nun halb nackt, aber in all seiner Würde dastand.

»Sie haben Ihren Job nicht umsonst gewählt«, sagte Hallervorden später zu Dirk Dehmel, als er die Bilder von sich sah. Ein größeres Kompliment habe er nie bekommen, sagt dieser Didi-Fan seit Schulhoftagen, der eigentlich mal vor der Kamera, nicht hinter ihr arbeiten wollte und sogar schon bei Hallervorden vorgesprochen hatte. »Sie sind überqualifiziert«, urteilte damals der Meister.

Seit diesem ersten Shooting ist Dirk Dehmel Hallervordens Lieblingsfotograf. Auch einige andere Fotos in diesem Buch stammen von ihm, weil sie so wunderbar in die manchmal verborgenen Züge, Gedanken und Welten Hallervordens eintauchen und diese sichtbar werden lassen.

ALLES HALB SO PALIM …

Wie Didi begann – und was von ihm in Hallervorden überlebt hat

Jahrelang lebte Hallervorden ein Gauklerleben. Zu den Didi-Ruhm-Zeiten tourte er monatelang im Jahr durch die Republik. Wer einmal hinter die Kulissen des Kursaals von Bad Kissingen, der Schulaula von Cuxhaven oder auch der Mehrzweckhalle von Buxtehude in die Flure geschaut hat, wundert sich. In den Gängen, die zu den sogenannten Garderoben führen, erinnern Plakate an jene Schauspieler auf Tournee, die dort Station gemacht haben. Man stößt auf Bilder, die von Gilb und Zeit angenagt sind. Man sieht Günter Strack, der dort war auf seiner Gastspielreise, man erkennt Horst Tappert, der, wenn er nicht *Derrick* drehte, hier spielte. Sogar den großen Will Quadflieg. Und dann natürlich auch Hallervorden.

Zuletzt durchkämmte er das Land noch mit um die 70 und gab sein damals vorläufiges Lebensprogramm *Stationen eines Komödianten*. Doch wo immer und wie gern er auch in oft trostlosen Asbestgebilden Deutschlands auftrat, vermisste er seine geliebte Natur. Und seine Stille.

In den Hotels bekam er das Kontrastprogramm, in Bad Orb und auch in Villingen-Schwenningen etwa empfing Hallervorden gleich die ganze Belegschaft. Sowohl der Koch als auch die Kellnerinnen und Zimmermädchen standen Spalier und wollten mit ihm witzeln. Die geschäftige Einöde setzte ihm derart zu, dass er sich schon damals eine »rollende Insel« zulegte, auf der er seine Ruhe haben und die er überallhin mitnehmen konnte. Er kaufte sich ein Wohnmobil für seine Tourneen: »Es war nach den hotelgestressten Jahren mein Inbegriff von Freiheit. Ich hatte immer alles mit dabei: Hinter dem Fahrertrakt gab es einen Esstisch mit zwei gepolsterten Sitzbänken, dahinter Küche mit Gasherd, Mikrowelle und Kühlschrank, dann Fernseher, Toilette, Dusche, Garderobenschrank und ganz hinten – durch einen Paravent abgetrennt – ein geräumiges Doppelbett.«

In den kleineren Tourneeorten fand er seine Stellplätze leicht. Gelegentlich schwierig gestaltete sich die Suche in den größeren Städten. Doch bald fand Hallervorden heraus, dass es dort immer zwei Plätze gab, an denen er seine Ruhe fand: Die Parkplätze vor den Fußballstadien. Und jene rund um die Zentralfriedhöfe. Jäh endeten die Nächte, wenn er sein Mobil erst nach der Vorstellung abstellen konnte – im Stockdunklen mancher Kleinstadt. Dann weckten ihn sogar schon mal johlende Schüler, denn er hatte unbemerkt mitten auf einem Pausenhof geparkt. Ein anderes Mal wähnte er sich an einer wunderbar abgeschiedenen Waldlichtung – bis morgens Soldaten mit Maschinenpistolen vor seiner Tür standen. Da hatte er im militärischen Sperrgebiet geschlafen.

Manchmal wirkte dieser Hallervorden nicht nur so, sondern war auch ein bisschen übergeschnappt. Einer, der etwas unternimmt gegen jede Vernunft. Schon in jungen und mittleren Jahren. Und nun erst recht.

Mir fällt nur ein einziger Kollege Hallervordens ein, der sich in seinem ohnehin schon irren Leben noch einmal in späten Jahren annähernd stark verwandelte und sich seinen Schauspielertraum erfüllte – und das war Harald Juhnke. Übrigens lernte der bei der gleichen Schauspiellehrerin wie Hallervorden sein Handwerk. Auch Juhnke gelang der große Rollentausch weg vom Entertainer und Komödianten spät, aber triumphal. Allein schon in Tom Toelles *Der Trinker*. Zufällig war es auch jener Tom Toelle, der den Mut und die Weitsicht hatte, Hallervorden schon ganz zu Beginn seiner Karriere gegen den Strich als unheimlichen Schurken zu besetzen – in *Das Millionenspiel*. Und Juhnke hätte nach dem Trinker noch höher steigen und sich seine größte Sehnsucht erfüllen können, den König Lear zu spielen. Der große Claus Peymann hatte Interesse. Wäre da nicht Juhnkes Sucht gewesen.

»Auch ich bin süchtig«, sagt Hallervorden, »süchtig nach Liebe. Davon kann ich nicht genug bekommen.« Und er meint damit neben der Liebe von und zu seiner Christiane auch die seines Publikums. Wenn er daran denkt, ist alles, was ihn vielleicht noch einen Moment zuvor ärgerte, wie es sein Schauspieler-Kollege Ilja Richter so schön ausdrückt: »Halb so palim!«

Eines Abends sitzen wir wieder in seiner Garderobe in Steglitz. Sie ist sein Schutzraum. In ihr steht ein Klappbett, in das er sich vor den Aufführungen legt, auf der Suche nach einem bisschen Schlaf in der ganzen Aufregung. Nebenan thront eine Wohnzimmeranrichte seiner Großeltern, wuchtig beherrscht sie den Raum. Ein Foto seiner Insel liegt auf dem dunklen Holz. Gegenüber sieht er in eine Spiegelwand, die seine vielen Gesichter vervielfältigt, einmal mehr. Vor ihr fährt ihm sein damaliger Maskenbildner Roland Krämer durch sein weißes Resthaar und frisiert es ihm in alle Himmelsrichtungen. Krämer schminkte Hallervorden mehr als 40 Jahre lang, bis er in den Ruhestand ging. Nach all der Zeit sah er auch ein wenig so aus wie sein Chef.

»Ich bin jetzt auf der Zielgeraden«, sagt der und schaut tief in den Schminkspiegel. Schon vor knapp sechs Jahrzehnten gab es eine Zeit, da war er nicht gefragt, erst recht nicht als politischer Satiriker. Da gründete er halt sein eigenes Kabarett *Die Wühlmäuse* in Westberlin. Eine Bühne, die bis heute nie subventioniert wurde und die die erste für viele große Kabarettkünstler war. Im September 2017 präsentierte der Altmeister sogar ein neues, junges Ensemble, das wieder politisches Kabarett auf die Bühne bringen wird.

Hallervorden erinnert sich: »Ich spielte anfangs häufig vor fast leeren Rängen. Oft kamen nur zehn, zwanzig Leute.« 250 000 Mark lieh er sich von der Bank, um ein neues Domizil für seine *Wühlmäuse* schaffen zu können. Und konnte bald nicht einmal die Zinsen zahlen. Verschuldet war er und erfolglos. Es war die schlimmste Zeit seines Lebens. Eigentlich sein berufliches Ende. Doch was fällt einem echten Komiker ein, wenn um ihn herum alles auseinanderzufallen droht? Das Lachen natürlich. So erfand dieser ins Risiko verliebte Künstler seinen Didi.

»Mit dieser Form von Komik, die ja weitgehend auf Körpersprache basierte, war ich in Deutschland damals bahnbrechend.« Er spielte mit physischem Einsatz und großer Freude an dieser Körperlichkeit. Hallervorden erlaubte sich alle Verrenkungen, die wir Kinder liebten, und wagte alle Mutproben, die wir uns oft nicht trauten. Dass er dabei das Staksige und Ungelenke nur spielte, ahnten wir nicht.

Was wir ihm als seine jungen Fans bloß immer anmerkten, war der volle Eifer, die Lust am Risiko, das Ungezügelte. Das ist nicht nur der Figur Didi, sondern auch Hallervorden zu eigen: »Von der Struktur her war Didi eine Art Urahn von Mr. Bean. Beide hätten Verwandte sein können. Vieles lief über Situationskomik und Mimik«, sagt Hallervorden. Und erinnert sich, wie er einen *Nonstop Nonsens*-Clip in München drehte. Er spielte einen vollständig zugegipsten Rollstuhlfahrer, der unfreiwillig am Straßenverkehr teilnahm. Er war völlig überrascht, als auf der Kreuzung, die eigentlich von seinem Drehteam abgesperrt sein sollte, plötzlich Reifen quietschten, Hupkonzerte ertönten und Fahrer aus ihren Autos sprangen, um den Invaliden in seinem elektrischen Rollstuhl wild zu beschimpfen. Didis Aufnahmeleiter hatte schlicht vergessen, die Kreuzung auf der querenden Straße sperren zu lassen! Diejenigen Münchner, die nun erbost auf ihn zurannten, erkannten erst spät sein Gesicht unter all dem Gips und fingen an zu lachen: »Mei, dös is ja der Didi!«

Von solchen Beinahekatastrophen ließ sich dieser Mann nicht beeindrucken. Wann immer es ging, spielte er die Stunts in seinen Filmen selbst. »Der Typ in der Schlussphase von *Der Schnüffler,* der von einem 15 Meter hohen Kran springt, das war ich. Und der, der in *Ach du lieber Harry* an der Außenwand eines schnell fahrenden Zugwaggons hängt, war ebenfalls der verrückte Hallervorden.«

Eines Drehtags hing er für *Nonstop Nonsens* höchst real im vierten Stock an der Dachrinne eines Flachbaus. Die Kamera stand auf einem Hebekran weit unten auf der Straße und sollte während des Drehs langsam nach oben zu ihm hochfahren. Unter seinem Jackett trug Hallervorden einen Sicherheitsgurt, von dem ein dünnes Stahlseil durch seinen Ärmel zu zwei starken Männern verlief, die versteckt für die Kamera auf dem Flachdach kauerten, um ihn im Notfall aufzufangen und wieder hochzuziehen. Dann ertönte das Kommando – »Ton ab! Kamera ab! Bitte!« –, und noch ehe es verklungen war, riss die Dachrinne aus ihrer Halterung. Und begann nun unter seinem Gewicht seitlich abzuknicken. Aber keine Sorge, dachte Hallervorden, da halten dich ja die beiden starken Männer auf dem Dach! Aber das Flachdach, auf dem die beiden verharrten, war vor Kurzem erst neu geteert und wie üblich mit Splitt bestreut worden. Auf diesen Steinchen rutschten nun die Männer, die Hallervorden retten sollten, Meter um Meter Richtung Dachkante.

Irgendwann, kurz bevor sie selber runtergestürzt wären, ließen sie ihn los. Die Dachrinne knickte jetzt nicht mehr nur, sie brach entzwei und Hallervorden stürzte in die Luft. Doch glücklicherweise nicht vier Stockwerke tief, sondern nur zwei Meter auf den Kamerakran, der gerade nach oben gefahren war, um ihn zu filmen.

Hallervorden sagte mal über seinen Didi: »Didi ist ein Typ, der ein großes Tablett voll guten Willens vor sich herträgt. Ohne jede böswillige Absicht schafft er sich selbst Widersacher, baut sich selbst Hürden auf, und in dem verzweifelten Bemühen, sich zu rehabilitieren, verstrickt er sich zumeist immer tiefer ... Und auch wenn ich mir gestatte, eine Spur intelligenter zu sein und mit einem größeren Wortschatz auskomme, ist in Didi auch schon viel von mir selbst angelegt: Dieses Harmoniebedürfnis, eine gewisse Leichtgläubigkeit und die absolute technische Unzulänglichkeit – das bin schon ich.«

Genau diese Arglosigkeit steckt bis heute in Hallervorden. Er kaschiert sie bloß mit einem mühsam angelernten Misstrauen. Denn eigentlich ist dieser Künstler naiv. Naiv im allerbesten und feinsten Sinne, nicht im zynischen und negativen: nicht einfältig, blauäugig oder gar töricht, sondern im menschlich warmen und künstlerisch wertvollen Sinn. Eigentlich will er allen Menschen glauben und vertrauen. Deswegen hat er sich diese schusssichere Weste des Abwägenden und mitunter Zweifelnden übergelegt. Und deswegen gerät er nun auch recht schnell ins Zweifeln. Etwa, wenn er sich missverstanden fühlt. Er hat, wenn er denn in dieser Laune ist, einen leicht nöligen Ton an sich, den wir von Didi kennen, wenn dem etwas zu viel wurde. »Wohl bescheuert, wat?!«, mault er dann. Kindlich stur klingt er für Momente, berlinerisch pampig, bis man etwa ein kleines Missverständnis mit ihm wieder begradigt hat. Jedes Mal, wenn solche Unstimmigkeiten wieder geklärt sind, seufzt er wie befreit auf. Manchmal entfährt ihm ein langgezogenes »Aaah!«, wie beim ersten Schluck von einem kühlen Bier an einem Sommertag. Erleichtert, dass alles wieder gut ist.

Er macht manchmal dabei ein Gesicht wie ein alter Kauz und ist dabei doch wie ein Junge. Hallervordens gelegentliche Kindlichkeit reicht noch weiter. Er ist dank ihr in der Lage, frei und unvoreingenommen zu denken. Er ist gedanklich derart gelöst von jeder Fessel, dass er bereit ist zum Aufbruch. Ganz so, wie es im Gedicht *Stufen* von Hermann Hesse, Hallervordens Lieblingsdichter, heißt: »Nur wer bereit für Aufbruch ist und Reise, / Mag lähmender Gewöhnung sich entraffen« – »Der Weltgeist will nicht fesseln uns und engen. / Er will uns Stuf' um Stufe heben, weiten.«

Vielleicht spricht Hallervorden deshalb immer von »Stufen«, wenn er erklären will, warum er immer wieder neu beginnen muss und immer neue Herausforderungen sucht.

»ICH BRAUCHE MEHR DETAILS!«

Didi – Der Doppelgänger und lauter Schauspielasse als Mitstreiter

Der freiwillig in Frührente gegangene Showmaster Stefan Raab hat mal ernsthaft auf die Frage geantwortet, was denn seine Lieblingsfilme seien: *Der Prinz aus Zamunda* mit Eddie Murphy und Hallervordens *Didi – Der Doppelgänger.* 1984 kam dieser von Regisseur Reinhard Schwabenitzky bis ins Detail liebevoll inszenierte Film in die Kinos, und bis heute gilt er unter Anhängern als der beste Didi-Film. Auch Hallervorden selbst ist der Meinung. Und der Bestseller-Krimiautor Sebastian Fitzek sieht im *Doppelgänger* sogar die Initialzündung seines Lebens: »Der Film hat mich so begeistert, dass ich angefangen habe, mir eigene Geschichten auszudenken.«

Ich weiß noch heute, wie es war, als ich mit 14 Jahren ins Kino ging und diesen Film sah. Wie ausgelassen ich damals lachen musste! Und wie glücklich und wehmütig zugleich mich Hallervorden damals zurückließ!

Das fühle ich bis heute im Nachhinein. Ich erinnere mich sogar noch, dass ich richtig traurig war, als der Vorhang fiel über der Leinwand in der Essener *Lichtburg.*

Heute weiß ich, dass ich Abschied nahm von einem großen Teil meiner Kindheit. So sehr ich begeistert war von diesem *Doppelgänger*-Film, so spürte ich, dass eine Zeit in meinem Leben vorüber war. Es war das letzte Mal, dass ich Hallervorden im Kino sehen sollte – für ganze drei Jahrzehnte. Obwohl er noch viele Kassenschlager drehte, die ich erst auf Video für dieses Buch schaute. Und mit denen er sich damals schon Film um Film von Didi entfernte.

Nach dem *Doppelgänger* vervielfältigte sich Hallervorden in *Didi und die Rache der Enterbten* gleich in sieben Charaktere in einem einzigen Streifen und nahm sich danach in *Didi auf vollen Touren* die Skrupellosigkeit der Chemiekonzerne komödiantisch vor. Bis er dann in *Didi – Der Experte* eine hintergründige Wahlkampfparodie ablieferte, die zwar noch nach der Kunstfigur benannt war, aber kaum mehr etwas mit ihr zu tun hatte. Wie ein Don Quijote kämpfte Hallervorden damals beim Filmverleih darum, den Namen *Didi* aus den Titeln dieser Filme zu streichen. Vergeblich. Doch auch er selbst hing seltsamerweise noch ein wenig an seinem Schatten, dem er doch eigentlich entweichen wollte. Es sollte noch bis zum Jahr 1993 dauern, bis sein Erfinder den Mut fand, Didi vollends – und das heißt auch in seinen Bühnenprogrammen – sterben zu lassen.

Seine Fans können Didi dafür wiederbeleben, wann und wie sie mögen. Puff Daddy, der Rapper, war gestern. Puff Didi ist zeitlos.

Didi – Der Doppelgänger ist sicher der am wenigsten überzeichnete, klamaukige und zeitloseste aller Didi-Filme. Bei den meisten anderen spüre ich allerdings schon, dass ich erwachsen geworden bin und mein Humor ein anderer ist.

Hallervorden gibt in dieser Verwechslungskomödie gleichzeitig den in seiner Hartherzigkeit abgründig komischen Industriellen Hans Immer und den herzensnaiven Bruno Koob. Wenn er als Hans Immer »Schreiben Sie das auf, ich beschäftige mich später damit!« knurrt, den Werbeslogan für seine Getränkefirma erfindet (»Wir trinken Immer!«) und arrogant »Ich brauche mehr Details!« näselt, dann ist dieser Hans Immer die ultimative Karikatur aller aufgeblasenen Chefs, die den meisten Menschen mal im Leben begegnen.

Die große Ruth Maria Kubitschek spielte damals Hans Immers Ehefrau, der ebenfalls wunderbare Tilo Prückner (der in *Honig im Kopf* als Hausarzt des Alzheimerkranken auftrat) einen Ganoven. Und dann war da noch ein gewisser Winfried Glatzeder, der Star aus *Die Legende von Paul und Paula*, der vor ein paar Jahren im *Dschungelcamp* mit seinem komödiantischen Können alle anderen übertrumpfte, die sich je dort verdingten. Er war – frisch aus der DDR ausgebürgert – ebenfalls dabei, als Kumpel von Bruno Koob.

Je mehr ich mir diese Meister ihres Fachs vergegenwärtige, mit denen sich Hallervorden beim Drehen umgab, desto mehr unvergessene Gesichter fallen mir ein. Ich erinnere mich an »Poldi von Pösel« alias Gert Burkard. Ein Held der komischen Nebenrollen, von denen er Hunderte im deutschen TV spielte – stets mit diesem gütig schauenden Blick hinter der Hornbrille. Ein Mann mit Halbglatze und Selbstironie, der auch in *Didi und die Rache der Enterbten* brillierte.

Sogar ein Schwergewicht seines Fachs holte Hallervorden für diesen Film an seine Seite. Und zwar keinen Geringeren als Wolfgang Kieling. Der Charakterstar *(Abwärts)* und Vater von Florian Martens und Susanne Uhlen hatte immer einen Sinn für Komik und liebte es, neben seinen ernsten Rollen den Bert aus der Sesamstraße zu synchronisieren. Ferner der unvergessliche Gert Haucke *(Der Landarzt)* oder der stets beseelende und berührende Peter Schiff *(Die drei Damen vom Grill)*, mit dessen Märchenonkelstimme in lauter Hörspielen die Generation Golf aufwuchs. Peter Schiff synchronisierte zeitweise auch Louis de Funès. Dann Manfred Lehmann als Bösewicht, nicht nur als Entführer in *Didi – Der Doppelgänger*, sondern auch als Schurke in vielen anderen Didi-Filmen. Seine Stimme kennt jeder – er synchronisiert bis heute Gérard Depardieu und Bruce Willis (»Yippie-Ya-Yeah, Schweinebacke«). Und er gibt in einer Baumarkt-Werbung »20 Prozent auf alles – außer Tiernahrung«.

Einige Namen aus dem damaligen Didi-Cast sagen den meisten heute kaum mehr etwas, aber es lohnt sich, sie sich noch einmal näher anzuschauen. Der Schauspieler Karl Schulz etwa gab oft den bärbeißigen Gegenspieler von Didi. Dann Siegfried W. Kernen, ein Superstar der Nebenrolle, von denen er mehr als 200 spielte. Seinen Namen kennt kaum jemand, sein Gesicht aber alle. Oder auch Herbert Weißbach, der 94 Jahre alt wurde und in den wohl lustigsten Oparollen im deutschen Fernsehen glänzte. Fast allen, die Hallervorden einmal für sich entdeckte und die seine Filme adelten, blieb er treu und besetzte sie immer wieder.

Schon damals war dieser Solist Hallervorden auch ein Teamspieler und wusste, wie und mit wem er seine Filme schmücken muss, auf dass sie auch in jeder kleinsten Nebenrolle funktionieren. Ein Detailbesessener war er, stets mit einem Instinkt für die richtige Besetzung seiner Filme. Mit lauter Könnern seines Berufs. In den USA ist nicht von Nebenrollen die Rede, was immer leicht abschätzig klingt, sondern von »Supporting acts«. Hallervorden wusste, wie tragend und unterstützend gute Kollegen in den Nebenrollen sind für das Gelingen eines Films. Daher scharte er echte »Supporting acts« zeitlebens um sich.

Die meisten werden sich auch an einen Mitspieler in *Nonstop Nonsens* erinnern, der später auch im *Pumuckl* oder *Forsthaus Falkenau* dabei war, weil er mit seiner Nase und den knorrigen Gesichtszügen einzigartig war: der bayerische Schauspieler Volker Prechtel, dessen berühmteste Rolle die des Malachias war, Mönch und Vorsteher des Scriptoriums in *Der Name der Rose.*

Legendär sind auch seine beiden größten und ebenfalls leider schon toten Unterstützer: Kurt Schmidtchen (1939 – 2003) spielte als Ostberliner in Defa-Filmen und wurde bekannt als *Das tapfere Schneiderlein.* Und genau mit dem Witz, der Wendigkeit und dem Spitzbübischen dieser Rolle trumpfte er neben Hallervorden in *Nonstop Nonsens* und später auch in *Zelleriesalat* auf. Wobei er stets so geschickt und bescheiden agierte, dass er Hallervorden in seinen Hauptrollen glänzen ließ.

Wäre *Nonstop Nonsens* je so erfolgreich gewesen ohne diesen schmächtig und behände wirkenden Schmidtchen, der tatsächlich so hieß, wie er ausschaute? Man sah ihn nach seiner Hallervorden-Zeit noch in *Ein Heim für Tiere* im ZDF und zuletzt 1998 in *Die Menschen sind kalt.*

»Kurt Schmidtchen hatte etwas Pech im Leben, hatte gesundheitliche Probleme und auch mit den Frauen nicht das große Glück, leider«, erinnert sich Hallervorden an ihn. Und an die wenigen Momente, in denen er glücklich war. »Er war in seinem tiefsten Inneren immer traurig und zog sich gern zurück in sein Hobby. Er schnitzte kleine Boote, Häuser, Elefanten und andere Tiere und verschenkte die.«

Ebenfalls nicht zu lösen vom Didi-Erfolg war der bereits erwähnte Gerhard Wollner (1917 – 1997), auch aus Ostberlin und bekannt geworden mit der ersten DDR-Samstagabendshow *Da lacht der Bär,* einem Vorläufer von *Ein Kessel Buntes.* Mit Wollner spielte Hallervorden seinen Hit mit der Flasche Pommes frites. Wollner verkörperte unter den Schauspielern wie kaum ein zweiter, mal von Wolfgang Gruner (alias Fritze Flink beim *Großen Preis* mit Wim Thoelke) abgesehen, den längst ausgestorbenen Typus eines Berliner Taxifahrers. Legendär der Gesichtsausdruck Wollners, der immer so herrlich entsetzt und verblüfft reagieren konnte auf Hallervordens Pointen.

»Wollner war ein wirklich fabelhafter Komiker. Ein Mann, der seinesgleichen suchte und den ich heute sehr vermisse«, sagt Hallervorden. »Ein kongenialer Komiker, ein wirklich Großer! Der leider nicht so bekannt geworden ist, wie er es verdient gehabt hätte. Er entwickelte Rollen aus seinem natürlichen Wesen heraus und verfügte über ein perfektes Timing.«

Und dann erinnert sich Hallervorden, wie Wollner ihn in seine Laube einlud in Tegel und dort mit ihm feierte. »So richtig aus dem Vollen, er war ein lebenslustiger Mensch.« Dabei war Wollner, als er die DDR verließ, erst einmal nicht gut beschäftigt in Westberlin und hatte deswegen eine Wäscherei aufgemacht. Bis er irgendwann Fuß fasste und genug Rollen bekam. »Ich werde nie sein Freudentänzchen vergessen, das er mir aufführte, als er endlich seinen Laden verkaufen und nur noch Schauspieler sein konnte. Ein wirklich rührender Mann!«

Ein Wiedersehen gab es mit Wollner, dem Parade-Berliner, in *Die drei Damen vom Grill* oder in *Die Wicherts von nebenan.* Zuletzt dann in der Serie *Zwei alte Hasen* an der Seite von Harald Juhnke und Heinz Schubert.

Wer sich den damals vor Livepublikum als »Gespielten Witz« inszenierten *Flasche Pommes*-Sketch mit Wollner und Hallervorden heute noch einmal ganz genau anschaut, wird sich wundern, dass Hallervordens allererstes »Palim-Palim« damals kaum für Lacher vor dem Livepublikum sorgte. Irgendwann müssen sich diese beiden Wörter aber verselbstständigt haben.

Manche Gags verpuffen, manche zünden sofort, manche vergrößern ihre Wirkung und Überlebensdauer erst lange nach ihrem Erscheinen. So war es auch bei »Palim-Palim«. Je länger dieser Sketch zurücklag, desto häufiger erinnerten sich die Leute an ihn und verbanden ihn mit Hallervorden.

Zu seinem 70. Geburtstag befragt, was er denn von seinen Werken als sein Erbe betrachte, sagte Hallervorden selbstironisch: »Andere hinterlassen den *Zauberberg*, ich eben *Palim-Palim*.« Das würde er heute, 17 Jahre später, nicht mehr so sagen. Weil es inzwischen so viel mehr gibt von ihm, das überdauern wird.

»MANCHMAL BIN ICH ZU TODE BETRÜBT«

Ein Gespräch mit Dieter Hallervorden über Depressionen, Hochgefühle und die Liebe

Wenn einer den Beruf so ausübt, wie Sie es tun, kann man von Liebe sprechen. Lassen Sie uns aber auch mal von der Liebe zu den Frauen reden. Fangen wir mit Ihrer ersten Ehefrau an ...

Rotraud Schindler, meine erste Frau, ist eine hochintelligente, sehr gute und besondere Kollegin. Es war ein großes Vergnügen, mit ihr zu spielen. Sie hat großen Anteil am Erfolg von *Nonstop Nonsens.* Auf der Bühne und vor der Kamera verstanden wir uns blendend. Irgendwann klappte es aber in der Ehe dann nicht mehr so gut, weil wir uns in vielen Dingen einfach nicht so einig waren, wie es sein muss, damit es wirklich ein Leben lang hält. Ich finde sowieso, dass dieser Satz »Bis dass der Tod euch scheidet« leichter einzuhalten war, als die Leute nur 40 Jahre alt wurden.

Danach hatte ich 17 Jahre lang eine Partnerschaft und fast 25 Jahre lang eine zweite Ehe mit Elena Blume, der Mutter unseres Sohnes Johannes. Wir haben es geschafft, in Freundschaft auseinanderzugehen und keine schmutzige Wäsche zu waschen. Ich bin 2016 an die Öffentlichkeit gegangen und habe eine Erklärung zu meinem Privatleben abgegeben – auch um die Paparazzi loszuwerden. Habe gleichzeitig aber auch alle wissen lassen: Mehr kriegt ihr nicht raus. Das abrupte Ende einer Beziehung erscheint im Moment sicher schwierig und schmerzhaft, und man weiß nie, wie man darüber in ein paar Jahren denkt. Man darf Wertigkeiten nicht aus dem Augenblick heraus beurteilen, sondern auf ihre Langzeitwirkung hin. Da ist ein Ende mit Schrecken manchmal besser, als orientierungslos herumzukrauchen und irgendwann nicht mehr zu wissen, wohin man will.

Was bedeutet Ihnen Elena Blume?
Sie ist eine bewundernswerte Frau, vor der ich meinen Hut ziehe. Sie ist eine geborene Samariterin, arbeitet ehrenamtlich für die Berliner Tafel, kocht für die Menschen und sammelt Kleider für sie. Sie arbeitet für das Kinderhospiz und für andere Organisationen und hat meinen Freund Kai Rautenberg gepflegt bis zu seinem Tod. Sie ist exakt das, was man einen guten Menschen nennt. Wenn alle ihre Mitmenschen so behandelten, wie Elena es tut, gäbe es keine Kriege.

Wie war die Trennung für Sie?
Es war sicher schwer für sie, und das tut mir auch besonders leid. Ich weiß, dass ich da jemanden verletzt habe, der das nicht verdient hat. Zumal sie sich nichts hat zuschulden kommen lassen.

Nun bin ich seit sieben Jahren mit Christiane Zander zusammen und habe sie im Juni 2022 geheiratet. Und ich weiß nur zu gut: Wenn man sich nicht wirklich ehrlich bemüht, die Liebe am Leben zu halten, wird sie irgendwann verkümmern, und man geht auseinander. Wenn die Glut erloschen ist, wird die Partnerschaft langweilig.

Man sagt, Sie lieben immer starke Frauen. Woher rührt das?
Das Schlimmste wäre für mich, gerade jetzt in meinem Alter und mit dem Erfolg auf meiner Seite, dass ich das Gefühl haben müsste, die Frau liebt ja gar nicht dich, sondern die Möglichkeit, so zu leben, wie sie es vorher vielleicht nicht konnte. In dem Moment, wo mich dieses Gefühl beschleichen würde, wäre die Lust weg.

Wie können Sie denn sicher sein, dass dem nicht so ist? Dass die Liebe echt ist?
Erstens: Christiane, die ich Divina nenne, spricht von mir als ihrer großen Lebensliebe. Zweitens: Sie hat in ihrem Leben nur einen einzigen Liebesbrief geschrieben. Und zwar an mich! Drittens: Ich war bereits mehrmals in Situationen, in denen ich auf Verständnis, Hilfe, Trost und Fürsorge dringend angewiesen war. Da hat sie mich bis zur Selbstlosigkeit umsorgt. An der Echtheit ihrer Gefühle besteht daher für mich nicht der geringste Zweifel.

Sie sagen: »Ich möchte um meiner selbst willen geliebt werden. Ich habe keinen Grund, mich in Eitelkeit zu wälzen. Das gibt

das Aussehen nicht her. Aber ich habe innere Werte. Und einige Frauen, etwa Katharina Thalbach, behaupten auch, dass ich Charme hätte.« Fasziniert die Frauen Ihre Lebensintensität, dass Sie jede Stunde wirklich leben?
Ich weiß nicht, ob ich das sagen darf, aber Christiane nennt mich Mr. Energy, weil ich immer, wenn sie sich gerne ausruhen würde, noch etwas unternehmen möchte mit ihr. Ich kann deswegen auch schlecht mit ihr vor dem Fernseher sitzen, weil ich im Leben alle Dinge bevorzuge, an denen ich aktiv teilnehmen kann, statt jener, bei denen ich nur zuschaue.

Was lieben Sie denn genau an Christiane?
Sie hat eine geradezu berauschende Grundehrlichkeit. Die Frau ist knallhart! Dinge, die man manchmal so leicht dahinsagt wie »Ich liebe dich«, gelten bei ihr verbindlich, man kann sich auf ihre Worte total verlassen. Das ist mir wichtig, weil ich ein gutes Gespür dafür habe, wer es ehrlich mit mir meint und wer vielleicht nur schleimt. Ich muss mich auch im Beruf umgeben mit Menschen, die aufrichtig und gerade sind. Auch jeder Mitarbeiter in meinem Theater ist es, sonst würde ich nicht so lange mit ihnen zusammenarbeiten. Und so ist es auch mit Christiane. Sie übertrifft sogar das, was man ehrlich nennt. Sie sagt einem in ihrer burschikosen Art Dinge auf den Kopf zu, von denen ich erst einmal denke: Na, also so was hat dir noch niemand gesagt, so etwas hast du dir noch nicht anhören müssen ...

Ich denke dann darüber nach und stelle fest: Da ist ja was Wahres dran! Sie ist für mich nicht nur der Mensch, den ich liebe, sondern auch der gute Kumpel. Und dabei wundere ich mich in manchen Situationen, wie das möglich sein kann, dass sie mich in so kurzer Zeit so gut kennengelernt hat. Dass sie weiß, was mich bewegt. Warum ich manchmal in einer Depression festhänge. Und wie sie mich da wieder herausbekommt. Wir haben uns beide versprochen, dass es ein Leben lang hält. Wäre zu schön, wenn es klappt!

Wie sehen diese Depressionen aus?
Erst einmal muss es für Christiane unverständlich sein, dass ihr Partner einmal himmelhoch jauchzend und dann plötzlich wieder zu Tode betrübt ist. Das ist zum Beispiel oft so, wenn wir alle nett zusammen sind, mein Sohn ist da mit seiner Freundin. Abends spiele ich vor wochenlang ausverkauftem Haus. Ich werde umjubelt in meinem eigenen Theater. Und trotzdem: Der Vorhang fällt, und ich hänge durch …

Wie gelingt es Christiane denn, Sie aus den Tiefen einer Depression rauszuholen?
Wie sie mich da rausholt, ist unterschiedlich. Manchmal – und das bessert meine Laune umgehend – sagt sie mir Sätze, mit denen sie eigentlich nur mich selbst zitiert. Es sind Bekenntnisse zur Lebenslust, die ich in Momenten von Heiterkeit und Glücklichsein von mir gegeben habe. Sie erinnert mich: Lass dich nicht hängen, sondern erinnere dich, dass alles, was dich depressiv macht, nur dann stark werden kann, wenn du schwach bist. Sie schafft es, Dinge, die

mich traurig machen, so zu analysieren, dass ich die Traurigkeit besiege. Ich bin bis heute nicht dahintergekommen, wie dieses plötzliche Absinken zu erklären ist. Es kommt einfach aus dem Nichts! Aber glücklicherweise verschwindet es auch wieder dahin ...

Lieben Sie vielleicht auch aus diesem Grund die Bühne so sehr, brauchen Sie sie deswegen so dringend? Spielen Sie, um sich zu befreien?
Darüber hatte ich vorher nicht nachgedacht, das überrascht mich. Aber vielleicht ist das so, ja.

Vielen Ihrer Kollegen, besonders vielen Ihrer guten Kollegen, geht es da vermutlich ähnlich. Harald Juhnke etwa suchte die Erlösung auf der Bühne und vor der Kamera und zuvor und danach zu oft im Alkohol. Wie ist es Ihnen gelungen, gesund zu bleiben in diesem seelenaufreibenden Beruf?
Abzugleiten ist bei mir ausgeschlossen, weil ich dafür zu viel Disziplin habe. Ich habe nie meine Depressionen weggetrunken oder sie mit anderen Drogen verdrängt. Im Gegenteil: Oft, wenn ich diese Niedergeschlagenheit spürte, hätte ich manches Mal schon Lust gehabt zu trinken, ich verbot mir aber den Alkohol, um nicht in diese Versuchung zu geraten. Es fällt mir ohnehin leichter, gar kein Bier zu trinken als nur eines.

In früheren Zeiten konnten Sie das nicht so gut trennen, da haben Sie auch manchmal beim Arbeiten getrunken. Sie ha-

ben damals Ihre Sketche geschrieben mit einem Glas in der linken und dem Kuli in der rechten Hand.
Das stimmt, das war eine Zeit, in der ich spürte, dass da etwas entsteht beim Trinken. Es entfachte etwas. Aber nicht lange. Dann konnte ich den Griffel nicht mehr führen und den Text am nächsten Morgen nicht mehr lesen. Und so hat der Alkohol, dem ich bis heute nicht abhold bin, nie überhandgenommen.

Sie wirken in allem, was Sie tun, sehr lebendig und mögen keinen Stillstand. In Ihrer Arbeit, Ihrem Privatleben, in der Liebe. Ist das auch deswegen so, weil Sie so dem Tod etwas entgegensetzen wollen?
Bei allem im Leben – egal ob im Beruf oder in der Beziehung – ist es doch so: Wenn ich mit etwas aufhöre, bin ich tot. Aber ich glaube nicht, dass ich vor dem Tod wegrenne. Eher andersherum. Wenn der Sensenmann eines Tages in meinem Zimmer steht, werde ich ihm sagen: »Einen kleinen Moment noch, das Licht ist noch nicht richtig, und die Kamera steht auch noch falsch. Geh doch noch mal kurz raus und komm gleich wieder rein, damit du einen schönen Auftritt hast. Ich bereite in der Zeit alles vor.« Und wenn der Tod dann wiederkommt, bin ich längst über alle Berge!

Die Arbeit sei nicht leicht mit Ihnen, sagen ein paar Ihrer Kollegen. Nicht nur weil Sie sehr perfektionistisch seien, sondern weil Sie ausgerechnet als Schauspieler nicht Ihr Herz vor sich hertragen könnten und würden ... Wieso ist das so?

Wieso sollte ich bei der Arbeit mein Herz vor mir hertragen? Ich habe innere Werte, die ich nicht einfach verschenken kann. Ob ich jemandem ohne große Vorbehalte vertrauen darf, kann ich frühestens nach zwei Wochen Zusammenarbeit, oft erst nach einer ganzen Inszenierung sagen. Es dauert eine Weile, bis ich erkenne, ob jemand mit mir auf einer Wellenlänge kommuniziert. Ich tue mich schwer mit Vorschusslorbeeren. Bin zwar höflich und versuche, den roten Teppich auszulegen, damit die Voraussetzungen für eine harmonische Zusammenarbeit gegeben sind, aber mehr kann ich nicht tun.

Das war die Antwort des Profis. Darf ich Sie fragen, warum Sie als Mensch vorsichtig sind? Warum Sie in Ihrer offenherzigen Branche ausgerechnet ein zurückgenommener und sogar scheuer Typ sind?

Das ist einfach zu erklären. Ich bin privat ein sehr schüchterner Mensch. Als Kind und Schüler war das sogar katastrophal. Selbst meine erste Begegnung mit dem anderen Geschlecht war davon geprägt. Ich wertete es schon als großen Erfolg, wenn ich es erreichte, die Handschuhe eines Mädchens tragen zu dürfen. Dabei hätte ich doch viel lieber ihre Hand gehalten. Diese extreme Scheu schwindet, wenn ich auf die Bühne gehe und meinen Beruf ausüben kann. Dann stelle ich nicht nur meine Rolle dar, sondern auch verschiedene Seiten, die aus meinem Innersten kommen. Aber privat gelingt mir das überhaupt nicht. Nichts macht mich verklemmter als die Gesellschaft von Leuten, die nur darauf lauern, dass ich über eine Stufe stolpere oder der Löffel die Mundluke verfehlt. Nur wenn ich Leute lange kenne, gelingt es mir, mich ein wenig zu öffnen und lustig zu sein. Aber normalerweise bin ich eher in mich gekehrt.

Die Schauspielerszene ist voll von Rampensäuen. Inwiefern war Ihre Schüchternheit dann hinderlich für Ihre Karriere?
Als junger Schauspieler überwand ich mich und ging abends in genau die Kneipe, in der sich alle Kollegen trafen. Ich dachte, das gehört nun mal dazu. Und dort habe ich zwei Erfahrungen gemacht: Einmal habe ich Regisseure kennengelernt, die damals ganz oben, also richtige Stars waren. Die sagten nach ein paar Bierchen zu mir: »Mensch, du hast ja 'ne interessante Fresse … Wir machen mal was zusammen! Ich komm mal vorbei, wo du gerade spielst. Wo war das noch mal? Was war das für ein Stück? Und dann machen wir was, ich sage es dir, wirst sehen!« Und das waren natürlich die, die nie kamen, diese Blablabla-Kollegen. Es wird so unglaublich viel gequatscht in diesem Beruf.

Das Zweite, was ich in solchen Kneipen lernte, war die Art, wie manche Kollegen miteinander umgehen. Dieses »Ach, Mensch, wie schön, dass wir uns sehen! Toll, dass du hier bist!« Und kaum bist du einen Schritt weiter, freuen die sich: »Gut, dass der sich nicht an unseren Tisch gesetzt hat, dieser Widerling!« Dieses Unehrliche, dieses ewige verbale Von-hinten-in-die-Kniekehlen-Hauen, das fand ich unappetitlich.

Ich erinnere mich an einen Kollegen, der wenig spielte, aber viel trank, immer in dieser Kneipe war und die dollsten

Sprüche draufhatte. Da kam einmal eine hochschwangere Kollegin vorbei, die ihn zur Begrüßung auf die Wange küsste. Er aber drehte sich ab und raunte: »Ich küss doch keine gefüllte Taube.« Würg, würg, kann ich da nur sagen. Wie peinlich und menschenverachtend sind doch einige Kollegen.

Da spürte ich, dass ich es schwerhaben würde, mich in diesen Kreisen zu Hause fühlen zu können. Außerdem wollte ich mich nicht jahrzehntelang in diesem Sud der Schauspielerei unterhalten, mit den ewig gleichen Themen. Das wäre mir zu langweilig gewesen.

Deswegen fing ich an, mir andere Menschen auszusuchen, von denen ich hoffte, dass sie besser zu mir passen. Also eben auch Leute mit anderen Berufen, Musiker, Fotografen, Steuerberater. Vor allem aber sollten und mussten sie menschlicher sein als die typischen Schauspielkollegen und ihren Beruf nicht über alles stellen.

Sie haben einen Lieblings- und Hausregisseur im Schlosspark Theater, *Thomas Schendel. Der spricht liebevoll, aber auch erstaunlich kritisch über Sie. Dieser Thomas Schendel sagte mir, Sie hätten den Preis des Zauberlehrlings von Goethe ausreichend bezahlt – die Geister, die Sie einst riefen, hätten Sie lange nicht losbekommen. Nun aber eben doch – als Charakterdarsteller. Sie hätten diese Erfüllung aber früher im Leben haben können, sagt dieser Kollege, denn Sie trugen diese Sehnsucht Ihr Leben lang in sich …*

Sicher hätte ich früher Charakterrollen übernehmen mögen, um dem Didi-Image etwas entgegenzusetzen. Gerne hätte ich Figuren gespielt, die weit weg von Didi angesiedelt sind. Aber dazu braucht es ja immer jemanden, der einen lässt. Den gab es nicht. Ich hätte mich als weit über 50-Jähriger irgendwo in der Schlange der Bewerber an staatlichen Bühnen anstellen müssen. Das wäre mir wie Betteln vorgekommen. Die meisten Leute dort hätten wahrscheinlich auch nicht die Phantasie aufgebracht, um zu erkennen, dass mehr in mir steckt als Didi. Also: Mich beim *Berliner Ensemble* oder *Deutschen Theater* vorzustellen, um den Sosias im *Amphitryon* von Kleist spielen zu dürfen – ich glaube, die Intendanten hätten alle mit dem Kopf geschüttelt.

Schendel sagt, Sie hätten andere finden können, die es mit Ihnen gewagt hätten, aber dafür hätten Sie diesen anderen vertrauen müssen.

Ich weiß nicht, wen er damit meint. Ich kann mein Vertrauen ja nicht irgendwo hinwerfen in der Hoffnung, dass mir auch vertraut wird. Ich habe ja relativ spät erst Theaterregisseure kennengelernt, zuvor war ich im Sog des Kabarettbetriebes. Vor der ersten Spielzeit hier am *Schlosspark Theater* war die große Frage, welchen Regisseur nimmst du für welches Stück? Ich erkundigte mich also bei den Verlagen der Stücke, hängte mich da richtig rein, fragte, welche der Inszenierungen besonders gelungen waren und bekam Hinweise, denen ich nachging. Das waren alles Leute, die mit einem Lächeln sagten: »Na ja, da versucht ein Möchtegernintendant, irgendetwas auf die Beine zu stellen. Ob ich mich da vor den Karren spannen lassen soll ... Ich weiß nicht.« Die haben sich alle bitten lassen. Das war alles nicht einfach. So viel also zum Vertrauen. Das kann ich doch erst zu jemandem in der Zusammenarbeit aufbauen. Da gab es wenige. Sehr wenige! Mit Thomas Schendel und Folke Braband ist es mir gelungen, ein Vertrauensverhältnis aufzubauen, das aber auch immer wieder neuen Belastungen standhalten muss. Mittlerweile ist der »Möchtegernintendant« inmitten der neunten Spielzeit – da kann der Spielplan bisher ja wohl so schlecht nicht gewesen sein.

Sie seien zudem immer misstrauisch, sagt Thomas Schendel. Dieses Misstrauen fortzuschaffen, diesen ewigen Begleiter, diese Skepsis sich selbst gegenüber, sei die wichtigste Aufgabe eines Regisseurs, der mit Ihnen arbeite! Auf dass Sie sich ganz hingeben, ohne Wenn und Aber ...

Ich höre sehr genau zu, wenn Anregungen an mich herangetragen werden. Das kann gerne auch etwas total Neues sein. Aber es muss passen zu dem, was ich glaube, spielen und sein zu können. Es gibt etwa Regisseure, die empfehlen mir, eine Rolle anzulegen wie eine Parodie auf jemand Prominentes. Das werde ich nicht tun, weil ich weiß, dass viele in Deutschland Parodien besser machen können als ich. Ich kann vielleicht Typen nachahmen, Gangarten, Formulierungssüchte oder Wesensformen, aber eine Parodie auf Prominente kann ich nicht. Wenn ich das Gefühl habe, jemand möchte nur seine Idee verwirklichen, ohne zu berücksichtigen, dass sein Weg zur Erreichung des Ziels nicht mein Weg ist, kann ich ihm nicht folgen.

Jetzt geben Sie mir ein Stichwort. Schendel meinte zu mir, dieser Perfektionismus, diese Furcht in Ihnen, etwas nicht so perfekt spielen zu können, wie Sie es von anderen erwarten, führe manchmal dazu, dass sich in Ihnen etwas sperrt. Dieser hohe Anspruch an sich selbst stehe Ihnen manchmal im Wege ...
Mmh, das ist jetzt schwierig zu erklären ... Aber wer blamiert sich schon gerne? Und dann auch noch gegen Geld! Die Leute im Theater zahlen ja für eine gute Leistung. Und ich bin wirklich ein sehr fleißiger Mensch und auch offen dafür, wenn mir jemand sagt, dieses und jenes hätte ich übersehen. Aber was zu mir passt, weiß nur ganz selten jemand besser als ich. Das hat nichts mit Misstrauen zu tun, sondern damit, ob ich mit mir selbst zufrieden bin. Ich muss meinen eigenen Maßstäben genügen, nur dann kann ich auch den Anregungen des Regisseurs folgen und sie umsetzen.

Einige sagen, dass es nicht einfach sei, mit Ihnen zu arbeiten – was ich schon ein paarmal gehört habe aus der Branche, natürlich auch von Til Schweiger.
Mag sein, dass es nicht immer einfach ist, mit mir zu arbeiten. Aber entscheidend ist doch, welche Leistung am Ende des Arbeitsprozesses steht. Vielleicht ist es manchmal 'ne schwere Geburt – Hauptsache, das Kind kann sich sehen lassen!

Schendel sagt, dass man diesen Hallervorden manchmal von sich selbst abhalten muss. Er sagt: »Ich behandle ihn nie als

Solitär und scheue den Konflikt nicht. Das zeigt ihm die Wertschätzung. Wenn ich ihm nach dem Mund redete, hätte er kein Vertrauen, denn das kennt er zur Genüge.«
Ja. Er ist klug genug, das zu erkennen.

Schendel hat lange mit dem großen Bernhard Minetti inszeniert und auch gespielt, sie teilten sich sogar ihre Garderobe. Nun sagt er, dass Sie sich in drei wichtigen Punkten nicht viel von Minetti unterscheiden würden: in puncto Respekt, Höflichkeit und Unerbittlichkeit!
Will er damit sagen, dass wir uns auch in der Leistung gleichen? Ich habe von mehreren Seiten gehört, ich sei etwa in *Ich bin nicht Rappaport* besser als Minetti gewesen.

Das ist mal ordentlich selbstbewusst.
Nein, selbstbewusst wäre es nur, wenn ich das selbst behauptete. Ich kolportiere nur, was an mich rangetragen wurde.

Dann muss ich noch mal nachhaken: Wieso ziehen Sie sich dann so oft zurück, wieso lassen Sie sich nicht so gerne in die Seele schauen?
Vielleicht kommt das daher, dass ich so lange als Komiker unterwegs war. Gerade in der Komik muss man ja sehr stark an eine Charge glauben. Man gibt dafür viel von sich selbst. Dabei begleiten mich ständig Zweifel und auch Ängste: Wenn das Publikum mir auf meinem Weg der Komik nicht folgt, wenn Lachen und Applaus ausbleiben, weil

ich mich womöglich in noch so kleinen Details geirrt habe, dann kann man richtig auf die Schnauze fallen. Es gibt im Fach der Komik keinen Doktor *humoris causa*. Als Komiker wirst du nie ausgelernt haben. Nie kannst du dir sicher sein, dass das, was du selbst komisch findest, auch vom Publikum geteilt wird.

Also bleibt das Lachen im Publikum immer die große Unbekannte Ihres Berufs?

Ja, schon. Komik verlangt ja dem Schauspieler sehr viel mehr ab als Drama und Tragik. Auch wenn die Leute immer noch denken, E sei schwerer als U. Es ist doch genau umgekehrt.

Ich versuche das mal an einem Beispiel zu erklären. Ich spiele einen Mann, der weiß, dass seine Frau bald sterben wird. Ich stehe am Fenster und blicke hinaus in die Nacht. Der Regen prasselt an die Scheiben, im Schein einer Straßenlaterne fallen Tropfen in eine Pfütze. Melancholisch jault eine Klarinette vor sich hin. Ich blicke einfach nur in Gedanken vor mich hin, ich mache nichts – und doch weiß jeder Zuschauer: Dieser Mensch ist verzweifelt!

Nun ein Sprung in die Didi-Zeit: Auch er steht am Fenster und schaut in eine verregnete Nacht. Dabei beugt er sich etwas zu weit vor, knallt mit der Stirn an die Doppelverglasung, taumelt rückwärts, versucht Halt zu finden an einer Gardine, die reißt, stolpert über eine Teppichkante und fällt mit dem Hintern in einen mit Farbe gefüllten Eimer, der beim Wiederaufrichten an seinem Hosenboden kleben bleibt. Ist doch wohl glasklar, dass die schauspielerisch schwierigere Variante bei Didi liegt. Dazu muss ich mir nachträglich noch sehr genau überlegen, wie ich die Szene schneide. Eine womöglich nur 20 Sekunden lange Sequenz muss in einem perfekten Timing geschnitten werden. Eine Kunst, die viel mit dem Atem desjenigen zu tun hat, der die Szene spielt oder inszeniert. Wie kurz zeige ich in einem Zwischenschnitt den Fuß mit der Teppichkante, damit es nicht zeigefingerhaft wirkt? Und dann ist schon im Vorfeld viel zu beachten: Steht der Eimer exakt so, dass ich glaubhaft mit dem Hintern hineinfallen kann? Wie schafft es der Special-Effect-Mann, den Eimer so zu präparieren, dass er an mir kleben bleibt? Alles viel schwieriger! Dabei glauben die Leute, die erste Variante sei die schwerer zu spielende und natürlich »künstlerisch wertvollere«. Ein Irrtum! Er rührt daher, dass in Deutschland U immer noch weniger gilt als E.

Sogar der große Heinz Rühmann hatte mit diesem deutschen Dilemma zu ringen. Erst im hohen Alter ließ man ihn die wirklich ernsten Rollen spielen. Thomas Schendel vergleicht Sie mit Rühmann. Sie seien der Einzige, der die Leute sowohl in seinen Rollen als auch als Mensch begeistere, und das über mehr als vier Generationen. Deswegen versucht Schendel Sie nun zu überreden, wie einst Rühmann die großartige und schwierige Charakterrolle in Der Hausmeister *von Harold Pinter zu spielen.*

Ja, seit Jahren rät er mir das schon und sagte seinerzeit: »Wenn Sie das machen würden – der Peymann würde sofort zugreifen!« Ich glaube aber, man muss sich genau ansehen, ob Stücke nach Jahrzehnten nicht eine gewisse Patina angesetzt haben. Beim Hausmeister scheint es mir so. Ich habe ihn mit Rühmann geliebt, es war ja eine Sensation damals in den siebziger Jahren. Aber damals war das Stück ja auch ganz neu. Ich weiß nicht, ob das heutige Publikum so etwas noch sehen möchte. Ich lese es jetzt gerade noch einmal, weil ich nach einer großen Herausforderung suche. Kann also sein, dass wir das irgendwann machen. Oder die absolute Herausforderung: den Theatermacher von Thomas Bernhard. Zwei Dinge jedoch bringe ich in meinem Theater nicht auf die Bühne: einmal die sogenannten »überarbeiteten« Klassiker. Ich will bei mir keine Räuber von Schiller in SA-Uniform. Oder: Warum – um Himmels willen – muss Hamlet seine Ophelia in der Sauna kennenlernen? Und zweitens: Die Welt da draußen ist todtraurig. Und ich habe keine Lust, dass die Leute zwei Stunden für einen Theaterbesuch opfern, um sich anzusehen, wie eine Frau an Krebs stirbt. Das ist sicher ein großes Thema, aber dafür brauche ich nicht ins Theater zu gehen. Ich möchte keine leichte Unterhaltung machen, aber ich möchte mein Publikum auch nicht quälen. Mein Motto für die Gestaltung des Spielplans: Geist mit Humor!

Der technische Leiter Ihres Theaters, Tom Weinhold, sagte mir, Sie seien einer der höflichsten und bescheidensten Männer, denen er je begegnet ist. Wie konnten Sie sich die Bescheidenheit erhalten im Erfolg?

Tom Weinhold kann Dinge, die ich niemals könnte. Er ist in meinem Theater der Fels in der Brandung. Vor so etwas habe ich immer Respekt, und solchen Menschen zolle ich meine Anerkennung. Und wenn sich dann noch jemand nicht für sein Können feiern lässt, sein Licht aber auch nicht unter den Scheffel stellt, sondern ein gesundes Selbstbewusstsein hat, fällt es mir leicht, ebenfalls bescheiden zu bleiben. Solche Menschen mag ich, und mit denen möchte ich zusammenarbeiten. Aber ich gehe generell aufgrund meiner Erziehung mit Menschen behutsam um. Wenn ich mit jemandem auf dem Bürgersteig zusammenrempele, entschuldige ich mich immer, egal, ob vielleicht sogar der andere daran schuld war. Es kostet doch nichts, freundlich zu sein. Und wenn ich jemandem mit einem Lächeln begegne, bekomme ich es auch meistens zurück.

Ich habe auch mit Ihrer Kollegin Maria Steurich gesprochen, mit der Sie in *Vor Sonnenuntergang* auf der Bühne stehen. Die bewundert Sie, wie Sie nach der tiefen Ernsthaftigkeit suchen auf der Bühne, wie Sie um Ehrlichkeit, Authentizität kämpfen und ringen. Ihre Sehnsucht nach Wahrhaftigkeit gehe so weit, dass Sie jeden Abend kämpften, die Erwartung der Zuschauer zu erfüllen. Was besonders schwer sei, sagt sie, weil es immer ein paar wenige im Publikum gebe, die eben genau wegen des Komikers zu einer Vorstellung von *Vor Sonnenuntergang* gekommen sind und lachen wollten, sogar kurz vor Ihrem Bühnentod …

Ja, das sind einige wenige, die Unsensiblen, schlecht Gebildeten – oder Menschen, die mit der falschen Erwartung ins Theater gehen.

Maria Steurich sagt, mit Ihnen zusammen zu spielen, zu arbeiten, das sei jedes Mal wie das Aufblühen einer Blüte.
Maria Steurich weiß sicher, wovon sie spricht, denn sie ist eine sehr gute Schauspielerin. Ich mag sie besonders gerne, genauso wie ihren Kollegen Oliver Nitsche, der mit uns auf der Bühne steht und ebenfalls mit zu unserem kleinen Ensemble gehört. Und ich sende beiden immer Zeichen aus, wie sympathisch sie mir sind, bekomme aber wenig von ihnen zurück. Da bleibt leider immer ein Fremdeln. Da ist es ausnahmsweise mal umgekehrt: Ich öffne mich, und die anderen machen zur Abwechslung mal zu …

Dann gibt es noch einen Regisseur, den Sie mögen und mit dem Sie gerade zusammenarbeiten. Folke Braband sagte zu mir, dass Ihr Bedürfnis nach Schutz und gleichzeitig nach Nähe groß sei. Und dass Sie eine große Befreiung gerade erlebten …
Na ja, ich kenne viele Regisseure, die ihre Aufgabe darin sehen, die Peitsche zu schwingen, sogar den Willen der Schauspieler zu brechen, bewusst Disharmonie zu verbreiten. Damit kann ich überhaupt nicht umgehen, da gehe ich ein wie eine Primel. Ich hatte sogar mal ein Angebot eines solchen Regisseurs an einem staatlichen Theater, der mir in einem Molière-Stück die Hauptrolle geben wollte. Ich freute mich

natürlich, aber zweifelte auch und wohnte erst einmal einer Probe von ihm bei. Und ich sah, wie dieser Mann nicht liebevoll, sondern zerstörerisch mit den Menschen am Werk war, um seine Ziele zu erreichen. Und so sagte ich ab, weil ich wusste, dass bei mir auf diesem Weg nichts rauskommen würde. Ich suche also in der Tat Schutz, Harmonie und Höflichkeit im Umgang. Und das finde ich bei Braband und Schendel. Hätte ich das nicht, würde ich mich ins Theater quälen und könnte dort nichts leisten.

Folke Braband sagt, es sei schön zu sehen, wie ein Mann so jungenhaft und lustvoll seiner Arbeit nachgeht. Aber er glaubt auch, Sie würden oft zu sehr in der Komfortzone bleiben, die Sie gelernt hätten und die Sie für sich ideal empfänden. Und genau aus dieser Zone würde Braband Sie gerne herausbewegen.

Ich weiß nicht genau, was er unter Komfortzone versteht. Erfordern schwierige Phasen eines Stücks besondere Fähigkeiten, die nicht zu meinen Stärken zählen, wie Singen oder Tanzen, biete ich dem Regisseur alternativ etwas aus meinen Erfahrungen als Komiker an. Das sehe ich als meinen Anteil an kreativer Arbeit und absolut nicht als Komfortzone.

Braband meinte aber, es sei manchmal regelrecht traurig, wenn er Sie sehe, wie Sie Sachen machen, in denen Sie sich sicher fühlten. Braband wünscht sich, dass Sie noch mehr dahin gingen, wo Ihre Unsicherheiten und Ängste seien, wo Sie vielleicht sogar erst einmal schlecht aussähen.

Ja, das verstehe ich schon. Er kennt mich aus einer Molière-Inszenierung, in der ich oft nahe beim Komischen, bei Didi sein musste. Er kennt mich aber noch nicht im Stück *Vor Sonnenuntergang* von Gerhart Hauptmann. Da bin ich so weit über mich selbst hinausgegangen. Weiter als alles, was ich mich jemals getraut habe, auf der Bühne zu spielen.

Ihre Schauspielkollegin Franziska Troegner, die Hunderte Male mit Ihnen gespielt hat, sagt, als Künstler gingen Sie bis über die Grenze der Schamlosigkeit. Als Mensch seien Sie dagegen unglaublich höflich und taktvoll. Eine typische Jungfrau, vom Sternzeichen her, sagt sie.
Das stimmt. Ich möchte gerade ein T-Shirt für meine Tochter kaufen mit dem Aufdruck: *Legenden werden im September geboren.* Sie ist wie ich in diesem Monat geboren und mein Sohn Johannes ja auch.

Franziska Troegner sagt, für Sie gelte der Witz: »Herr Doktor, mir geht es so schlecht!« – »Na, dann gehen Sie mal da drüben hin, da gastiert gerade ein Zirkus!« – »Herr Doktor, ich weiß, ich bin doch der Clown!«
Ja, das trifft es genau.

DER ENTZUG

Von einem, der nicht mehr leben wollte

Vor nicht allzu langer Zeit gab es diese Tage, da wollte der Mann, der so viel lebt, nicht mehr leben. Ausgerechnet er, der in seinen Rollen so viele Leben erspielt hat und der versucht, so viele Leben in seinem eigenen und einzigen unterzubringen.

Ich erfuhr davon, kurz bevor wir die Aktualisierung dieses Buchs im Sommer 2022 abschlossen. Da fragte ich ihn spät in der Nacht nach einer Vorstellung in seinem *Schlosspark Thea*ter, wie es ihm denn gehe. Und manchmal geschieht ja das kleine Wunder und ein Mensch antwortet ganz ehrlich auf diese Frage. Kurz stockte er also und ich ahnte, dass nun etwas Überraschendes kommen würde. Ich sah es an seinem Blick, der meinen suchte, was eigentlich ziemlich untypisch ist für Hallervorden. Denn normalerweise wendet er seine Augen ab, wenn er nachdenkt für eine ernste Antwort, und schaut meist schräg an einem vorbei.

Diesmal nicht. Diesmal holte er tief Luft und sagte dann ein paar Sätze, die den Rummel dieser Nacht in seinem

Theater, das Stimmengewirr und Lachen in meinen Ohren sofort verstummen ließen: »Mir ging es eine Zeit lang nicht gut. Und deswegen ließ ich mich in eine Klinik einweisen. Ich hatte damals einfach zu viele Selbstmordgedanken.«

Das letzte Wort sprach Hallervorden seltsam beiläufig aus und viel zu leise. Fast vernuschelte er es. Das ist bei ihm, der sonst jeden seiner Sätze deutlich und beinahe durchkomponiert hervorbringt, selten. Und nun also raunte er mir die Wahrheit zu, als wollte er die Spuren, die sie beim Aussprechen hinterlässt, gleich verwischen.

Dabei legte er in Wahrheit in diesem Moment nur all seine Masken ab. Und von einem Wort zum anderen spielte er auch keine seiner Rollen mehr. Da stand nur noch der Mensch Dieter vor mir. Ich sah ihm in die Augen, die die Menschen fast fünf Jahrzehnte lang zum Lachen gebracht hatten, und sah in einen leer geräumten Blick. Und der Mann, der zu diesem Blick gehörte, sagte: »Diese Suizidgedanken zogen mich eines Tages länger und tiefer herunter, als ich das ohnehin schon gewohnt war.«

Ich kannte einen solchen Moment mit ihm bis dahin nicht. Augenblicklich kamen mir die vielen anderen Blicke und Gesichter von ihm in den Sinn, während ich tastend fragte, ob er mir davon nun weiter erzählen wolle. Ich wusste ja, dass ein gutes Gespräch mit ihm nie gemütlich war, aber immer aufs Gemüt wirkte. Wie schon oft sah ich ihm zu, wie es selber in ihm schwankte, wie sich die Gemütszustände nicht nur abwechselten in seinem Mienenspiel. Sondern wie sie ineinander übergingen, sich verwebten.

Genau für diese große Gabe wollte er ja immer gelobt werden. Dass er spielt »auf diesem schmalen Grat, der sich zwischen Schmunzeln und Zutiefst-berührt-Sein entlangschlängelt«, so sagt er selbst. So konnte er das schon immer, behauptet er.

Aber in diesen Sekunden in seinem nächtlichen Theater war das alles anders. Man spürte sofort, dass ab jetzt nicht ein Künstler, sondern ein Privatmann von seiner größten Gratwanderung im Leben erzählt. Nämlich von dem Balanceakt auf dem schmalen Pfad zwischen Leben und Tod, den dieser Herr im Halbdunkel da erst vor Kurzem hinter sich gebracht hatte, im Sommer 2021. Seine Frau Christiane und sein bester Freund suchten damals eine psychiatrische Klinik für ihn aus. Hallervorden sagte alle Termine für die nächsten Wochen ab, packte seinen Koffer und zog 21 Tage in das Krankenhaus.

Davon erzählte er nun, fast in Zeitlupe, so kam es mir vor. Und weil in diesem Moment ohnehin die Zeit aussetzte, schnellte mir auch wieder einmal eines meiner Lieblingszitate ins Gedächtnis. Es stammt von Hallervordens großem Kollegen Udo Jürgens. Der sagte in einem der letzten Interviews seines Lebens zum *Zeit*-Chefredakteur Giovanni di Lorenzo: »Wenn du etwas Großes erreichen willst in der Musik, beim Schreiben oder in der Kunst, dann musst du von der Euphorie in eine Traurigkeit verfallen.«

Heute, auch nachdem ich Hallervorden ein paar Mal im Extremen erlebt habe, kommt mir dieser Gedanke beständig zurück in den Sinn. Ich verstehe nun einmal mehr, dass ein Künstler, wenn er denn bei seinen Drahtseilakten überzeugen will, von einem Hochgefühl in eine Wehmut wechseln muss. Egal ob er nun malt, musiziert oder spielt. Er muss jede Euphorie, die er bei seinem Publikum oder auch nur in sich selbst entfachen will, mit einem traurigen Moment bezahlen. Erst dann dringt er wirklich vor in die Herzen der Menschen. Erst dann wird er zu einem Unterhalter mit echter Haltung, die er, das wissen wir von Alfred Biolek, am besten unter der Oberfläche versteckt. Am schönsten sogar in einer gewissen Tiefe. Vielleicht dort, wo wir als Kinder die Seele des Menschen verorteten, verborgen in uns.

Ein guter Künstler muss sich den Abgründen in sich selbst stellen. Er muss sie ausloten, statt sie zu verdrängen. So weit war ich schon gekommen mit Hallervorden. So weit, so gut. Aber doch bitte nicht, indem er überlegt, in den Abgrund hineinzuspringen!

Ich hatte in diesem Buch geschrieben, dass Hallervordens Traurigkeiten im schönsten Glück nicht bedauerlich, sondern genau so richtig seien. Auch wenn sie immer wieder in Depressionen mündeten. Von diesen Tiefs in der Seele des D.H. erzählte ich in diesem Buch, als wären sie niemals gefährlich. Doch nun erkannte ich, dass sie sogar mehr als das waren: lebensgefährlich.

Und in diesen Tagen dachte ich oft an ein paar Sätze von ihm, die er mir mitten in einer eher heiteren Stimmung erzählt hatte: »Ich stehe sogar in solchen Momenten manchmal neben mir und beobachte mich selbst, zähle mir die vielen Gründe auf, warum ich gerade jetzt nicht traurig zu sein bräuchte. Trotzdem. Das sind Dinge, die ich mir selbst nicht erklären kann. Die mir unbegreiflich sind. Mitten in der schönsten Gesellschaft, umgeben von geliebten Menschen, wenn die Wogen der Anerkennung einem entgegenklatschen – bin ich dennoch dann und wann tieftraurig.«

Ein paar philosophische Gedanken lang ließen wir uns in unseren Gesprächen noch Zeit, um herauszufinden, was es mit diesen Gedanken und dieser Gefahr für sein Leben auf sich haben mag. Dann vertagten wir uns. Es vergingen ein paar Wochen und wir sahen uns bei einer gemeinsamen Theatertournee in Österreich wieder. Initiiert und mit Liebe gestaltet waren diese Tage von Markus Leyacker-Schatzl.

Hallervorden war auf dieser Reise bereit, alles zu erzählen. Auch von dem Schlafmittel Stilnox, das er 30 Jahre lang und leider viel zu oft genommen hatte. Dabei stand schon von Beginn an auf dem Beipackzettel, dass man dieses Medikament keinesfalls länger als sechs Wochen nehmen sollte. Konzipiert war es für Piloten, die Zeitzonen überspringen und deswegen schlecht einschlafen können nach einer langen Flugreise.

So kam, was kommen musste: Irgendwann war es dann so weit und er gestand sich ein, dass ihn dieses Mittel nicht mehr beruhigte, sondern krank machte. Es hatte seine Seele so sehr angegriffen, dass Hallervorden auf seiner immerwährenden Suche nach Ruhe nicht mehr zur Ruhe kam. Und stattdessen begann, die ganz große Stille herbeizusehnen. Jene, die uns alle einmal erwartet – ob wir wollen oder nicht.

»Die Alarmzeichen wurden immer deutlicher. Es ging nicht mehr so weiter. Ich konnte nicht mehr so leben«, sagt er. Dass er sich betäuben musste, um zu schlafen, war schon schlimm. Schlimmer aber waren die schwarzen Gedanken, die ihn schon übermannten, kaum dass er am Morgen aufwachte. Wie soll man einen Tag beginnen, wenn die Seele schon in der Frühe nach dem tödlichen Ausweg sucht? Er selbst sagt: »Es gehört viel Mut dazu, diese düsteren Gedanken wirklich in die Realität umzusetzen. Wie gut, dass mir dafür dann doch der Mut gefehlt hat.«

Stattdessen offenbarte er eines Tages im Herbst 2021 seiner Christiane endlich, was für ein Abgrund sich in ihm aufgetan hatte und wie dunkel es in seiner Seele war. Viel zu spät tat er das, wie die meisten Menschen, die Suizidgedanken hegen. Er hat sich Tag um Tag nichts anmerken lassen von all dem, was ihn da nachts und in der Morgendämmerung heimgesucht hatte.

Und doch gelang ihm, was viele nicht schaffen: Er offenbarte sich. Rechtzeitig. Ließ sich helfen. Und ging den wichtigsten Schritt trotzdem allein: Er gab in der Klinik in Berlin-Charlottenburg zum ersten Mal in seinem Leben seine Tabletten ab. Natürlich auch seine Zigaretten. Der Balkon in seinem Zimmer war gesichert – und nicht nur der, sondern die gesamte Station. Für einen Freiheitsmenschen wie ihn mehr als eine Herausforderung. Aber um seine wahre, innere Freiheit wiederzugewinnen, musste er sich einsperren lassen.

Nur unter Aufsicht durfte er das Krankenhaus einmal am Tag verlassen, um kurz um den Block zu gehen. »Das Schlimmste war dieser notwendige und strenge Rhythmus. Das heißt, dass morgens um 6.30 Uhr eine Schwester hereinkommt und einem den Puls fühlt, auch wenn man gerade erst drei Stunden geschlafen hat.«

Hier also überlegte er gemeinsam mit den Ärzten, wie sein neues Leben ohne Stilnox denn aussehen sollte. Natürlich lag er zunächst nächtelang schlaflos in seinem Bett. Die Ärztinnen fahndeten derweil nach einem Ersatzstoff, der nicht abhängig macht. Aber nicht nur das. Die Experten entwarfen für ihren Patienten einen neuen Lebensstil, der ihn mehr zur Ruhe bringen sollte. Sie versuchten ihm beizubringen, wie er sein Gedankenkarussell endlich einmal zum Stehen bringen könnte. Schwerstarbeit für einen, der bisher stets rastlos durchs Leben rotierte.

Erzählt Hallervorden von seinen Nachtgedanken, klingt das so: »Werden die Leute denn kommen in mein neues Theater in Dessau? Warum sind die Vorverkaufszahlen noch nicht so, wie ich mir das gedacht hatte? Habe ich während der Coronazeit alles richtig entschieden?« All diese Gedanken kamen und kamen, sie brachten aber nichts und hielten ihn bloß wach.

Doch keines der neuen Mittel, die die Ärzte ihm gaben, schlug an bei ihm. Stattdessen schlief er erst am frühen Morgen ein und blieb dann bis zum Mittag »rammdösig und benommen«. Dabei waren seine Blutwerte gut, sogar sein Blutdruck. Die Ärzte staunten: »Eigentlich sind Sie gesund, Herr Hallervorden, und gerade deswegen wäre es schade, wenn sie freiwillig zu früh aus diesem Leben gehen!« Fast schon hatte Hallervorden alle Hoffnungen aufgegeben, da fand man das Medikament, das ihm endlich hinaushelfen sollte aus dem nächtlichen Nirwana.

Außerdem lernte er in der Klinik zu meditieren und »dass man seinem Atem folgt«. Wie gelingt das?, frage ich ihn. Und er antwortete tiefromantisch: »Indem ich Christianes Atem folge, die immer sehr schnell einschläft, wenn sie nachts neben mir liegt. Das klappt sehr gut. Ich lege mich in ihre Arme, schmiege mich an sie und übernehme ihren Atemrhythmus – ihre tiefen, ruhigen, gleichmäßigen Züge.«

Was aber hatte ihn all die Jahre in diesen Teufelskreis getrieben? Oft frage ich mich das. War es nicht so, dass dieser Mann, den ich nun seit Jahren immer mal wieder begleite, alles unternimmt, um eigentlich niemals eine Pause einzulegen? Stopft er seine Tage nicht ständig voller Termine? Reicht ihm ein Theater nicht, sind selbst zwei nicht genug? Nein, es muss seit September 2022 bitte auch noch ein drittes geben, sein *Mitteldeutsches Theater* in Dessau. Kein Wunder, dass er dann noch ein paar Nächte mehr schlaflos verbringen wird, weil ihm im Dunkel der durchwachten Zeit schwant, dass es vielleicht gar nicht so einfach werden wird mit alldem.

Was macht ein Mann mit 87, der in seiner Schlaflosig- und täglichen Rastlosigkeit spürt, dass ihn dieses und jenes zwar ganz schön erfreut, dass er für alles und jedes brennt und lebt, dass ihn aber eben dieses Übermaß mitunter auch gefangen nimmt? Er sucht sich noch mehr Aufgaben. Studiert die nächste Theaterrolle ein, übersetzt dafür sogar noch ein Stück vom Französischen ins Deutsche, und natürlich nimmt er so ganz nebenbei auch noch neue Fernsehrollen an, weil seine tüchtige Agentin ihm ständig welche anbietet und weil er ja selbst immer mehr will.

Heute ahne ich leise, warum er das will. Gegen jede Vernunft. Weil er nicht sterben will. Und weil der unvernünftige Kerl in diesem weisen Herrn manchmal so tut, als könne er den Tod aufhalten, wenn er sich nur genügend abstrampelt hier auf der Erde. Und weil er vielleicht Angst hat, sogar eine tiefe und allzu verständliche, dass er sterben müsse, wenn er sich ausruhen würde. Denn ausruhen, klingt das nicht eh schon wie ruhen?

Würde er es aber wagen, an manchen Tagen einmal weniger zu tun, wer weiß, womöglich könnte er dann vielleicht auch endlich einmal ein bisschen zufrieden sein mit dem, was er erreicht hat und immer noch erreicht. Denn das kann er bisweilen überhaupt nicht. Stattdessen muss er, wie einst die Trickfilmfigur Herr Rossi, immer weiter nach seinem Glück in seinem Leben suchen. Und dafür hart bis sehr hart arbeiten. Sich verausgaben.

Vielleicht ist das alles ja auch ein Fluchtweg, um nicht nur vor dem Tod, sondern vor den dunklen Gedanken zu fliehen. Er sinniert nun, was denn im schlimmsten Fall passieren müsste, dass seine Depressionen wieder die Macht übernehmen in seinem Gemüt. »Ein finanzieller Misserfolg sicher nicht. Denn an Geld war ich nie so richtig interessiert. Ich wollte in meinem Leben immer nur das tun dürfen, was mir Freude bereitet und ich wollte, dass genügend Leute das auch sehen wollen. Sogar wenn ich beruflich abgleiten sollte und eine Rolle annehmen würde, die nicht zu mir passt, auch das würd' mich nicht noch einmal so nah an den Rand bringen. Es könnte nur geschehen, wenn etwas Schreckliches in meinem privaten Umfeld passieren würde: Man möchte nicht seine eigenen Kinder zu Grabe tragen. Man möchte nicht, dass einen die Liebe verlässt, dass sich die geliebte Frau von einem trennt. Ich möchte auch nicht, dass das Grab meiner Eltern versehentlich eingeebnet würde, auch das wäre eine Katastrophe für mich. Solche Dinge dürfen nicht passieren! Sie wären nicht wiedergutzumachen. Aber ansonsten wird mich hoffentlich nichts wieder in diesen alten Zustand versetzen.«

Und so hastet er also weiter durch sein Leben. Durch seine vielen Leben. Und er möchte wie die meisten von uns möglichst lange leben. Aber ich kenne keinen Zweiten, der in jeder Stunde vom Rest seines Lebens so sehr vor dem Tod davonrennt. Vor dem, der unausweichlich ist. Der vielleicht sogar vorherbestimmt ist, wie manche sagen. Wieder andere behaupten, man dürfe nunmal niemals stillstehen

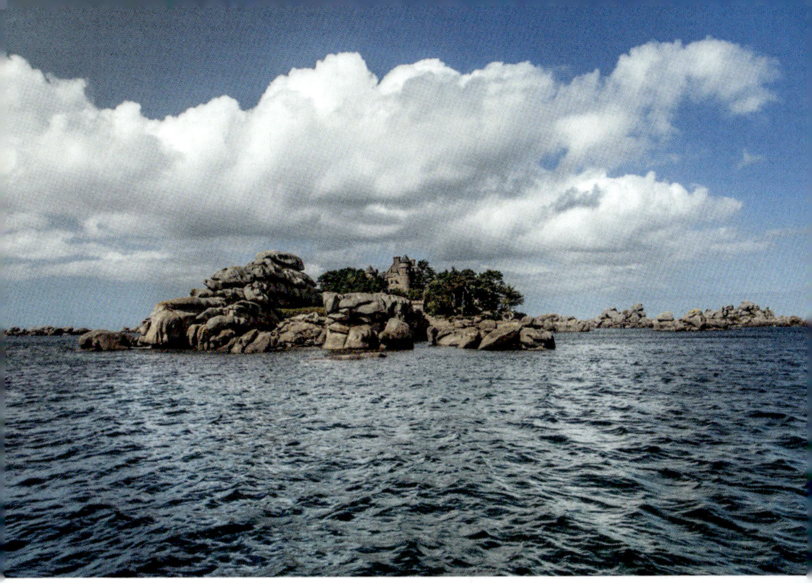

Die Felsen rund um seine Insel gibt es nur in dieser Gegend der Bretagne – und auf den Seychellen

Weltweit suchte er nach einem Inselrefugium. Und fand es im bretonischen Atlantik

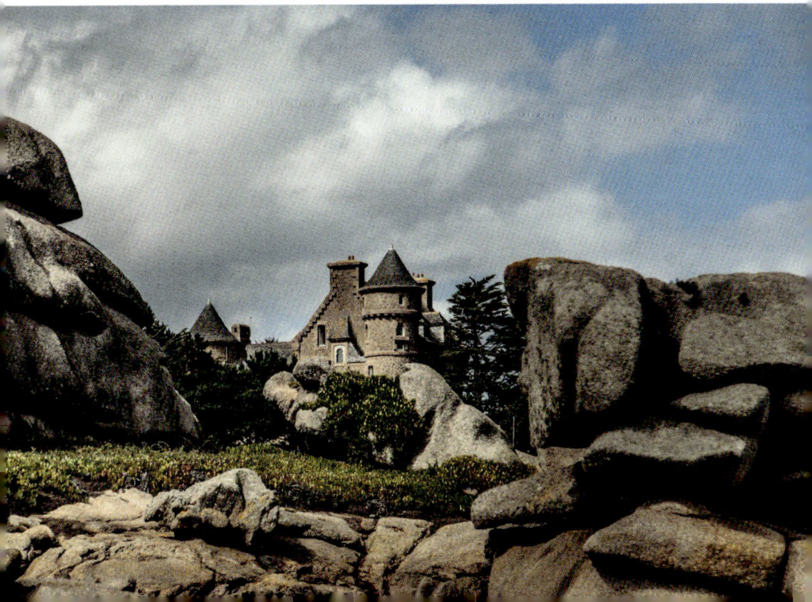

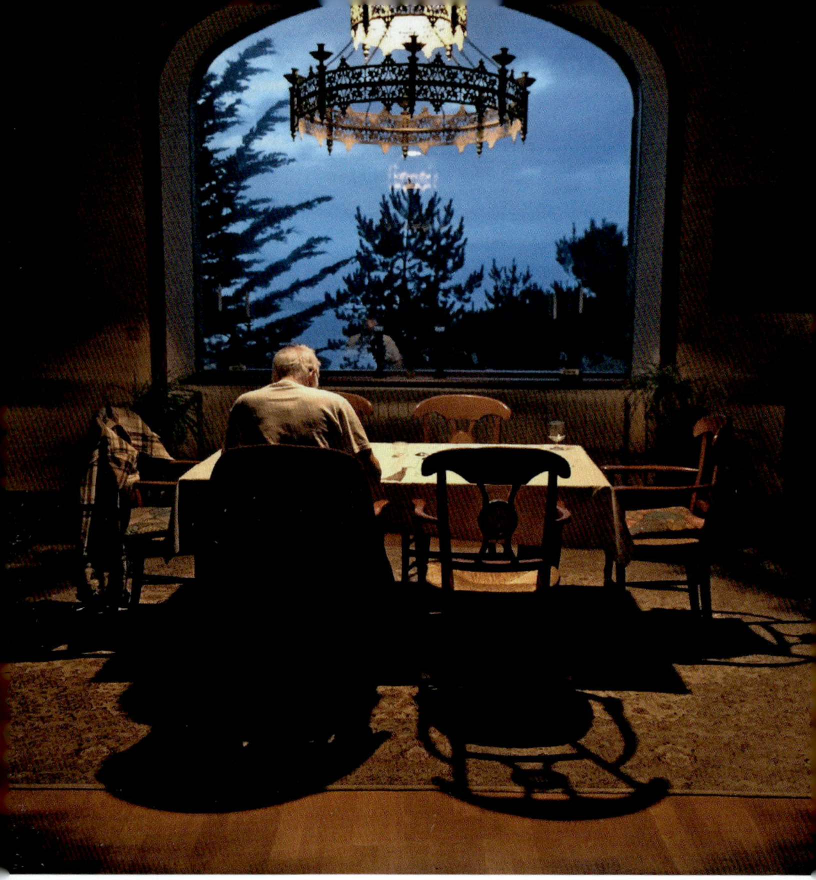

Wohnzimmer: Hallervorden blickt vom Esstisch seines Schlosses auf Bäume, die er einst selbst pflanzte

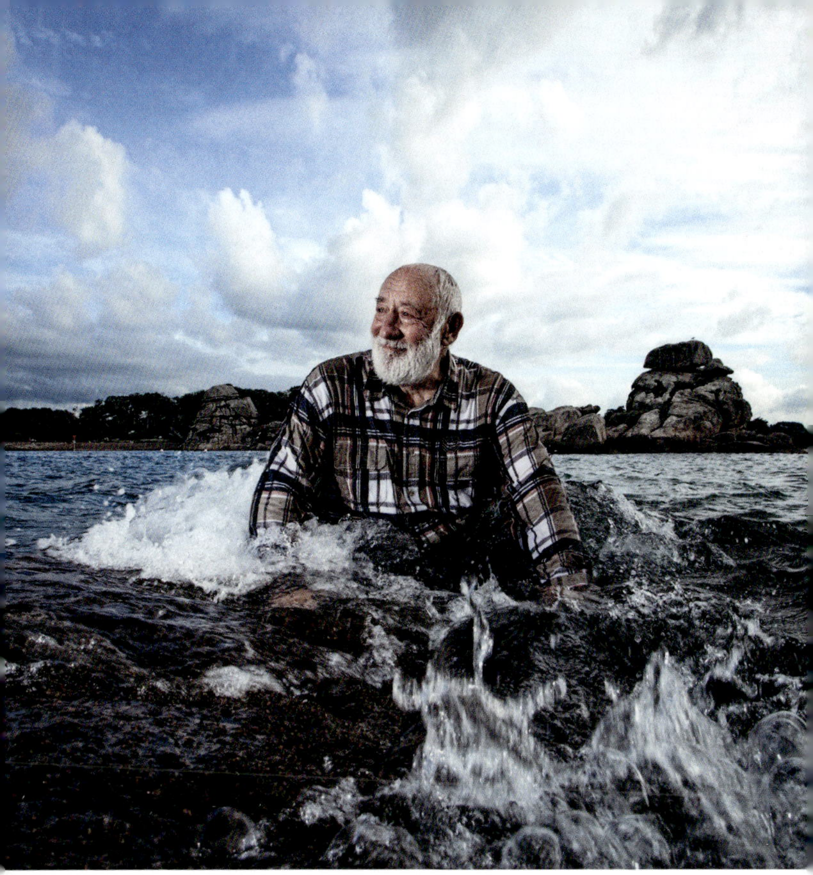

Der alte Mann und das Meer: In Frankreich ist Hallervorden lieber Robinson als Rampensau

Zwei Weltenwanderer: mit Johannes,
der auf der Insel und in Berlin aufwuchs,
auf ihrer Lieblingsbank

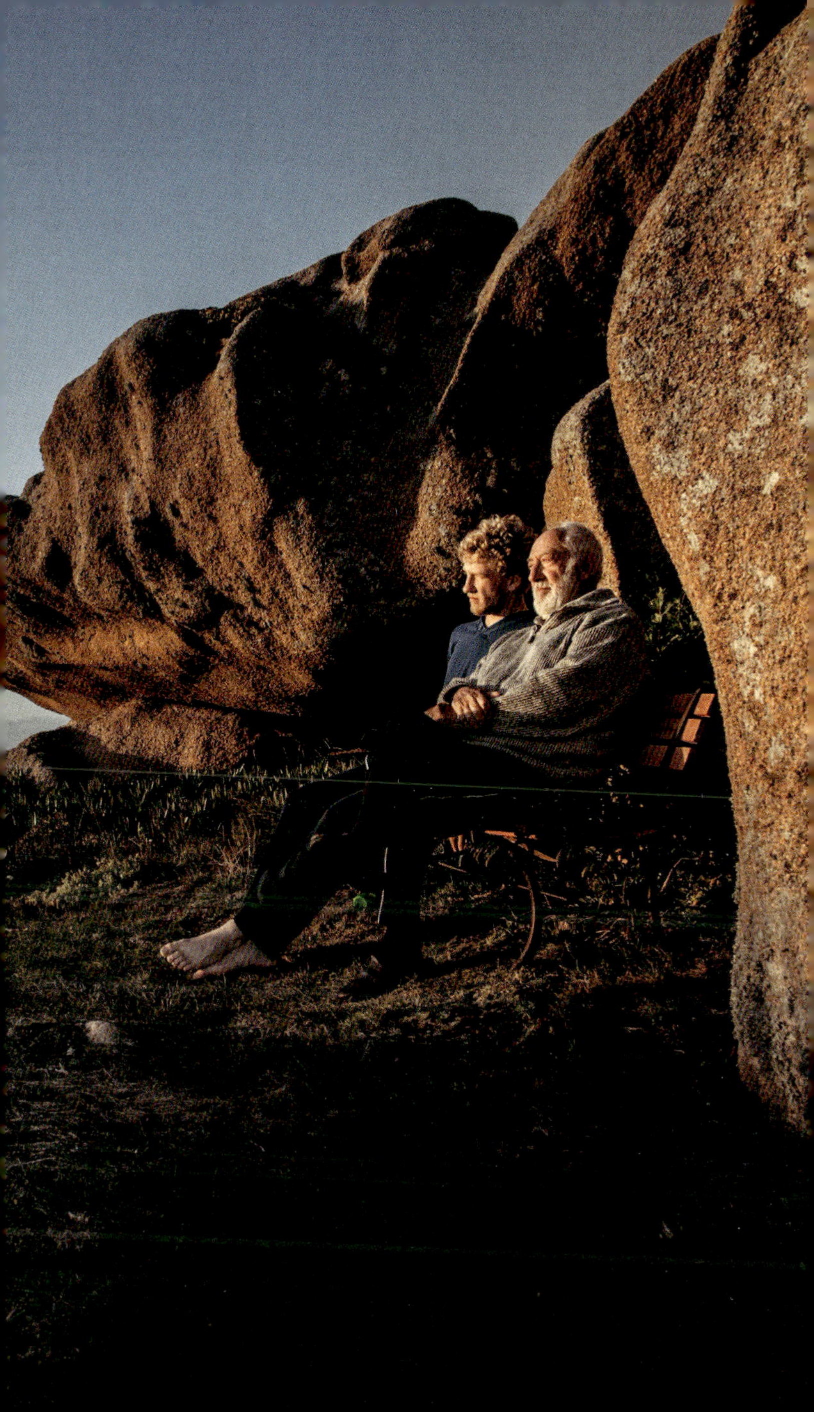

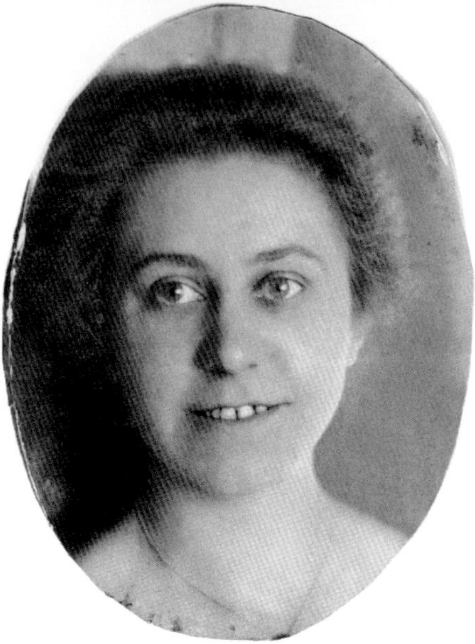

»Von ihr habe ich meinen schwarzen Humor« – und seinen Mutterwitz: Susanne Hallervorden

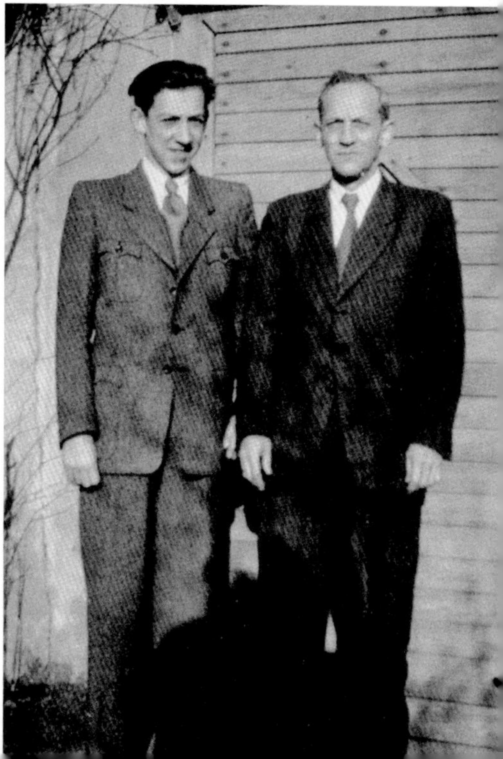

Der Sohn mit seinem größten Vorbild: Dieter Hallervordens Vater Kurt war Flugzeugkonstrukteur. Er verlor beide Beine durch eine Krankheit

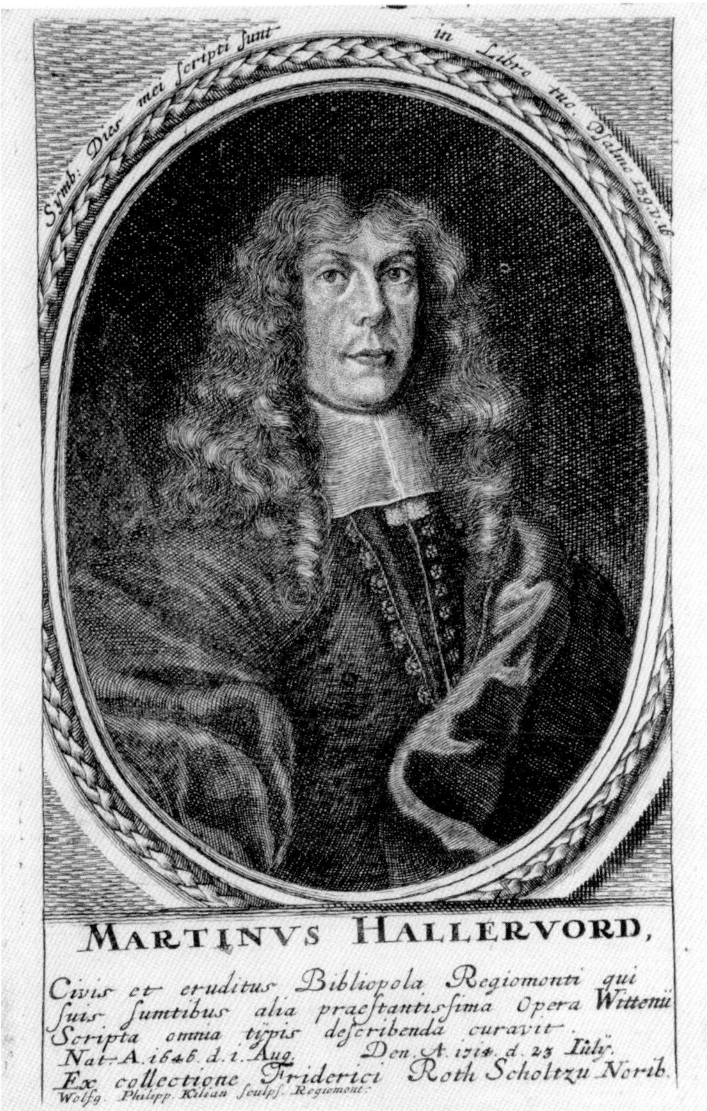

Unverkennbar Hallervorden: Kupferstich aus dem 17. Jahrhundert seines Ur-ur-ur-ur-ur-Großvaters väterlicherseits

Didi auf Tour: Unterwegs im Jahr 1980 mit seiner damaligen Ehefrau Rotraud Schindler und seinem legendären Sketchpartner Kurt Schmidtchen

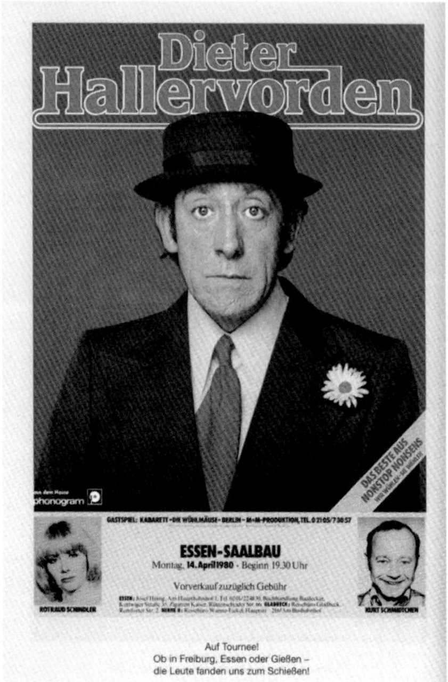

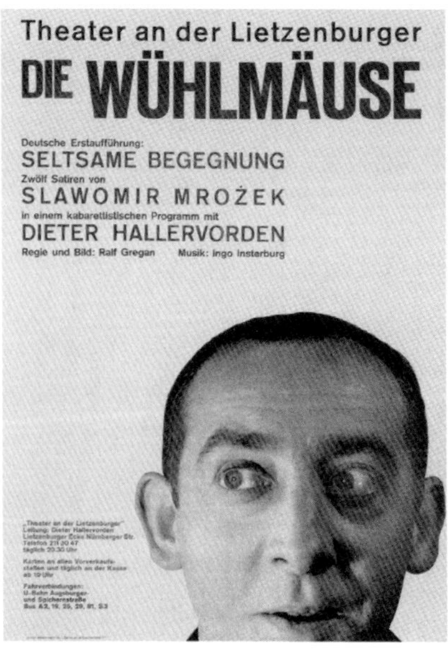

Das erste Soloprogramm, 1968: »Zum ersten Mal sah ich meinen Kopf auf den Plakaten und war glücklich!«

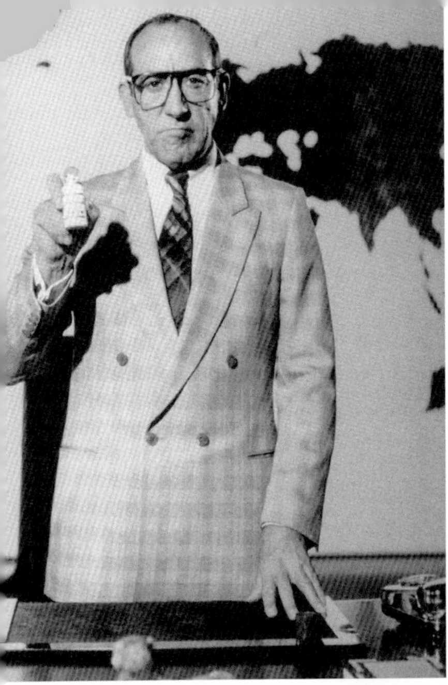

In seiner besten komischen Rolle – in *Didi – Der Doppelgänger*. Als ätzender Millionär Hans Immer …

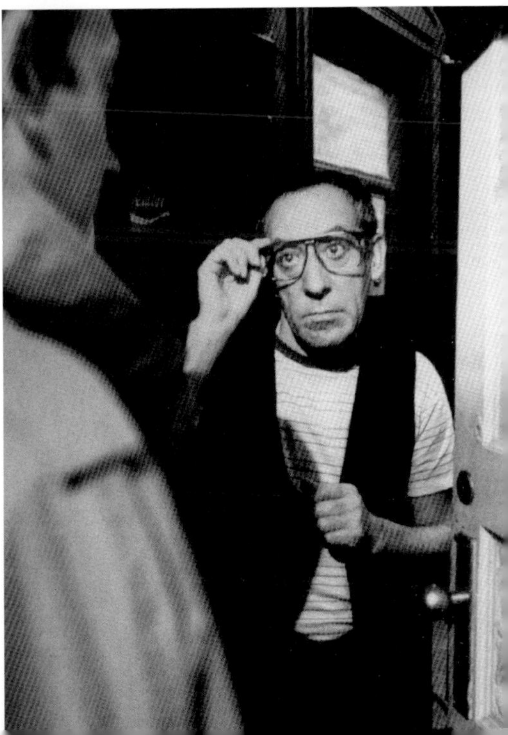

… und liebenswerter Chaot Bruno Koob

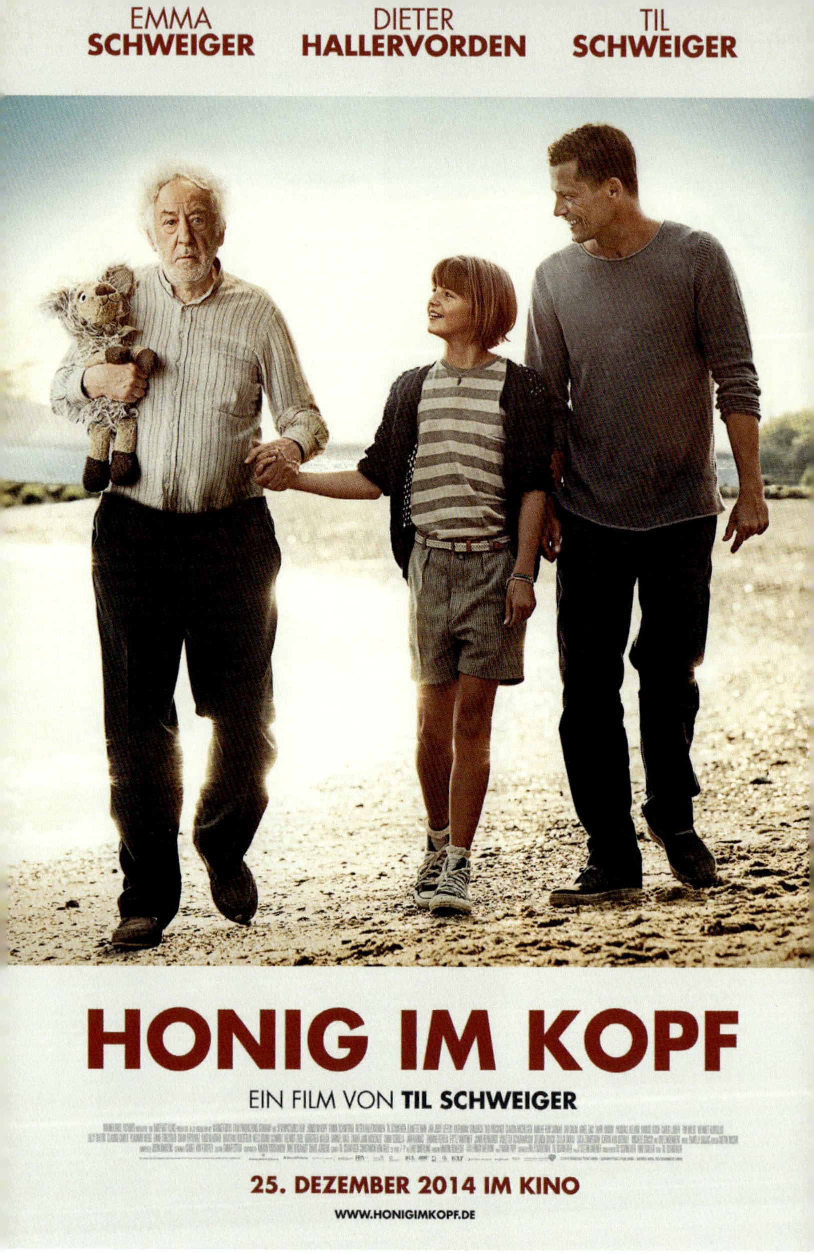

Til und Emma Schweiger mit Hallervorden in »Honig im Kopf«

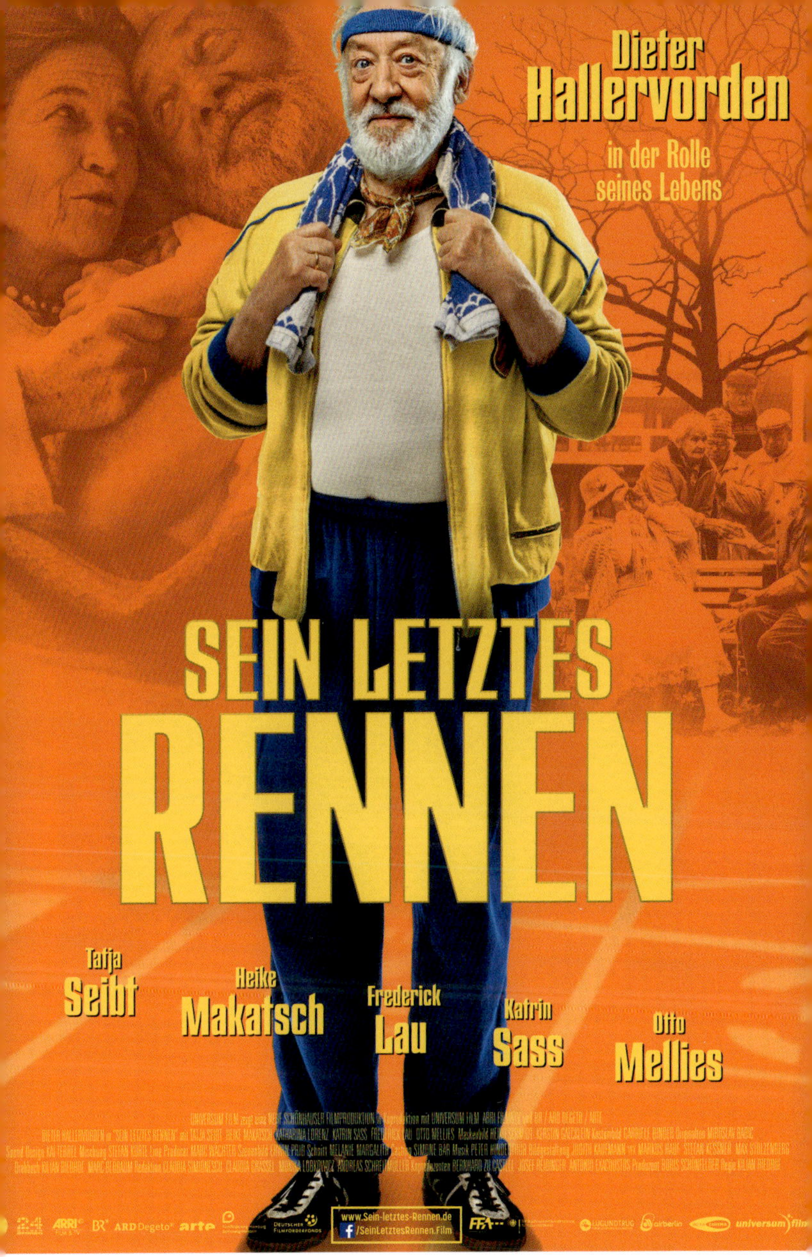

In seiner ersten Hauptrolle nach zwei Jahrzehnten: Als Paul Averhoff in dem großen Publikumserfolg *Sein letztes Rennen*

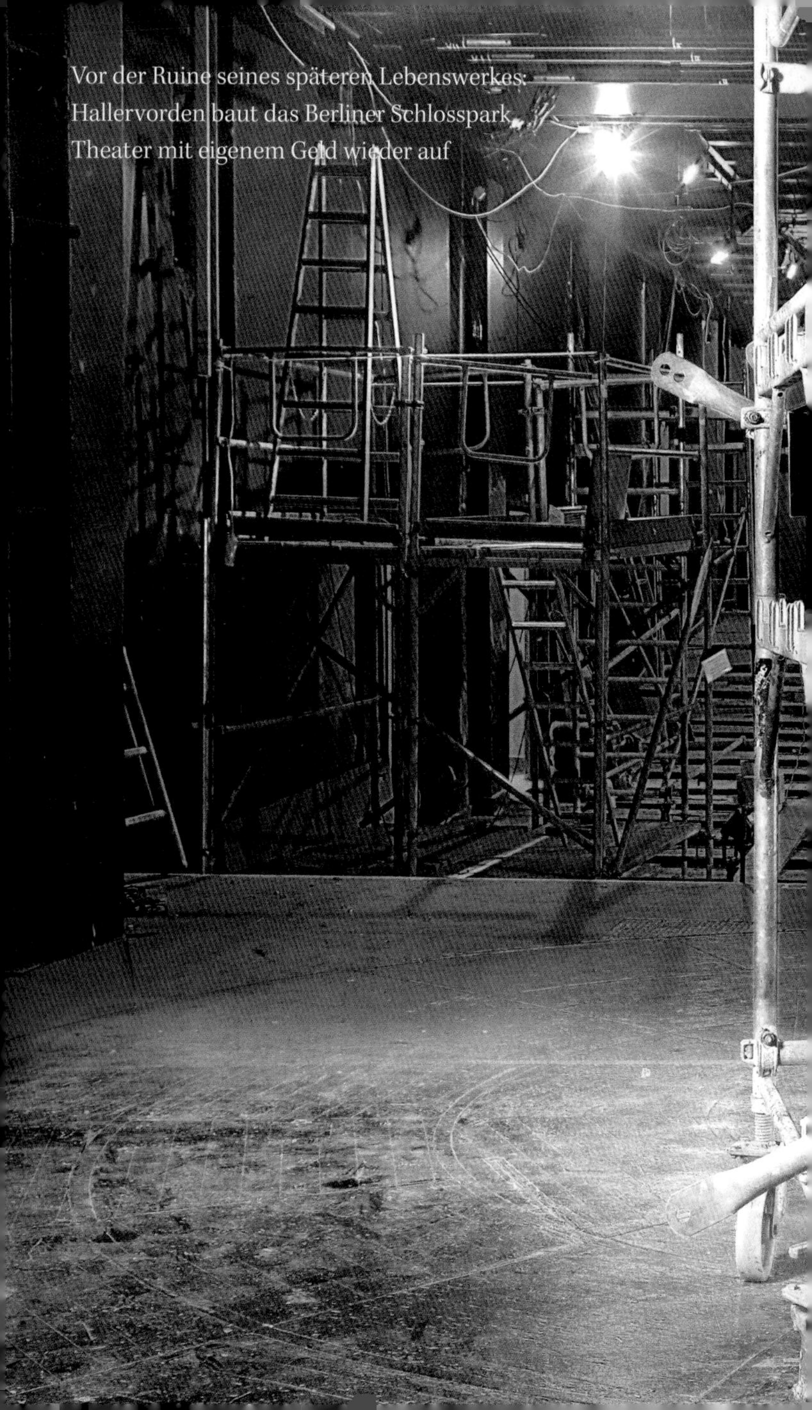

Vor der Ruine seines späteren Lebenswerkes: Hallervorden baut das Berliner Schlosspark Theater mit eigenem Geld wieder auf

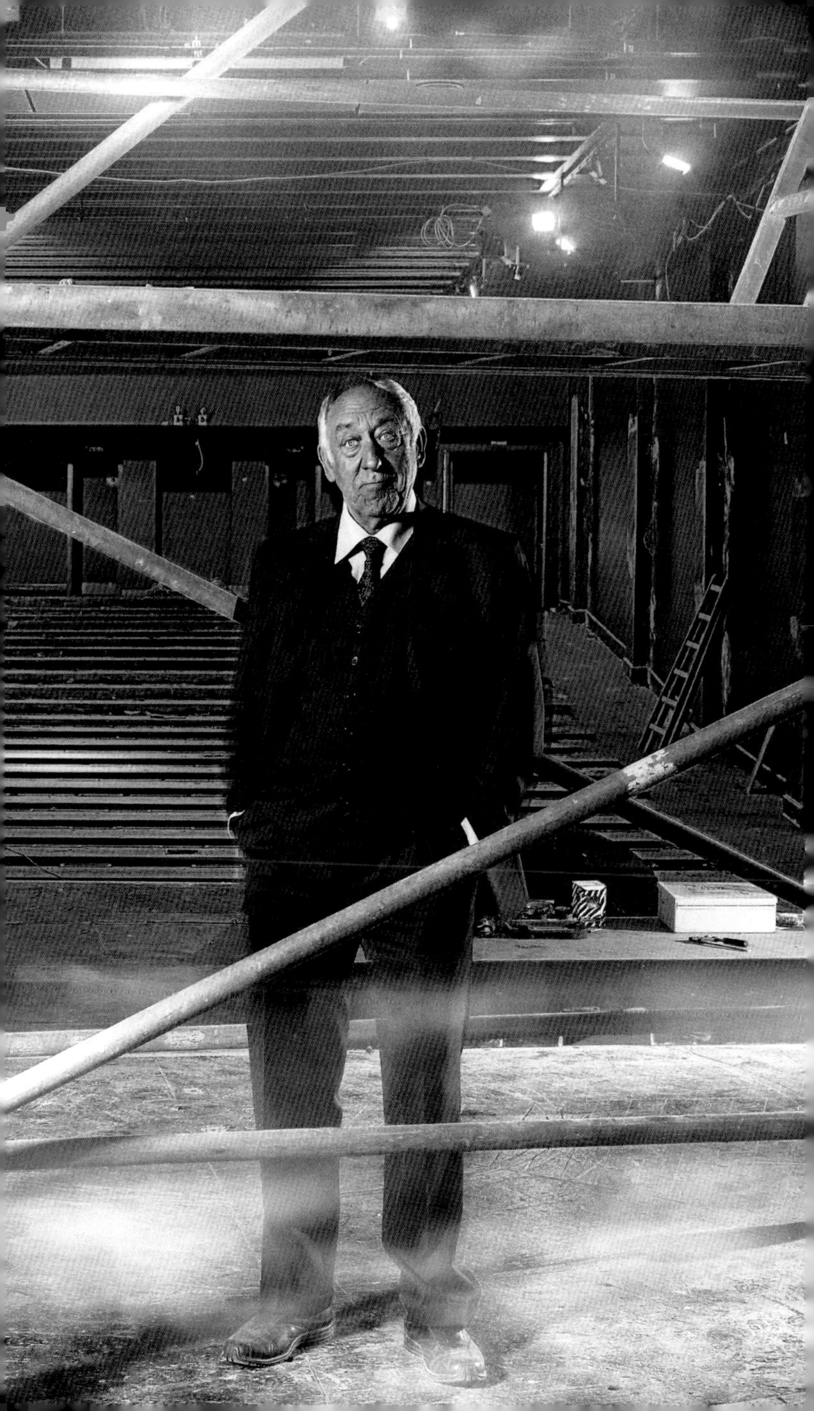

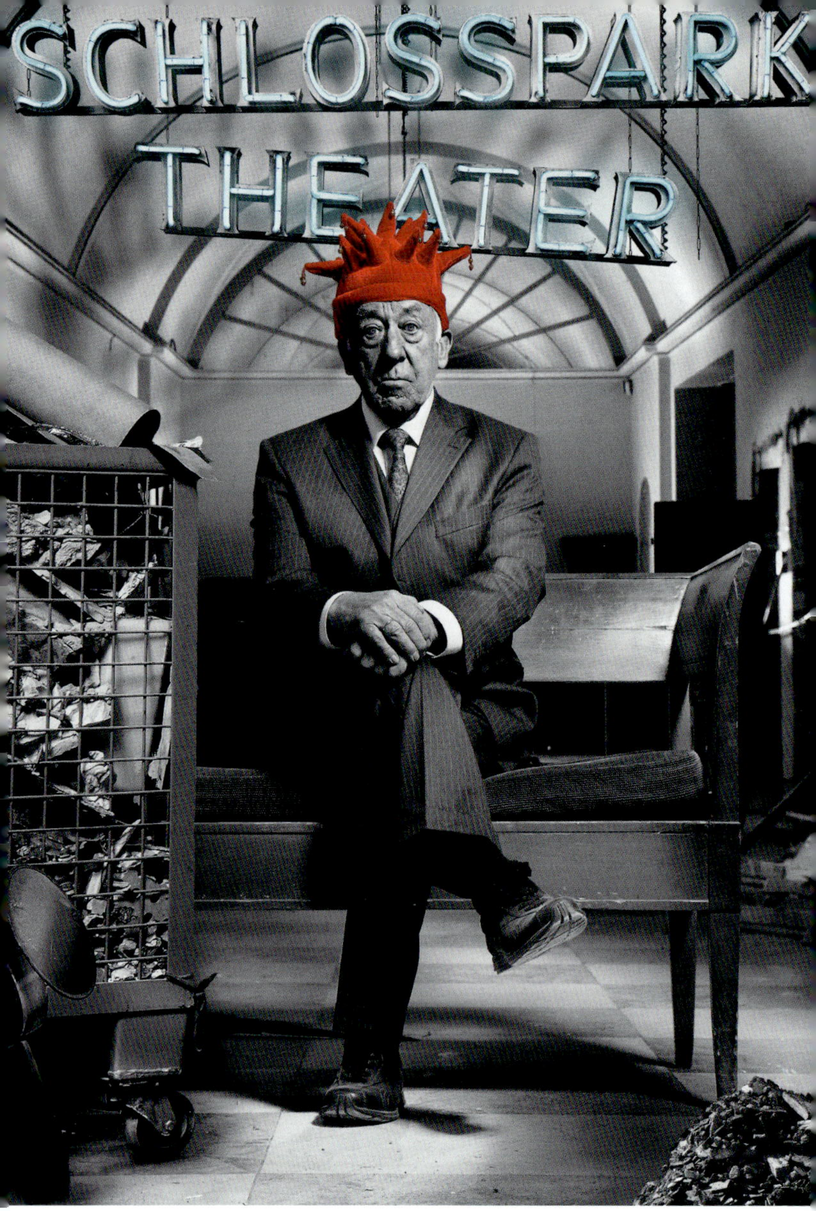

Der Schutt ist beiseite geräumt, das Spiel kann bald schon beginnen: Der Hausherr in der Baustelle des Schlosspark Theaters mit Narrenkappe

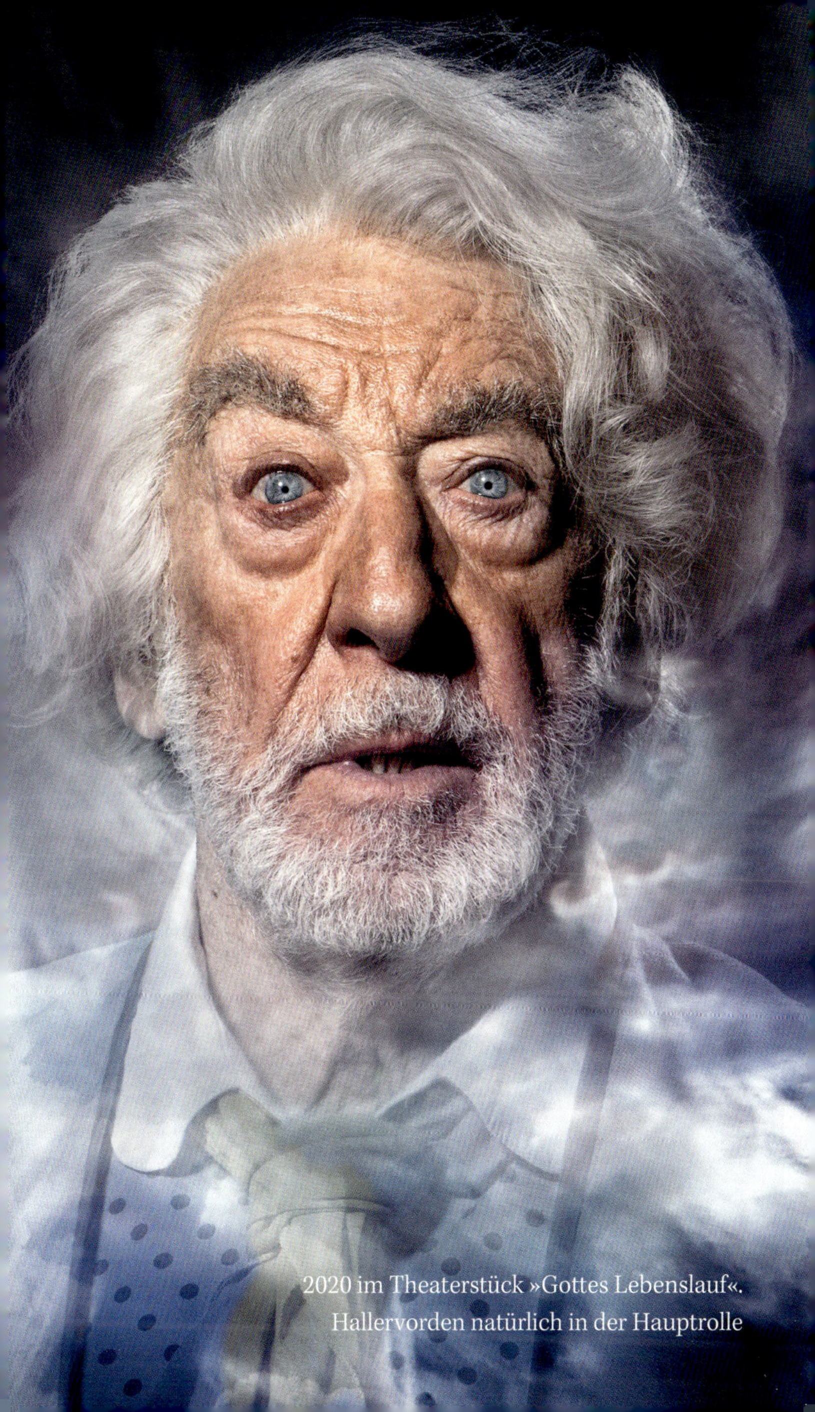

2020 im Theaterstück »Gottes Lebenslauf«. Hallervorden natürlich in der Hauptrolle

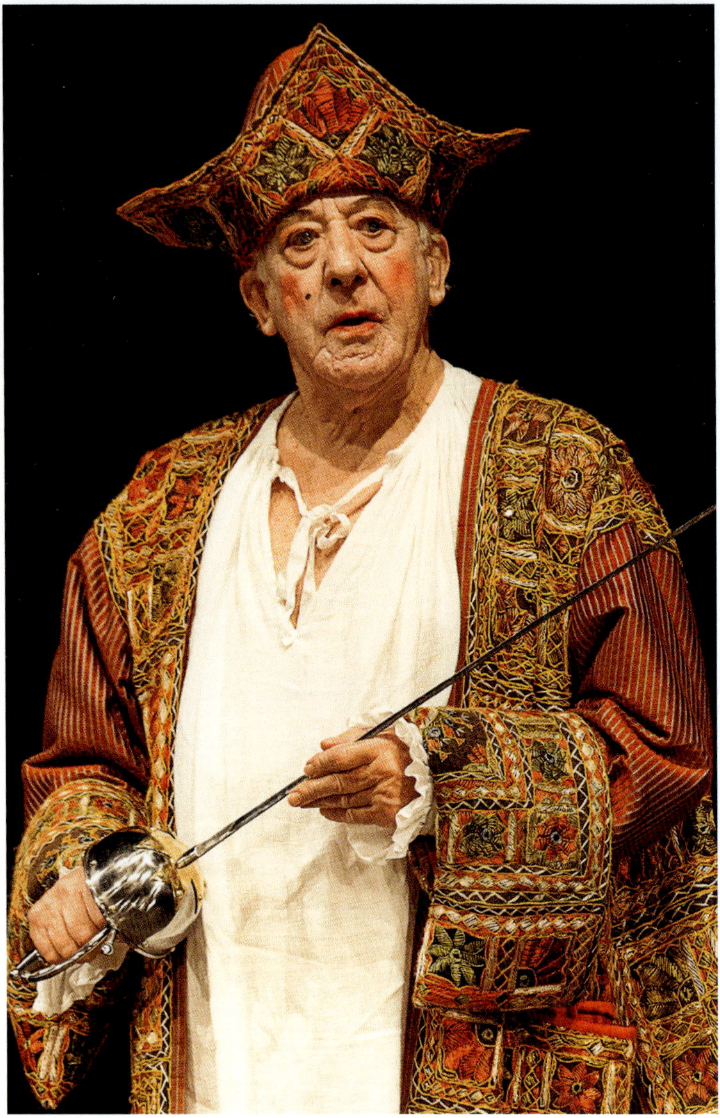

»Der Bürger als Edelmann« im Jahr 2014

»Adel verpflichtet« –
mit Sohn Johannes
im Jahr 2019

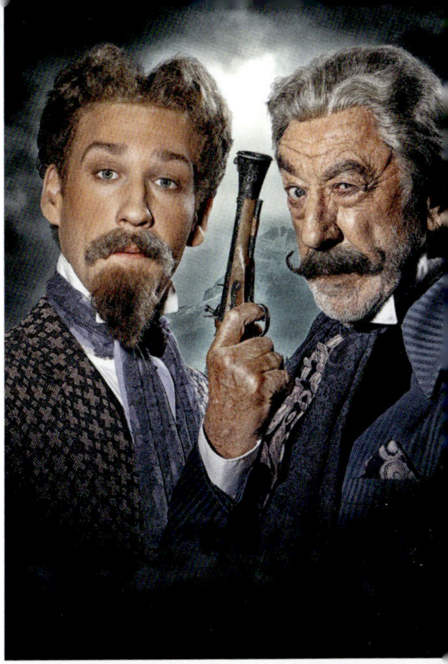

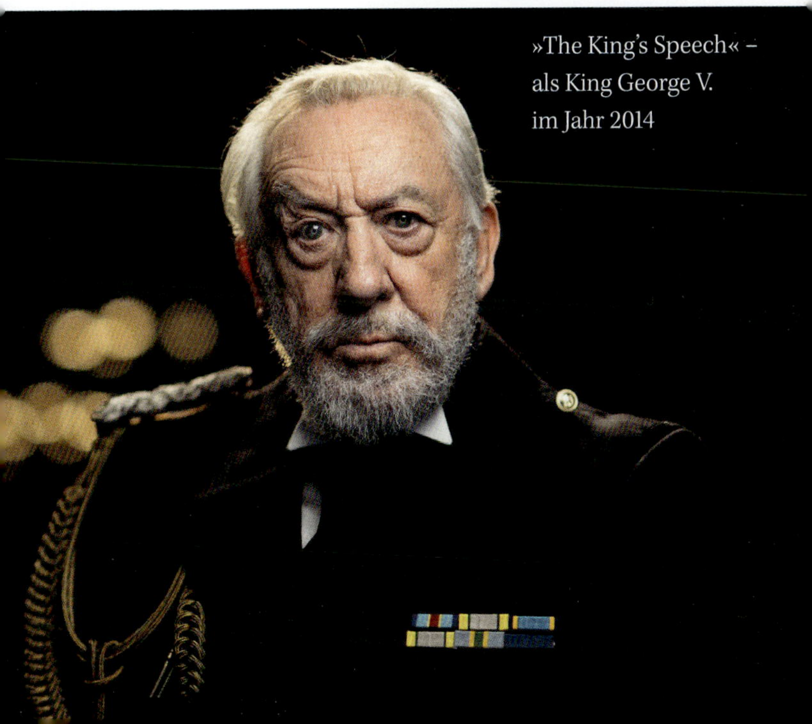

»The King's Speech« –
als King George V.
im Jahr 2014

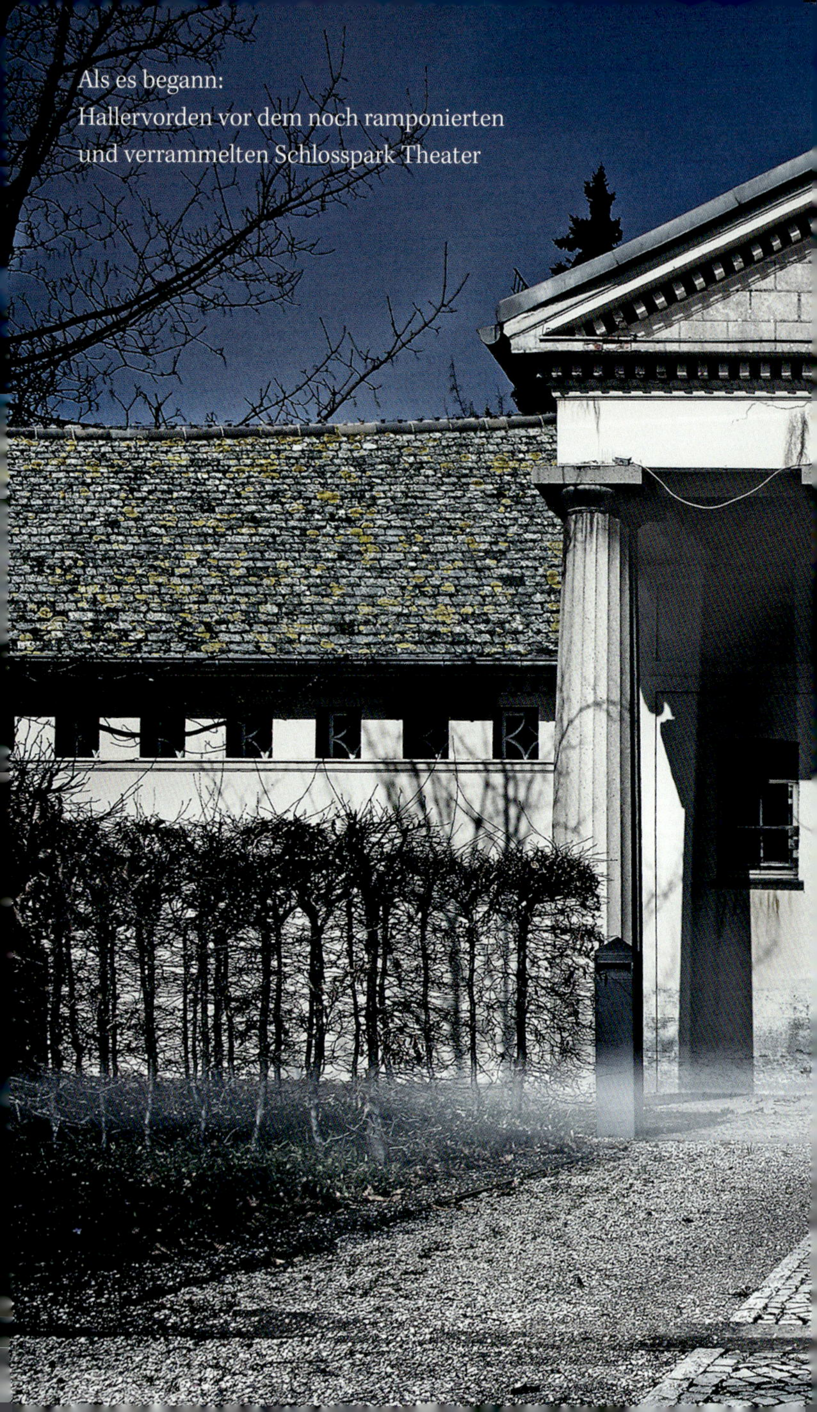

Als es begann:
Hallervorden vor dem noch ramponierten
und verrammelten Schlosspark Theater

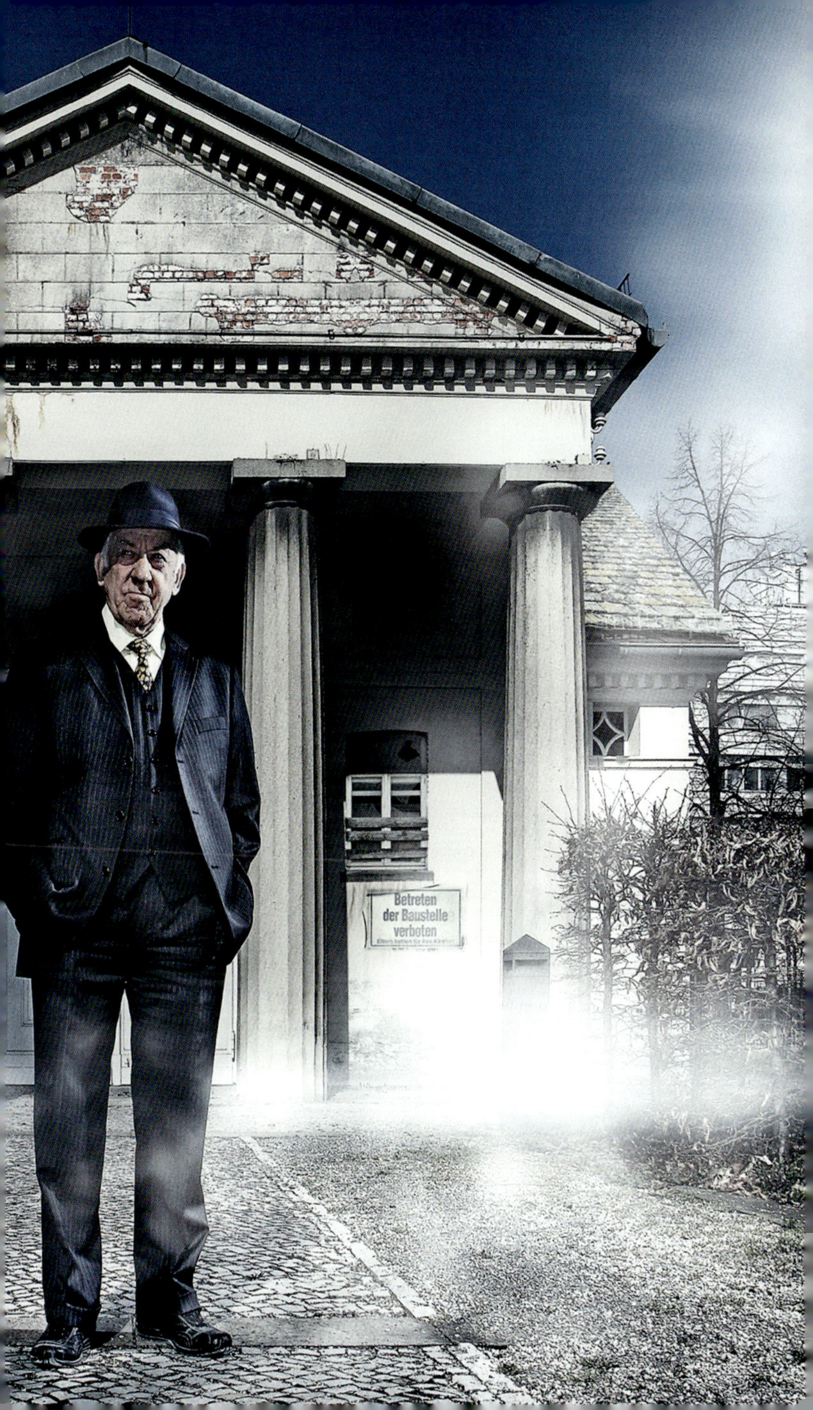
Betreten
der Baustelle
verboten

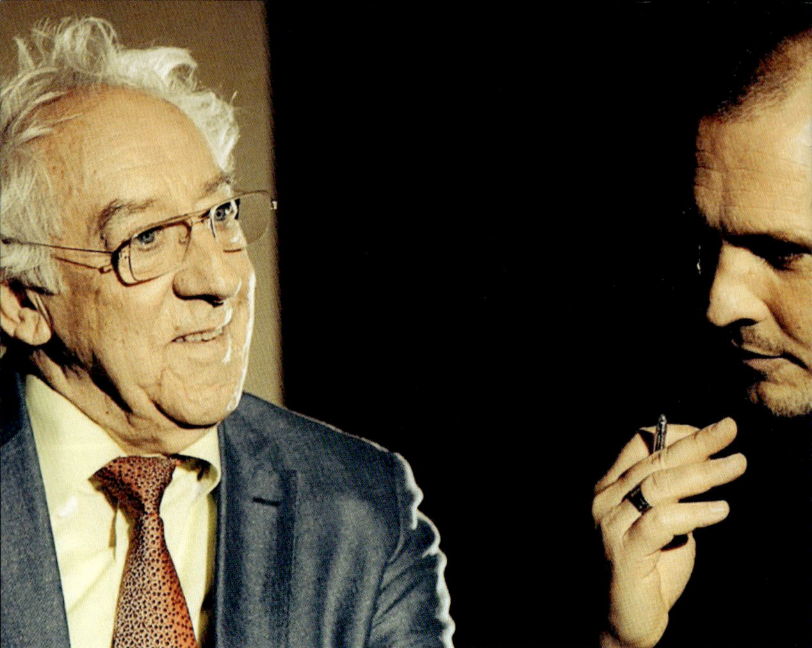

»Er hat mich überrascht und geöffnet«:
Hallervorden mit dem Autor Tim Pröse

Im Jahr 2022 gingen Hallervorden und Pröse gemeinsam
auf Tournee durch Österreich

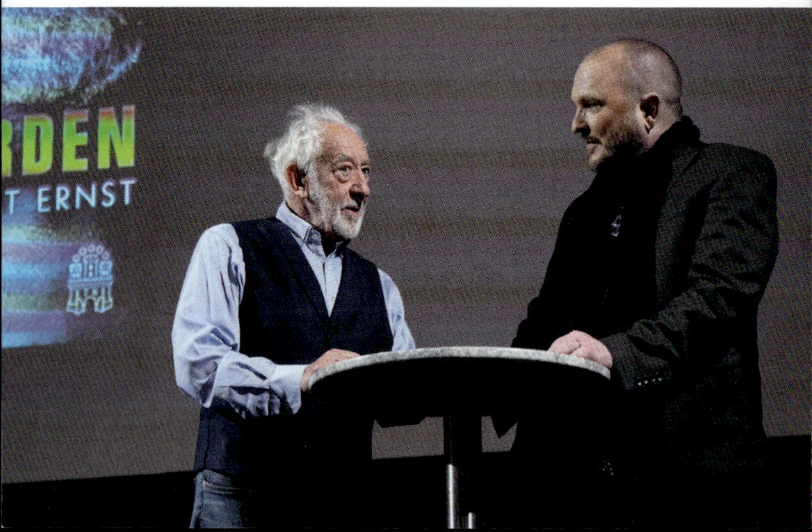

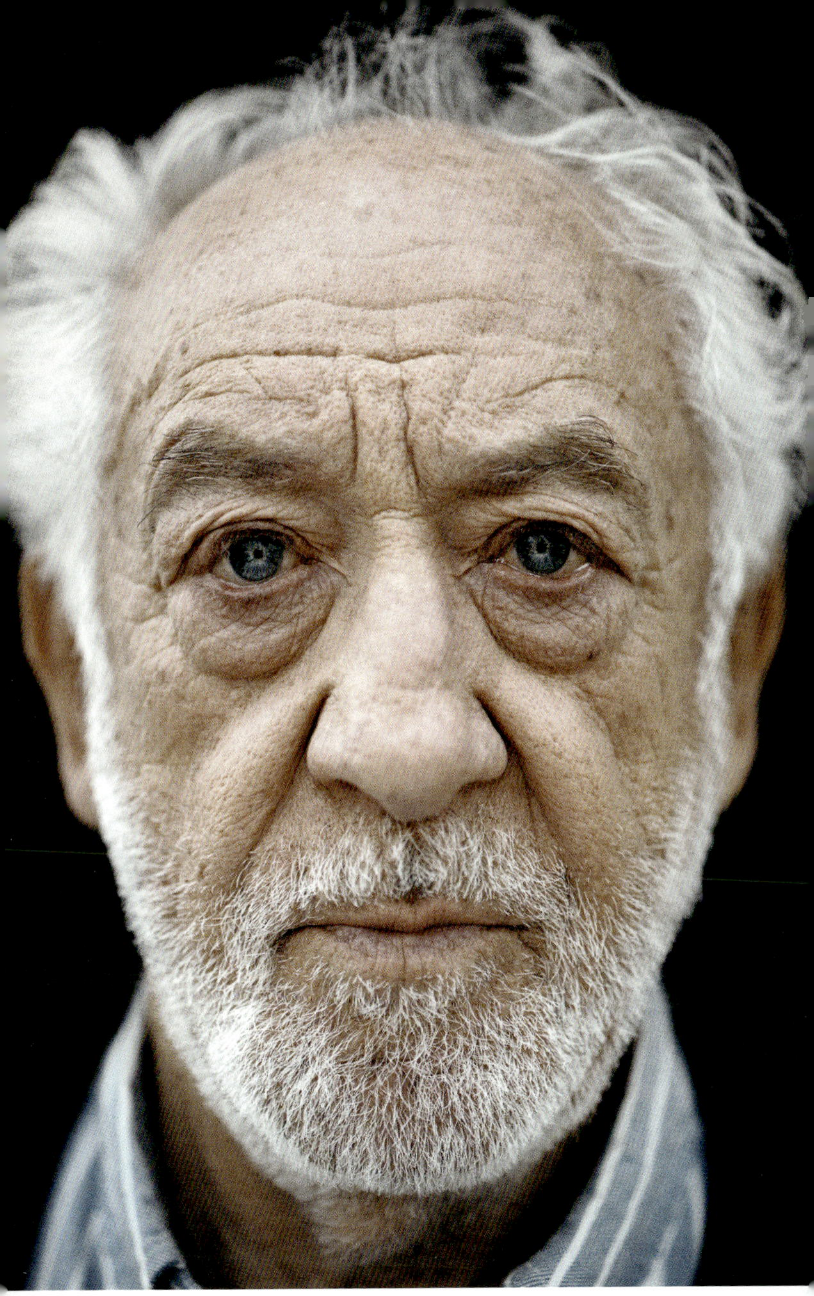

Portrait aus dem Jahr 2017

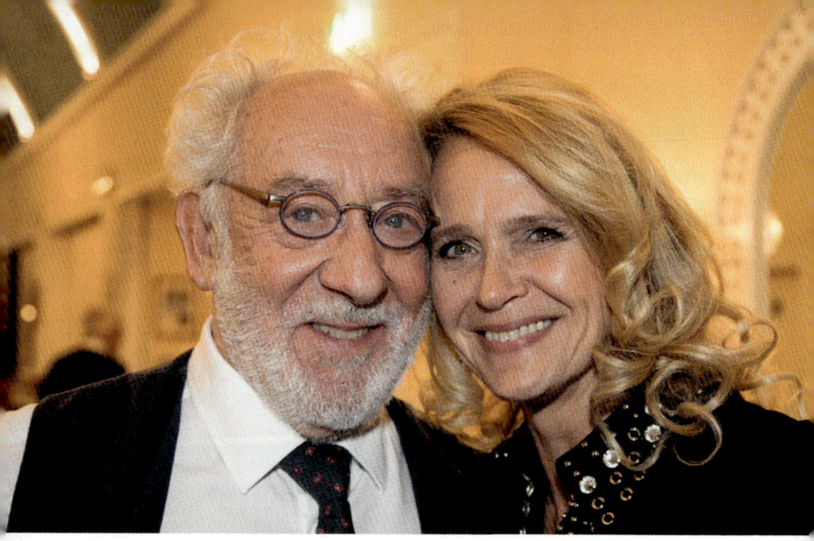

Im Glück mit Christiane Zander: »Ich hatte vor unserem Kennenlernen nicht mehr an die große Liebe geglaubt. Mit Dir darf ich sie erleben«, schrieb sie ihm in einem Liebesbrief

Hochzeits-Sketch-Foto auf dem Dach des Schlosspark Theaters im Juni 2022

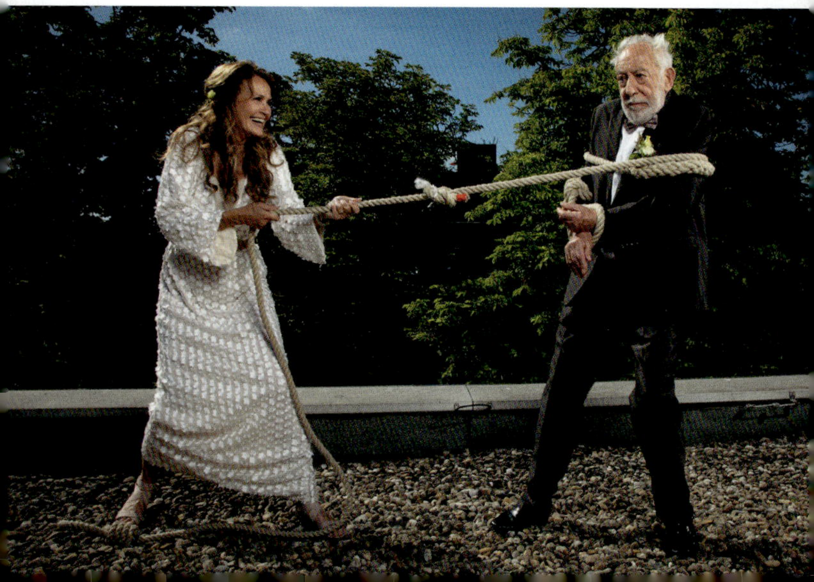

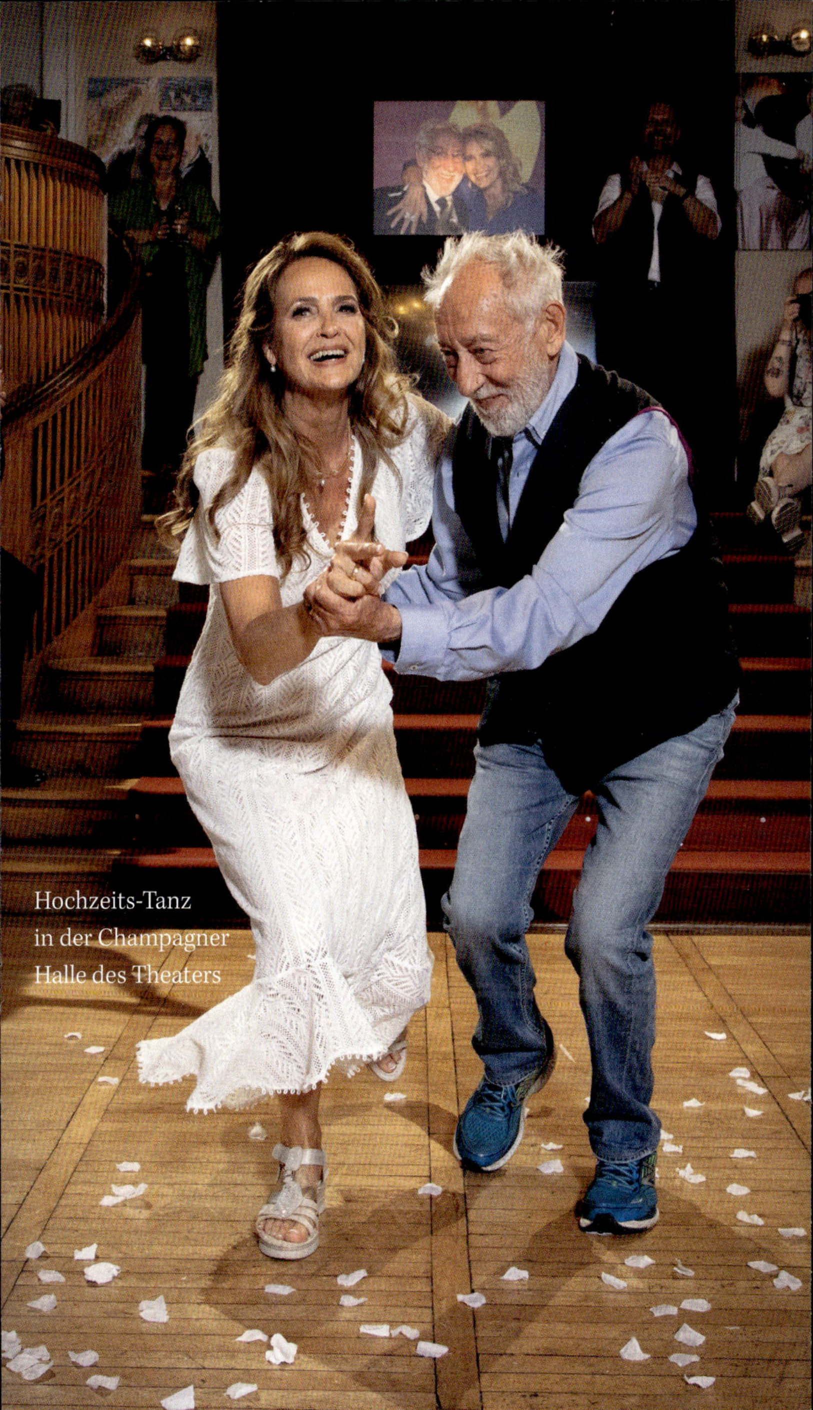

Hochzeits-Tanz
in der Champagner
Halle des Theaters

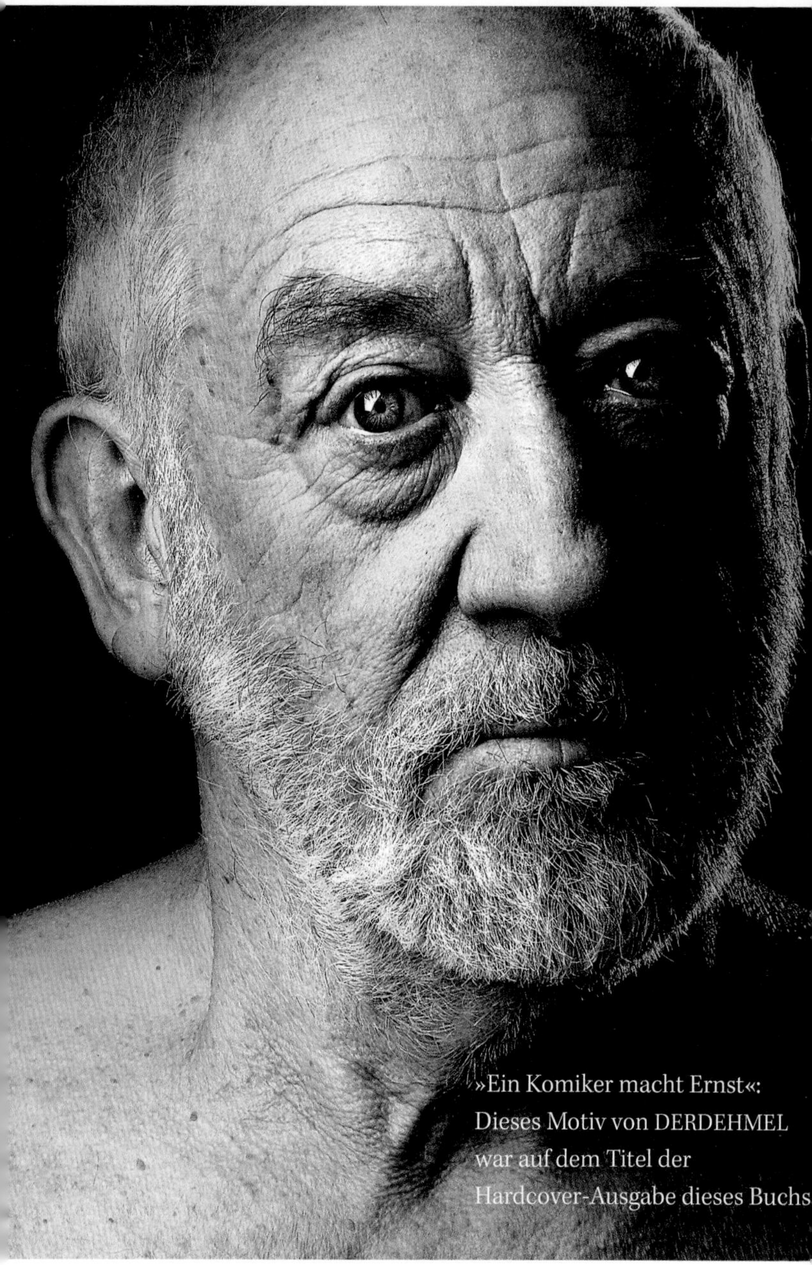

»Ein Komiker macht Ernst«:
Dieses Motiv von DERDEHMEL
war auf dem Titel der
Hardcover-Ausgabe dieses Buchs

im Leben, das würde schützen vor einem zu frühen Tod, der ja immer zu schnell kommt.

Und so rennt Hallervorden sein letztes Rennen. Nicht nur in seinem Film von 2013, der natürlich auch sein Lieblingsfilm ist. Sondern jeden einzelnen Tag, der ihm bleibt.

Glaubt er das manchmal wirklich, dass er dem Tod enteilen kann? Um dem Leben, dem prallen, dem schönen und wunderbaren immer weiter entgegenzulaufen? Weiß er, dass er in diesem Tempo vielleicht gerade doch wieder in die nächste Depression läuft, oder will er das nicht wahrhaben? »Ich habe im Krankenhaus verstanden, dass ich eigentlich sehr gerne lebe«, sagt er. »Aber ich begriff auch, dass ich mir professionelle Hilfe holen muss. Deswegen spreche ich nun auch über diese schwere Zeit, weil ich anderen Menschen Mut machen möchte, sich helfen zu lassen.«

Es ist doch wunderbar, dass er nun hier in diesem Buch zum ersten Mal erzählt, dass er sich selbst in eine Klinik eingewiesen hat. Weil er dort vielleicht sogar mal geübt hat, wie es sich anfühlt, wenn er ruhig mal bloß spazieren geht. Und nicht ständig meint, rennen zu müssen. Man hat ihn dort erfolgreich weggebracht von dem Schlafmittel. Und ihm für den Übergang ein neues Mittel verabreicht, um den Entzug auch wirklich durchzuziehen.

Das gefällt Hallervorden, dem Mann, der immer nach Lösungen sucht, der fast alle Steine, die man ihm im Laufe seines Lebens in den Weg gelegt hat, weggeräumt hat. Eine tolle Sache. Denn so weiß er scheinbar, was er tun muss.

Zu Risiken und Nebenwirkungen kann er seinen Arzt oder Apotheker befragen. Aber weiß er auch, dass er womöglich all das aufs Spiel setzt, wenn er innerlich so sehr auf der Hatz bleibt?

Vielleicht lernt er irgendwann mal zu schlendern statt zu rennen. Vielleicht gestattet er es sich. Um dann immer wieder Anlauf zu nehmen für das nächste Ziel, das nächste Rennen, um uns, sein Publikum, damit zu bewegen und zu erheitern. Auf der Bühne, beim nächsten Dreh – ja, dort gerne. Aber eben nicht auch ständig hinter der Kamera. Und nicht immer weiter hinter dem Vorhang, außerhalb seiner Theater, im wahren Leben. Dort könnte er sein letztes Rennen sein lassen.

Er könnte sich zwischen all den Sprints einfach mal ausruhen. Wie ein Sportler, für dessen Erfolg die Regeneration ebenso wichtig ist wie das Training. Auf dass seine Seele bei all seinen Rennen hinterherkommen kann. Er könnte sich nach einem langen Lauf spüren. Und endlich bei sich selbst ankommen.

DEM TOD DAVONRENNEN

Vom filmischen Sterben und Wiedergeburten: Wieso Hallervorden nicht ausruhen will

Da steht er nun erneut im Halbdunkel der Seitenbühne seines Theaters. Ausverkauftes Haus. Wieder einmal werden sich 450 Augenpaare gleich auf ihn richten. Doch Hallervorden wird in diesem Moment alles um ihn herum kurz vergessen. Und ausgerechnet an zwei Menschen denken, die es gar nicht mehr gibt. Die schon lange tot sind. Hallervorden fürchtet sich nicht, denn es sind seine geliebten Eltern, denen er sich wunderbar nahe fühlt, wenn er ins Scheinwerferlicht tritt. »Vor meinem inneren Auge sehe ich sie dann oft im Publikum sitzen.«

Er erzählt jetzt von seinem geliebten Vater, der beide Beine durch eine Krankheit verloren hatte. Und der sich dennoch so unglaublich aufrecht hielt. Der Sohn bewundert ihn dafür bis heute. Und ihn schmerzt, dass Kurt Hallervorden nicht mehr erleben konnte, was aus seinem Dieter wurde. Der Sohn will seinem Vorbild bis heute gerecht werden, eifert ihm nach. Und dieses Streben nach Perfektion bringt seine Kunst nach vorn. Hallervordens Vater war Flugzeugkonstrukteur und er selbst ist es irgendwie auch, denn er kann schweben. An seinen guten Tagen ist seine Bühne im *Schlosspark Theater* sein Start- und Landeplatz ...

Und wenn Hallervorden durch sein Theater führt, tut er es wie ein Kapitän mit seinem Schiff. Mit jedem Quadratmeter dieses Hauses wirkt er vertraut. Manchmal fährt er mit seiner flachen Hand an den Wänden entlang, als würde er sie streicheln. Immer wieder bleibt er irgendwo stehen, schaut hinauf zum Schnürboden über der Bühne, als verberge sich dort oben ein Schatz.

Dieser Ort ist seine Arche für seine Erinnerungen: sein *Schlosspark Theater*, mitten im bürgerlich gehobenen Steglitz. In diesem Gebäude saß er schon als junger Mann, der gerade an der Schauspielschule abgeblitzt war.

»Das waren meine glücklichsten Stunden damals in diesem Haus.« Er himmelte die Schauspieler da oben an, die große Knef etwa. Martin Held. Bernhard Minetti. »Ich kniete in Gedanken vor denen nieder«, erinnert er sich heute. Bei ihnen fand er, der gerade so fulminant Gescheiterte, Trost und Zuversicht. Er sehnte sich zu ihnen auf die Bühne. Heute gehört sie ihm.

Heute denkt er zurück an einen gewissen Samuel Beckett, der hier 1953 an diesem kleinen Theater die deutsche Uraufführung seines *Warten auf Godot* inszenierte. In diesem Haus, seinem, lässt Hallervorden heute Klassiker inszenieren wie etwa die *Minna von Barnhelm* – oder er bietet gehobenes Boulevardtheater. Dieses Theater bedeutet ihm am allermeisten in seinem beruflichen Leben. Es ist sein Lebenswerk, sein Mittelpunkt und sein Vermächtnis. Er hat damit seinem Berlin ein Geschenk bereitet, als er es auf eigene Faust und mit viel eigenem Geld wiederbelebt hatte. An die zwei Millionen Euro waren es sicherlich aus seiner eigenen Tasche.

Erzählt er von der Geschichte des Theaters, liegt ein Glanz in seinem Blick. Die Heroen und Heroinen, die hier auftraten, hat er eingerahmt und hinter Glas an die Wände seines Theaters gehängt. Sie schauen ihm nun zu. Dieses Haus ist ein Denkmal. Für die, die einst hier spielten.

Manchmal denke ich an die Bilder zurück, wie Hallervorden vor nicht langer Zeit inmitten seines so tief heruntergekommenen Theaters stand. Wie er seine Kugelaugen kreisen ließ und nur Spinnweben vor sich sah. Stuck, in den sich Risse zogen. Putz, der bröckelte. Mörtel, der sich löste und in Staubwölkchen auf seine Schultern rieselte. Fast wie in einem seiner alten Sketche.

Hallervorden lässt sich am liebsten in seinem Theater interviewen. Er bringt mir in den Gesprächen immer viel Ernst und Konzentration entgegen und wendet deshalb seinen Blick von meinem ab. Er peilt stattdessen einen Baum vor dem Fenster an und muss immer leicht in die Ferne schweifen. Erst wenn er eine Schlusspointe für die Antwort auf eine Frage in seinen Gedanken gefunden hat, schwenken diese Augen wie eine Kamera zurück zu seinem Gesprächspartner. Allein schon, um die Wirkung seines Gesagten auszuspähen. Und, was wichtiger ist: um zuvor in sich zu kehren, in sich selbst zu sehen. Um dort das Beste zu finden, was er gleich aussprechen will. Sind die letzten Worte seiner Antwort gesetzt und gesagt, wirkt er manchmal so, als schaue er ihnen hinterher. Als könnten sie fliegen.

»Immer einmal mehr aufstehen als hinfallen« lautet sein Lebensmotto. Hallervorden kann für alle ein Vorbild sein, die sich eingestehen, gefallen zu sein. Und die wieder den Mut und die Kraft hatten, sich aus dem Staub zu erheben.

Rückschläge scheinen ihn anzutreiben. Hallervorden ist ein Selfmade-Phantast. Er ist einer, der seinen Träumen nachgibt, sie gewähren lässt.

Je älter die meisten Menschen werden, desto eher verabschieden sie sich von ihren Sehnsüchten, so scheint es bei einigen. Desto schneller richten sie sich in ihren Kompromissen ein. Desto bereitwilliger geben sie ihre Träume auf. Bei Hallervorden ist es genau andersherum. Hallervorden wurde immer jünger, immer verrückter, immer unvernünftiger in seinen Träumen, je älter er wurde.

Udo Jürgens, der fast genauso alt wie Hallervorden wäre und der ihm vielleicht in einigen Seelenwinkeln ähnelte, sang in einem seiner besten und leider viel zu unbekannten Lieder namens *Ein Narr sagt Dankeschön* von diesem Gefühl. Von diesem Glück, das Hallervorden getragen hat, als er nach fünf Jahrzehnten in seinem Beruf diesen Triumph erlebte. Als er sein hausgemachtes Klischee abschütteln konnte. Diese Mammutaufgabe, dieses große Überwinden des Alter Ego namens Didi. Udo Jürgens sehnte sich, wie einst Hallervorden, frei zu sein als Narr und das Image, mit dem er berühmt wurde, zu wechseln. Er wollte nicht nur gemocht sein für *Aber bitte mit Sahne, Mit 66 Jahren* und andere Schlager. Er wollte mit seinem ganzen Ernst und seinem ganzen Können geliebt werden. Es gelang ihm.

Hallervorden ist heute so sehr er selber wie nie zuvor in seinem Leben. Was kann da jetzt noch kommen? Er fragt sich das auch selbst. Und kommt im Frühjahr 2017 auf eine Idee für sein nächstes Projekt. Dafür reist Hallervorden wie so oft wieder einmal nach Paris und schaut sich einige Theaterstücke an, die dort gerade gefeiert werden. Eines tut es ihm besonders an. Es handelt vom vielleicht größten aller Komiker und heißt *Ein gewisser Charles Spencer Chaplin.* Im Frühjahr 2017 übersetzt Hallervorden das Stück persönlich, um es im Herbst 2017 in seinem Theater auf die Bühne zu bringen.

Und wo er gerade schon dabei ist, übersetzt er noch zwei andere französische Stücke ins Deutsche. Jeden Tag fünf Seiten, das ist sein Pensum. So etwas packt, vielmehr quetscht er gerne noch in sein längst schon volles Leben. Weil er nun mal nicht anders kann, als seine Zeit bis zur letzten Stunde mit dem anzufüllen, was er liebt.

Erst dachte er daran, diese Traumrolle selbst zu spielen: er als alter Chaplin, sein Sohn als junger. Dann besetzte er die Rolle aber doch mit Wolfgang Bahro, dem Fiesling aus *Gute Zeiten, schlechte Zeiten,* einem alten Sketchpartner von ihm.

Wie sehr ähnelt Hallervorden in seiner späten und erfolgreichen Suche nach dem Sinn so vielen Menschen seines Alters und wie sehr unterscheidet er sich von ihnen? Sieht man das Trennende, stellt man fest: Die meisten Menschen, die jahrzehntelang eine feste Rolle gespielt haben, schaffen die Abkehr von ihr nie. Und noch viel mehr Menschen, die einen Traum frühzeitig zurückstellen mussten, haben ihn längst begraben, ehe sie selbst beerdigt werden – die große Desillusion, das große Träumesterben, der Abschied auf Raten von frühen Absichten und Idealen.

Man denkt an die entgeisterten Gesichter von seinen Heimnachbarn im Film *Sein letztes Rennen.* Als die Alten von den irren Plänen ihres Mitbewohners erfahren, reagieren sie mit Unverständnis, sogar Spott und Missgunst. Köstlich, wie die Schauspieler all die Eifersucht und die Zwietracht in ihren Gesichtern tragen. Wie sie versuchen, diesen Paul Averhoff aufzuhalten und mit in ihren eigenen Abgrund und ihre vermeintliche Ausweglosigkeit zu ziehen. Erst nach und nach wachsen ihm die Sympathien seiner Mitinsassen zu. Da trainiert er und dreht im Park des Heims seine Runden, in dem natürlich gerade symbolschwer die Blätter der Bäume zu Boden fallen. Averhoff aber schafft den Lauf seines Lebens. Jenen langen zu sich selbst.

In der Schlussszene des Films schleppt sich Averhoff mit letzten Kräften Richtung Berliner Olympiastadion. Als er durch das Tor ins Innere des mächtigen Baus wankt, durch eine Unterführung auf die Außenbahn gelangen will, liegt das Ende dieses Tunnels wie ein gleißendes Licht vor ihm.

Aus dem Off dringen ihm Stimmen und Geräusche aus Szenen seines Lebens ins Ohr. Der Zieleinlauf als Nahtoderfahrung. Als würde sein Leben noch einmal an ihm vorbeiziehen und als würde er ins helle Licht rennen wollen. Doch dann ist diese Todesnähe überwunden. Averhoff schafft es mitten hinein ins Stadion und bis ins Ziel. Dort warten seine Mitbewohnerinnen aus dem Heim, die einst misstrauischen, die er jetzt für sich gewonnen hat. Sie springen auf von ihren Sitzen. Es scheint, als hätte Averhoffs Lauf auch sie wiederbelebt.

Vielleicht ist es so auch im echten Leben. Vielleicht verschreckt Hallervorden einige seiner Altersgenossen, weil er mit 87 Jahren immer noch so intensiv arbeiten, schöpfen und leben will. Vielleicht ermutigt er aber auch manche von ihnen. Nur einmal hörte ich ihn bei einem unserer Treffen nachts um zwei an einer Bar sagen: »Natürlich falle ich irgendwann auch einmal um und werde nicht mehr aufstehen …« Und als er diesen Satz fertig gesprochen hatte, wusste er nicht, ob das jetzt eine gute Pointe gewesen war. Oder reine Wehmut.

Hallervorden sagt: »Ich bin dem Regisseur und Autor von *Sein letztes Rennen,* Kilian Riedhoff, und dem Produzenten Boris Schönfelder unendlich dankbar. Sie hatten den Mut, mit mir gegen den Strom zu schwimmen. Sie konnten vorher ja nicht wissen, ob die Zuschauer so etwas von mir sehen wollten.« Und er weiß, dass viele Leute jetzt hören wollen, dass das eigentliche Highlight in seinem Leben

Honig im Kopf war, mit seinen 7,27 Millionen Kinozuschauern. Dann entgegnet er: »Aber ich habe diese Rolle ja nur bekommen, weil Til Schweiger *Sein letztes Rennen* zuvor gesehen hatte.«

Lange hatte Schweiger gesucht nach der idealen Besetzung für seinen Amandus Rosenbach, die Hauptrolle in *Honig im Kopf*. Agenten boten ihm die erste Riege der deutschsprachigen Stars an: Bruno Ganz und Armin Müller-Stahl. Schweiger winkte ab und schaute auf seiner Suche nach einem Weltstar: Michael Caine, der zwei Oscars bekam für seine Rollen in *Hannah und ihre Schwestern* und *Gottes Werk und Teufels Beitrag*, sollte sein Amandus Rosenbach werden. Doch dann saß er im Kino, sah Hallervorden in *Sein letztes Rennen* und schickte nach einer halben Stunde vor der Leinwand eine SMS an den Produzenten: »Ich habe Amandus gefunden!«

Honig im Kopf und *Sein letztes Rennen waren* die vielleicht schönsten Geschenke seines bisherigen Berufslebens, aber auch seine größten Herausforderungen. Hallervorden trainierte für *Sein letztes Rennen* monatelang, verletzte sich, ließ sich fit spritzen, quälte sich.

»Noch am dritten Drehtag fürchtete ich, meine Rolle könnte umbesetzt werden, weil ich denen nicht gut genug trainiert bin, weil ich nicht so laufe wie ein ehemaliger Marathongewinner.« So funktioniert seine Demut, seine Ehrfurcht vor dem Beruf. »Ich bin zwar selbstbewusst, aber das nicht mit so einer Bugwelle, die andere vor sich herschieben. Ich hadere eher mit mir.«

Denn immer noch klaffen da Wunden, die manche Kritik in ihm hinterlassen hat. Über diesen Schmerz spricht Hallervorden meistens dann, wenn man eigentlich bei seinen Triumphen angekommen ist. So wie jetzt, als es kurz so schien, als könnte er sich etwas sonnen, etwas räkeln, etwas zurücklehnen in den glücklichen Erinnerungen. Klappt aber nicht. »Mit welcher Freude die mir als Didi eins übergebraten hatten, egal was ich machte! Und genau dann noch mal zu beweisen: Vielleicht habt ihr euch doch alle geirrt, das war schon schön!«

Und so revanchiert er sich selbst im vielleicht größten Moment seiner Karriere bei seinen Widersachern. Als er die Lola gewinnt, den Deutschen Filmpreis, für seine Rolle in *Honig im Kopf*, sagt er in der Dankesrede: »Dieser Preis ist eine saftige Ohrfeige für alle Möchtegernkritiker, die mich jahrzehntelang als Komödianten abgewatscht haben!« Sagt es, dreht sich um, geht ab und schleicht sich dann durch den Hinterausgang in seine Freiheit hinaus.

Apropos Freiheit. Es gibt nur wenige Augenblicke, in denen er sich wirklich freimachen konnte von diesem ewigen Wettkampfgedanken mit sich und den Medien. Vielleicht nur, als er den Ernst-Lubitsch-Preis bekam, diese von Billy Wilder inspirierte Trophäe für die beste komödiantische Leistung im deutschen Film. Da fühlte er sich tatsächlich ganz leicht.

Erinnert sei hier auch an Hallervordens englischen Top-Autoren Brad Ashton, der so manchen Gag für und mit Didi kreierte. Er sagte: »Wäre er Engländer, wir wären stolz auf ihn. Wir haben keinen, der das kann, was er kann.«

Natürlich kommen wir bei diesem Gedanken noch einmal auf Deutschland zu sprechen, das Land, das seine Schauspielstars so selten wirklich liebt. Das sie lieber emporhebt und dann wieder hinabreißt von irgendwelchen Sockeln. Wir reden über das schwierige und gespaltene Verhältnis der deutschen Öffentlichkeit in Sachen Ernst und Unterhaltung, das in anderen Ländern gar kein Thema ist. Ich frage ihn, den Frankophilen, ob ihm die Geringschätzung der Kritik als Didi – wenn er denn ein Franzose gewesen wäre – nicht erspart geblieben wäre? Und Hallervorden antwortet mit einem tiefen Seufzer: »Garantiert!«

DER TROTZIGE

Die Gegenwart seines Gestern: das geplante Attentat und ein Opa als Held

Wer einmal in Quedlinburg war, erinnert sich bestimmt gern an dieses Städtchen. Ein Fachwerkkleinod wie aus Grimm'schen Märchen, behütet von einem roten Ziegeldachmeer, aus dem kleine Rauchsäulen in den Himmel steigen.

Als Neunjähriger kommt Hallervorden dorthin, kurz vor Kriegsende in Zeiten der Kinderlandverschickung. Der idyllische Ort hätte mit seinen Türmen, Stadtmauern und Zinnen einen Jungen eigentlich beschützen und verzaubern müssen. Wäre dieser Bube nur nicht fern der geliebten Eltern – und dann auch noch bei der Hitlerjugend. Eines Tages trommeln die Jungscharführer aus allen Stadtteilen die Pimpfe zusammen. Der kleine Dieter findet sich wieder auf einer Wiese vor der Stadt und hört jemanden brüllen: »Jeder sucht sich auf mein Kommando einen Gegner und versucht, ihn zu besiegen!« Dieter schüttelt es innerlich. Allein der Gedanke, gleich jemanden angreifen zu müssen, lässt ihn erschaudern.

Einer der Anführer ruft nun zur Attacke und alle strömen aufeinander zu und wälzen sich bald schon prügelnd auf der Wiese. Nur der kleine Dieter nicht. Der steht mitten im Getümmel und strahlt von innen vor Erleichterung, keinen Kampfpartner abbekommen zu haben. »Seitdem mag ich ungerade Zahlen«, erinnert sich Hallervorden heute.

Ein weiteres ewiges Bild im Gedächtnis des kleinen Dieters: 1945, das Kriegsende steht kurz bevor. In Dessau wird verteilt, was eigentlich für die Wehrmacht gedacht war. So viele Soldaten sind gefallen, dass die Wolldecken, der Proviant und auch die Wehrmachtsmäntel mit Hakenkreuzbinden an die Bevölkerung der Stadt gehen. Einen Mantel ergattert Dieters Mutter für ihren Sohn. Ende April rücken die Amerikaner in die Stadt ein, und der Neunjährige rennt auf die Straße, wie so viele andere, um die Patrouillen zu begrüßen. Da steht er nun im viel zu weiten Nazimantel, reckt auch noch den Arm zur Begrüßung. Ganz so, wie man es ihm in all den Jahren beigebracht hatte. Und er ruft, was alle Erwachsenen bis vor Kurzem riefen: »Heil Hitler!«

Wie sehr er damals mit seinem Leben spielte, ahnte er nicht. Sein Vater war es, der ihn ins Haus zerrte und damit rettete.

Eines der letzten lebensprägenden Bilder von seiner Heimatstadt, bevor er sie und die DDR verließ und erst Jahrzehnte später wiedersah, spielt im Theater von Dessau. Hallervorden steht kurz vor seinem Abitur im März 1953. Stalin ist gerade gestorben. Im Portal des *Anhaltischen Theaters* stellt die SED einen symbolischen – und natürlich leeren – Sarg auf, den sie mit dem Banner der Sowjetunion umhüllt. Alle Schüler Dessaus müssen nun an dieser gespenstischen Inszenierung vorbeidefilieren und ihre Mütze ziehen, um dem »großen Stalin« die letzte Ehre zu erweisen. Vor einem leeren Sarg den Hut zu ziehen, kommt dem jungen Dieter aber nicht in den Sinn. Hatte er doch bereits Ähnliches bei *Wilhelm Tell* gelesen. Und so lässt er seine Mütze auf, aus Trotz.

Ein Lehrer beobachtet das und bedeutet ihm: Behältst du sie jetzt auf, beweist du mangelndes Klassenbewusstsein und kannst dein Abitur vergessen.

»Ich ließ die dämliche Mütze dennoch auf meinem Dickschädel«, sagt Hallervorden in diesem Moment der Rückschau und fühlt Dankbarkeit gegenüber einem seiner Mitschüler, der hinter ihm ging und ihm kurz vor dem Katafalk die Mütze vom Kopf schlug. Hallervorden sieht sie bis heute durch die Luft segeln, vor diesem leeren Sarg. Ein entscheidendes Bild seines Lebens. Wäre es anders gekommen, hätte er nicht studieren dürfen. Doch so haben sein Trotz und sein damals schon starker Wille weder Schaden angerichtet noch genommen. Er bewahrte sich beide als junger Kerl und als alter Herr.

Seine Geburtsstadt Dessau hat ihn längst zum Ehrenbürger erhoben, lange Jahre schon bevor er ihr im Jahr 2022 das große Geschenk machte und das *Mitteldeutsche Theater* gründete in seiner Heimat. Er spendete auch schon zuvor viel für sein Dessau, bestellt bis heute Bühnenbilder für sein Theater in der örtlichen Behindertenwerkstatt und half beim Bau einer neuen Turnhalle. Vor ein paar Jahren wurde ein Seniorenheim als »Hallervorden-Haus« benannt. Und auch für das Theater, vor dem damals seine Mütze flog, tat er viel Gutes. Joachim Landgraf, der ehemalige Verwaltungsdirektor des *Anhaltischen Theaters*, bewundert ihn dafür bis heute. Er sagt zu mir: »Ich habe einen Kollegen wie ihn nie zuvor erlebt. Er hat diese unglaubliche Liebe zu seinem Publikum. Nicht, um sich in den Vordergrund zu spielen, sondern ihm geht es allein um seine Zuschauer.« Es sei einer seiner Wesenszüge, dass er immer alles aus vollem Herzen tue. Auch dass »er mit seiner politischen Meinung nie hinterm Berg gehalten hat, selbst zu DDR-Zeiten nicht, schätze ich an ihm«.

Hallervorden selbst sagt: »Ich komme aus der DDR und habe unter diesem System immer sehr gelitten. Und ich bin nicht in den Westen und in die Freiheit gegangen, um mir aus egoistischen Motiven selbst den Mund zu verbieten.«

Und so spricht er von dem großen Wort Freiheit nie in irgendwelchen Allgemeinplätzen. Denn Freiheit hat sich Hallervorden immer sehr konkret erkämpft in seinem Leben. Und meistens hat er einen Preis bezahlt, um sie sich zu erhalten.

Als der kleine Dieter von Quedlinburg nach Dessau zurückkehrt, beendet er dort die achtjährige Grundschule als einer der Besten. Trotzdem wird er – als Sohn eines Flugzeugkonstrukteurs – vom »Arbeiter- und Bauernstaat« der SED nicht zum Besuch der Oberschule zugelassen. Nur weil sein unermüdlicher Vater dafür kämpft bei den Behörden, wird die Entscheidung schließlich staatlicherseits rückgängig gemacht. Und Hallervorden vier Jahre später Abiturient. Notendurchschnitt: 1,7. Und das mit nur 17 Jahren.

Danach studiert er Romanistik an der Humboldt-Universität im Ost-Sektor Berlins und jobbt bei offiziellen Anlässen der Uni als Dolmetscher für Italienisch und Französisch. Grundvoraussetzung: »Jeder Dolmetscher hat die Fragen ausländischer Gäste nach bestem Wissen und Gewissen, d. h. konform mit dem Interesse des Arbeiter- und Bauernstaates, zu beantworten.« Hallervorden hält sich nicht an diese Direktive, er schmuggelt seine Kommentare und seine Kritik an der DDR in seine Übersetzungen, deutet darin auch seine Opposition immer wieder an, seine Freiheitlichkeit.

Was bald schon herauskommt. Die Stasi hat ihn auf ihrer Liste. Bei einem Diskussionsforum auf Usedom, bei dem sich die ausländischen Gäste wieder einmal von der Größe und Stärke des jungen DDR-Staates überzeugen sollen, grätscht Hallervorden erneut mit seinen Kommentaren in die Übersetzungen. Doch diesmal stecken Wanzen in den Blumenarrangements – man belauscht ihn. Ein Kollege, der ihm wohlgesonnen ist, erzählt ihm davon. Hallervorden reist sofort ab, rennt in seine Studentenbude, schmeißt ein paar Sachen in einen Koffer und läuft zur S-Bahn-Haltestelle Friedrichstraße, um von dort aus in den Westen zu fahren. Einer von Hallervordens Kommilitonen, ein überzeugter Kommunist, holt ihn noch ein und warnt ihn: »Du fährst in die falsche Richtung! Du wirst es bereuen! Bald schon, sehr bald haben wir dich wieder!«

Im Westen angekommen, macht er dort an der Freien Universität mit seinem Studium weiter, belegt als zweites Fach Publizistik und hört Vorlesungen in Theaterwissenschaft.

Tatsächlich war Hallervorden in Gefahr. Wie knapp er gerade eben noch davongekommen war, erfährt er, als er kurze Zeit nach seiner Flucht einen Brief von seiner alten Zimmerwirtin aus Ost-Berlin bekommt. Die berichtet ihm, »dass da zwei Herren vor der Tür standen, die nach Ihnen gesucht haben. Die Sie zum Spaziergang abholen wollten. Und die ganz verärgert schienen, dass Sie nicht mehr anzutreffen waren.« So bleibt Hallervorden das berüchtigte Gefängnis Bautzen erspart.

Im Jahr 2013 erfährt er aus Stasi-Akten, dass er unter dem Decknamen »Diehl« überwacht wurde. »Hallervorden ist republikflüchtig. Er steht im Verdacht, mit imperialistischen Geheimdiensten zusammenzuarbeiten«, notierten die Genossen. »Das Objekt ist überheblich und hat Schauspielerallüren.« Es folgt eine Personenbeschreibung: »Hallervorden hat leicht abstehende rote Ohren, etwas verlebtes Aussehen«. Und auch ein Programm von Hallervordens Kabarettgruppe *Die Wühlmäuse* schaute sich die Stasi an. Und beschrieb es als »niveaulos, unglaublich flach und dumm. Trotzdem durch eine scharfe antikommunistische Tendenz gefährlich«.

»Unser Leben ist kein Traum«, zitiert Hallervorden jetzt den Schriftsteller Novalis, »aber es soll und wird vielleicht einer werden.« Dieser Satz treffe auf sein Leben in weiten Teilen zu, glaubt er.

»Seit ich aus der DDR geflohen bin, getrieben vom Überlebenswillen, dem Drang, meine Meinung zu sagen, und der schieren Angst davor, in der Landesstrafanstalt Bautzen zu landen, habe ich mir zahlreiche Träume erfüllen können.«

Im Westen angekommen lebt er zwar in Freiheit, ihm bleibt aber die Wut auf die DDR-Diktatur. Er kommt auf die bizarre Idee, Walter Ulbricht, den damaligen DDR-Staatschef, umzubringen.

Als Student der Romanistik tritt er einer Burschenschaft bei. Nicht wegen deren Losung »Ehre, Freiheit, Vaterland«, sondern wegen des Zimmers, das ihm die Verbindung mietfrei anbietet. Etliche der Mitglieder sind wie Hallervorden aus der DDR geflüchtet, so auch Kurt Eberhard. Mit dem freundet sich Hallervorden an, und die beiden überlegen fortan, wie man helfen könnte, das SED-Regime im Osten zu beseitigen. Sie entwerfen Flugblätter, schmuggeln verbotene Bücher – und phantasieren erstaunlich präzise von einem Attentat auf Walter Ulbricht.

Von der S-Bahn aus wollen sie ihn aus dem offenen Fenster eines Waggons erschießen, im Stadtteil Prenzlauer Berg zwischen den Bahnhöfen Greifswalder Straße und Zentralviehhof, heute Storkower Straße. Neben der Werner-Seelenbinder-Halle, ganz nah an den Gleisen, spielt Walter Ulbricht öfter Tennis.

Hallervorden soll die Waffe besorgen. Eine Freundin von Kurt Eberhard bringt die beiden schließlich von dem riskanten Plan ab. Hallervorden heute: »Das war alles so, wie sich der kleine Moritz die große Politik vorstellt.«

Seine ganz persönliche Befreiung aus der DDR liegt nun mehr als sechs Jahrzehnte zurück. Doch sie wirkt bis heute nach in ihm. Irgendwie ist er immer noch auf der Reise. Man versteht Hallervorden in seinem Freiheitsdrang, vielmehr in seiner Sehnsucht nach Freiheit, besser, wenn man zurückschaut auf Dieter, den Republikflüchtling. Er selbst sagt: »Ich hänge an dieser Stadt Berlin mit all ihren Unzulänglichkeiten, über die ich gerne hinwegsehe, weil sie mir die Freiheit geschenkt hat!«

Als die Flucht glückte, trieb ihn das Heimweh nach den geliebten Eltern noch ein paar Mal zurück nach Dessau. Obwohl er damit rechnen musste, auf der Fahndungsliste der Stasi zu stehen, fuhr er mit dem Nachtzug nach Hause. Er besaß ja noch seine DDR-Papiere – und jede Menge Mut. Weil er niemanden auf seine Fährte setzen wollte, kündigte er seine Besuche daheim nicht an. Klopfte stattdessen mitten in der Nacht an die Tür seines Elternhauses. Die Mutter glaubte an Einbrecher und goss aus dem ersten Stock den Nachttopf über ihren Sohn aus.

Beim nächsten Besuch klingelte der sogenannte Kontaktbereichsbeamte an der Tür. Ein Stasi-Schnüffler aus der Nachbarschaft, der die Eltern lange schon im Auge hatte und nur darauf wartete, dass der Republikflüchtling sie besuchte. Dieter Hallervorden schaffte es in dem Moment nicht mehr aus dem Zimmer, verkroch sich stattdessen unter den von einer Tischdecke verhangenen Wohnzimmertisch. Der Schnüffler setzte sich an denselben und befragte die Mutter hartnäckig. Ihr Sohn verharrte dort atemlos und erstarrt, bis der Beamte endlich wieder ging.

Als ihr Sohn es ein weiteres Mal wagte, die Eltern zu besuchen, und sich wieder davonschleichen wollte, packten Vater und Mutter ihn in einen mit Gartenabfällen bepackten Leiterwagen, um ihn unbemerkt zum Bahnhof zu fahren. Der Vater, nach dem Krieg als Flugzeugkonstrukteur arbeitslos, hatte damals in seiner Garage eine Samenhandlung eröffnet. Er war wiederum durch seinen Vater, der Gartenbaumeister war, an das Saatgut gekommen. Die ganze Familie samt Großeltern hockte nun bis tief in die Nächte in dieser Garage und füllte die Samen in kleine Tütchen.

Es wird nun klar, warum Hallervorden bis heute ein Pflanzenfreund ist. »Nichts tut mir wohler, als in der Erde zu wühlen und zuzusehen, wie neue Triebe aus dem Boden schießen«, sagt er. »Es freut sich das Herz und Gemüt, wo die Blume des Blödsinns blüht«, sagte sein großer Komiker-Kollege Karl Valentin aus München einmal. Hobbygärtner Hallervorden hat in seinem Leben jedenfalls einen ganzen Park von Blumen des Blödsinns angelegt.

Und hatte Hallervorden nicht schon oft in seinem Leben die Geduld eines Gärtners? Hatte er nicht immer schon gesät, lange gewartet und gehegt und dann endlich geerntet? Auch deswegen habe ich den Satz von Hermann Hesse diesem Buch vorangestellt: »Ja, während die Mächtigen, die großen Narren, die Welt in Trümmer schlagen, versuchen wir, die kleinen Narren, den Trümmerhaufen immer wieder mit versöhnlichen Schriftzeichen zu beschreiben und mit Blumensamen zu besäen.«

Wenn sich Hallervorden an die Erlebnisse mit seinen Eltern und Großeltern erinnert, sieht er bis heute vor allem eines von ihnen vor sich: ihr Lachen! Und er kann es bis heute hören. Ob es laut oder leise war, ob sie sich schüttelten oder still in sich hineinlachten.

Und dann gab es da noch einen stillen Helden in der Familie. Hallervordens Großvater, der Direktor der Wörlitzer Gärten war. Ihn bewundert der Enkel bis heute für seinen Mut.

Es ist der Abend des 10. November 1938, einen Tag nach der sogenannten Reichskristallnacht. Hans Hallervorden unternimmt wie jeden Abend noch einen Kontrollrundgang durch Teile seiner wunderbar weitläufigen Wörlitzer Gartenanlage. Was ihm dabei auffällt, entfacht in ihm schnell ein ungutes Gefühl. Es ist 23 Uhr, und in der von den Nationalsozialisten zum Vestatempel umgewidmeten Synagoge, die nahe des Parks auf einem Hügel thront, und die die Leute in Wörlitz »Judentempel« nennen, stimmt etwas nicht.

Hans Hallervorden bemerkt den Schein zweier Taschenlampen. Er öffnet die Synagoge und entdeckt darin zwei Männer in den typischen Ledermänteln der Gestapo, die ihre dicken Mantelkrägen hochgeschlagen vor ihren Gesichtern tragen. Hans Hallervorden sieht auf dem Holzboden des Tempels Sägespäne, die zu einem Kanister, der mit

Benzin gefüllt ist, führen. Er erfasst sofort, was diese Eindringlinge planen. Nur einen Tag zuvor war bereits die Synagoge in der Nachbarstadt Dessau niedergebrannt worden.

Hallervorden schafft es, die Tür der Synagoge von außen zu verschließen. Er ruft den Männern im Innern des Tempels zu: »Jetzt können Sie loslegen!« Die Männer rütteln an der Tür, reißen sie auf und fliehen. Wenig später wird Hans Hallervorden als Direktor der Wörlitzer Gartenanlagen entlassen.

Bis heute ist sein Enkel stolz, wenn er diese Geschichte von ihm erzählt. Sein Opa sei immer von Toleranz beseelt gewesen. Erst spät und lange nach dessen Tod erfuhr der Enkel von der Heldentat seines Opas, für die er durchaus hätte hingerichtet werden können. Hans Hallervorden hatte die Nazis schon frühzeitig »braune Wölfe« genannt. »Als er damals plötzlich ohne Arbeit war und einfach daheim blieb, dachte ich, er sei in Rente gegangen. In der Familie wurde der wahre Grund doch nie genannt«, erinnert sich Dieter Hallervorden an das damals übliche Schweigen.

Auf einem Stehpult in der Synagoge am Gartenrand liegt heute ein Gästebuch. Wer zurückblättert bis zum 30. Mai 2008, stößt dort auf folgenden Eintrag: »Beeindruckend, in Wänden zu stehen, die ohne das mutige Eingreifen meines Großvaters so nicht mehr existieren würden. Der stolze Enkel Dieter Hallervorden.«

Doch auch von seinem Großvater muss sich der junge Hallervorden trennen, als er aus der DDR flieht. Neu in West-Berlin jobbt er als Bauhilfsarbeiter, Bierfahrer und Gärtner. Weil er sich einsam und verloren fühlt im von seiner Heimat abgeriegelten West-Berlin, schaut er ans schwarze Brett der Freien Universität und findet eine Stellenausschreibung: Die freie Theatergruppe *La Compagnie des Inconnus* sucht Verstärkung. Und Hallervorden wird schnell ihr Star. Seine ersten Rollen dort sind gleich wie auf ihn zugeschnitten. Er spielt in der großen Aula der Uni den *Eingebildeten Kranken* von Molière, und die Studenten bejubeln ihn. Der erste große Beifall bestärkt ihn darin, dass er es versuchen will. Dass er es versuchen muss. Er will Schauspieler werden. Eines seiner Vorbilder: Heinz Rühmann. Der reißt ihn mit in seinen Gefühlen.

Er spricht am berühmten Max-Reinhardt-Seminar in Berlin vor – und fällt, wie schon erwähnt, durch. »Mangels Begabung«, wie irgendjemand ihm noch hinterherruft. Wodurch er sich nicht abbringen lässt.

Mit ungebrochenem Mut versucht er es bei einigen privaten Schauspiellehrern, schließlich auch bei der legendären Marlise Ludwig. Sie unterrichtet die Besten ihrer Zeit. Darunter fast zeitgleich wie Hallervorden einen gewissen Harald Juhnke und einen Klaus Kinski. Eine Cornelia Froboess und einen Gottfried John. Günter Pfitzmann, Horst Buchholz und Klausjürgen Wussow.

Kurzum: Keiner war prägender für eine große Riege der Nachkriegs-Schauspielstars.

Hallervorden steht nun vor ihr und gibt ihr den Sosias aus dem *Amphitryon* von Kleist und den Dichter Rattengift aus dem Stück *Scherz, Satire, Ironie und tiefere Bedeu-*

tung von Christian Dietrich Grabbe. Schon damals ist der Eleve erpicht darauf, seine ganze Bandbreite vorzutragen. »Und das alles mit meinem damals noch ausgeprägten anhaltinischen Dialekt, so tief aus dem Hals raus«, erinnert er sich mit einem Lächeln. »Mein Junge«, habe sie gesagt, »ich hab kein Wort verstanden, aber ich nehme dich trotzdem!«

Der aus der DDR geflohene Hallervorden hat keine einzige West-Mark in der Tasche, mit der er sie bezahlen könnte. Doch »Die Ludwig« stundet ihm ihr Honorar, weil sie Freude an ihm hat. Sie glaubt an ihn. Sie bildet ihn aus und sagt zu ihm: »Du zahlst mein Geld erst von deinen ersten Engagements.«

Er erinnert sich: »Das war für mich phantastisch. Sie wurde zu meinem Rückgrat. Ich bin dieser Frau bis an mein Lebensende dankbar.«

Er studiert bei ihr den Franz Moor aus Schillers *Räubern* ein, den Leonhard aus *Maria Magdalena* von Hebbel und den Riccaut de la Marliniere aus der *Minna von Barnhelm* von Lessing. Marlise Ludwig ist es dann auch, die ihrem Schüler zum ersten Mal einen Namen, ein Prädikat gibt, das bis heute trifft: »Charakter-Komiker«.

Kaum ist die Ausbildung vorbei, bekommt der Schüler das Angebot für ein Engagement im *Zimmertheater* in Bremen. Beinahe sagt Hallervorden schon zu, da schaltet sich Marlise Ludwig ein: »Junge, lass das, dafür bist du zu gut, da kommt noch was Besseres!« Jahrzehnte später wird sie ihm gratulieren zu seinem Erfolg als Didi. Sie besucht ihn in seiner Garderobe und lächelt ihn an: »Na, bei mir hast du das nicht gelernt, aber ich gönne dir diesen Erfolg von Herzen!«

Es dauert nicht sehr lange, bis das damals noch junge Fernsehen auf ihn aufmerksam wird. »Ich hatte mehr als nur die Fußspitze in die Tür vom SFB gekriegt«, erinnert er sich. Hallervorden bekommt von der ARD den Auftrag, für die Internationale Funk- und Fernsehausstellung einen Beitrag über den damaligen Fernsehbetrieb zu produzieren. Hallervorden will dafür vor und hinter den Kulissen recherchieren und stößt bald schon mit dem damaligen leitenden Unterhaltungsredakteur beim SFB zusammen. Hinter seinem Rücken und in der Senderkantine nennen die Kollegen ihn nur »Braune Hose«. Schon unter Goebbels hat er sich verdient gemacht und »unterhielt« sein Volk nicht nur mit leichter Muse, sondern auch mit Nazipropaganda. Eben das will Hallervorden in seinem geplanten Beitrag zum Thema machen. Und lässt sich davon auch nicht abbringen von vielen Kollegen, die ihn allesamt warnen. Auch nicht vom SFB-Unterhaltungschef. Sogar der Justiziar des Senders schaltet sich ein, aber Hallervorden lässt nicht locker, erweitert seinen Beitrag Tag für Tag, indem er von den Schikanen berichtet, die ihm begegnen.

Die Folge: Niemand hat fortan mehr Verwendung für den einst vielversprechenden Hallervorden. Viele lange Jahre nicht.

»Berufsverbot«, nennt es Hallervorden bis heute. Und erinnert sich, dass nur ein einziger Kollege aus dem RIAS den Mut aufbrachte, mit ihm zu bereden, was es mit seinem

Rausschmiss auf sich hatte. Dieser Kollege stellte sich an Hallervordens Seite. »Du und ich, wir wissen doch genau, was dahintersteckt«, sagte dieser Kollege.

Es war kein Geringerer als Hans Rosenthal, der als Jude die Nazis mitten in Berlin nur deshalb überlebt hatte, weil ihn drei Schrebergartenbewohnerinnen jahrelang in ihren Lauben versteckt hielten. »Dass er zu mir hielt, werde ich ihm nie vergessen.« Und dass dieser Rosenthal eben auch als Mensch »Spitze« war, das auch nicht.

»Ich musste im Leben solche Nackenschläge immer überwinden, allein schon um zu zeigen: ›Du hast den Falschen geschlagen!‹ und ›Ich lasse mich nicht unterkriegen!‹«. So bildete sich sein Lebensmotto: »Einmal mehr aufstehen als hinfallen!« Schon in der Schule habe es angefangen: »Ich war der Kleinste, der Schüchternste, ideal für Hänseleien.«

Hallervorden musste einsehen, dass er nicht so stark, so groß und damals leider auch noch nicht so draufgängerisch war. Aber er spürte, dass es etwas in ihm gibt, das er entfalten muss. Vielleicht ist er deswegen heute so glaubwürdig, wenn er sich für Kinder einsetzt, etwa beim Patenschaftsdienst und Kinderhilfswerk *Plan International* oder leidenschaftlich für Kinderhospize. »Menschen, die in solchen Hospizen arbeiten, ob ehrenamtlich oder angestellt, sind für mich die Samariter unserer Zeit«, sagt er. Und: »Kinder sind das schwächste Glied unserer Gesellschaft. Sie müssen am meisten Schutz bekommen.« Deshalb wirbt er für das »Oskar«-Sorgentelefon für Eltern mit unheilbar kranken Kindern.

»ICH BEWUNDERE SEIN DURCHHALTE-VERMÖGEN«

Ein Gespräch mit Nathalie Hallervorden über ihren Vater, ihre Mutter Rotraud Schindler, Verletzungen und Hochzeitsscherze

Dieser Vater hat seine vielen Seiten ziemlich unterschiedlich an seine drei Kinder vererbt. Aus zweiter Ehe mit Elena Blume hat er seinen Sohn Johannes, aus erster Ehe mit Rotraud Schindler seine Tochter Nathalie und seinen Sohn, den er damals nach sich selbst nannte. Dieter Hallervorden junior drehte 1969 mit seinem Senior und seiner Mutter Rotraud Schindler als Fünfjähriger das große Spielfilmdebüt seines Vaters mit dem Titel *Darf ich Sie zur Mutter machen?*. Keinesfalls eine frivole Komödie, sondern ein vielschichtiger Genrefilm, der bis heute bewegt, funktioniert und erheitert. Zusammen mit Hallervorden gaben damals ihr Kinodebüt: Ralf Gregan als Regisseur, der »Didi« nicht nur in *Nonstop Nonsens* durchs Leben begleiten sollte als wirklich guter Freund und Kollege. Ebenfalls Premiere auf der Leinwand feierte ein gewisser Kameramann, Michael Ballhaus, der später als der beste Deutsche seines Fachs in Hollywood berühmt wurde.

Wie Hallervorden in seiner schwarzweißen Spielfilmpremiere unterwegs ist, erinnert er oft an einen Pantomimen. Körperlich schon damals sein Spiel. Alles an seinem Leib scheint beweglicher und lockerer als bei anderen. Zumal in dieser dann doch noch steifen Zeit. Was ihm einen ganz eigenen Witz verleiht. Da bebt einer mit seinen Schulterblättern, federt mit seinen Knien und kann seinen Hals wie das Sehrohr eines U-Bootes hoch- und niederfahren lassen. Seine Augen sind von Kajal umrundet und stechen wie zwei Tischtennisbälle aus dem Grau des Films hervor.

Doch zurück zu Dieter Hallervorden jr. Der spielt in *Darf ich Sie zur Mutter machen?* selbst seinen Vater an die Wand. »Noch heute bin ich gerührt, wenn ich daran denke, mit welcher Unbekümmertheit, mit wie viel impulsivem Sinn für das Humorstrickmuster und mit wie viel Spiellaune der kleine Knopf zu Werke ging«, erinnert sich der Vater.

Von da an prophezeite der Senior seinem Junior auch eine große Karriere in seinen Fußstapfen, doch der wollte in eine andere Richtung. Dieter Hallervorden jr. hat sich mittlerweile ein Pseudonym zugelegt und lebt sehr abgeschieden. Er ist ausgebildeter Lehrer, Verfasser des Bühnenmärchens *Der Zauberwald*, Literaturwissenschaftler und Doktor der Germanistik im Saarland.

Seine Mutter Rotraud Schindler, die nicht nur in *Darf ich Sie zur Mutter machen?* glänzt vor Schönheit und Esprit, sah man das letzte Mal in der Öffentlichkeit bei der

TV-Gala zum 70. Geburtstag ihres Ex-Mannes. Sie bekam den begehrten Platz am Berliner Max-Reinhardt-Seminar, der ihrem späteren Ehemann verwehrt wurde. »Chamäleon« nannte man sie wegen ihrer Vielseitigkeit in der Branche. Und sicherlich haben ihr Facettenreichtum und ihre Wandlungsfähigkeit den Mann, mit dem sie 30 Jahre zusammen drehte, glänzen lassen. Selbst nach ihrer Trennung im Jahr 1978 arbeiteten die beiden weiter zusammen, bis sich Hallervorden auf seine Wurzeln besann und Ende der achtziger Jahre zurück zum Kabarett ging. Leider lebt die Frau, die uns Didi-Kinder froh gemacht hatte, heute ziemlich zurückgezogen in Berlin.

Ihr Ex-Mann bot ihr vor einiger Zeit eine schöne Rolle in seinem *Schlosspark Theater* an, doch sie lehnte ab, weil sie so lange nicht mehr auf der Bühne gestanden hatte. »Sie ist ein so bescheidener Mensch, der an sich zweifelt, das macht einen Teil ihrer Größe aus. Dabei ist sie eine exzellente Schauspielerin«, sagt Hallervorden, »bei ihr stimmte immer jeder Blick und jede Pause. Sie ist eine sehr kluge Frau und verfügt über viel Geschmack. Eine blendend aussehende Frau, die Kollegen haben sich darum gerissen, ihr nahe zu kommen. Ich war, Gott sei Dank, trotzdem Erster.« Hallervorden erinnert sich, wie er sie lieben lernte. Schindler war damals schon fertig mit der Schauspielschule und leistete sich noch ein paar Privatstunden bei Marlise Ludwig, der Schauspiellehrerin, die auch Hallervorden unterrichtete. Kaum zusammen, beteiligte sie sich auch an der Gründung der *Wühlmäuse* in Berlin.

»Sie war privat zurückhaltend bis zur Schüchternheit, so wie ich. Beruflich konnte sie tief in die Chargen reingehen und Rollen verkörpern, die völlig gegensätzlich zu ihrem Wesen waren. Denn sie ist von einem ungeheuren Verstand und spielte diese Dummerchen, das war einfach phantastisch.«

Aus dieser Ehe stammt auch Nathalie Hallervorden. Didi-Fans kennen sie, weil sie auch seine Filmtochter spielte in der ZDF-Serie *Der Untermieter.* Sie ging danach nach New York, um an der New York University den Beruf ihres Vaters zu erlernen. Im Nebenfach studierte sie Politik und Psychologie, später auch Theologie. Sie lebte 23 Jahre lang in England, wo sie als Psychotherapeutin und Dozentin arbeitete. 2022 zog sie zurück nach Berlin, um am *Schlosspark Theater* als Dramaturgin zu ihren Wurzeln zurückzukehren. Danach und natürlich nach ihrem Vater fragte ich Nathalie.

Wie sehen Sie ganz persönlich Ihren Vater?
Viele Leute haben ihn zuerst als Didi kennengelernt, und das prägt eben immer noch die öffentliche Wahrnehmung. Einerseits war das sein großer Durchbruch, und er hat es als Schauspieler natürlich genossen, großen Erfolg zu haben. Andererseits hat er sehr darunter gelitten, dass man ihn so mit dieser Rolle identifizierte. Der Erfolg mit der Didi-Figur war lange Zeit ein Fluch – keiner konnte ihn in einer anderen Rolle sehen, sobald man sein Gesicht sah, fingen die Leute an zu lachen und etwas Komisches zu erwarten. Das machte es natürlich schwer, ihn anders zu besetzen.

Ich persönlich kenne ihn natürlich ganz anders: humorvoll, aber auch oft mit ernsten Themen beschäftigt, sehr kulturinteressiert, mit dem großen Drang, dem Leben etwas abgewinnen zu wollen, und das möglichst 24 Stunden am Tag!

Ich habe einige Menschen gesprochen, die den öffentlichen Künstler interpretieren. Gibt es etwas, das Ihrer Meinung nach zu kurz kommt in der öffentlichen Wahrnehmung Ihres Vaters?
Letztendlich ist er ein sehr empfindsamer, hochintelligenter Mensch, dem es enorm wichtig ist, sich differenziert ausdrücken zu können. Ewig als Blödian der Nation dargestellt zu werden, war deswegen nicht einfach für ihn, und die Nichtachtung der Kritiker hat ihn auch sehr verletzt. Viele Leute scheinen zu meinen, dass er erst in späteren Jahren zu einem ernsten Schauspieler heranreifte – das ist meiner Meinung nach völlig falsch, denn er hatte auch vor *Nonstop Nonsens* ernste Rollen gespielt. Die Idee, dass Komik ein leichtes Fach ist, habe ich sowieso nie verstanden – dazu gehört eine enorme Beobachtungsgabe, um Charaktere mit Körpersprache, Mimik und Sprachvielfalt so klar zu zeichnen, dass der Zuschauer innerhalb von Sekunden weiß, mit wem er es da zu tun hat.

Erzählen Sie mir ein paar besonders schöne Augenblicke mit ihm?
Viele meiner schönsten Momente mit ihm stammen natürlich aus meiner Kindheit. Besonders im Urlaub war er un-

ermüdlich bereit, mit uns phantasievolle Spiele zu erfinden. Es gab damals ein französisches Comic, das er mir immer übersetzen musste, mit einem zerstreuten Professor, den er für mich dann immer weiter spielte: Professeur Gobelin. Egal, worauf ich gerade fixiert war – Dinosaurier, Ichthyologie –, er war immer bereit mitzuspielen. So hatten wir zum Beispiel Rexi, einen Tyrannosaurus Rex, der ständig Futter suchte, und sich bei unserer Wohnmobil-Tour entlang der Loire immer zu seinen entfernten Verwandten, den königlichen Salamandern, hingezogen fühlte.

Als ich schon in Amerika wohnte, musste ich in Frankfurt oder Düsseldorf umsteigen auf der Reise zurück nach Berlin. Papa musste an dem Tag auch über denselben Flughafen irgendwo anders hinfliegen. Als meine Maschine landete, kam eine Ansage, Frau Hallervorden solle sich bitte umgehend beim Bodenpersonal melden. Da denkt man natürlich sofort das Schlimmste, aber als ich aufgeregt dort ankam, wurde mir eine Tüte mit meinen Lieblingskeksen überreicht: »Die hat Ihr Vater für Sie dagelassen …« Das war typisch für ihn!

Als er zu unserer Hochzeit nach England kam, rief er mich zwei Stunden vor der Zeremonie an und sagte mir, er hätte leider seinen Pass nicht dabei, darum wollte man ihn nicht einreisen lassen – auf die Idee wäre er gar nicht gekommen, da er doch sonst per Privatflugzeug reiste. Als ich panisch überlegte, wen wir kennen, der uns in dieser Sache unter Umständen helfen könnte, konnte er sich vor Lachen gar nicht mehr einkriegen – er war natürlich schon längst im Hotel angekommen und wollte mich einfach nur reinlegen.

Was haben Sie von ihm gelernt?
Vor allem, dass man es nie allen Menschen recht machen kann und dass man sich nicht allzu viele Sorgen machen sollte, was andere über einen sagen oder denken.

Worin ähneln Sie sich?
Wir haben beide eine schnelle Auffassungsgabe, kommen gut mit Fremdsprachen zurecht, legen beide Wert auf analytisches Denken. Wir haben beide eine sehr starke Vorstellungskraft und neigen zum Fremdschämen ... Und wir sind beide sehr selbstkritisch, haben hohe Standards für unsere Arbeit, von denen wir immer meinen, sie nicht ganz erreichen zu können.

Wie war es denn, mit ihm zu arbeiten?
Oft sehr lustig, da er gern Streiche spielte, aber ich habe enorm viel dabei gelernt. Sein Blick fürs Detail, wie wichtig es ihm war, dass jede Einstellung das perfekte Timing hatte, seine Fähigkeit, alles aus verschiedenen Perspektiven zu betrachten. Und momentan habe ich ja wieder Gelegenheit, bei der Zusammenarbeit mehr über den Theaterbetrieb und vor allem die Spielplangestaltung zu lernen.

Wenn Sie sich heute wieder die Untermieter-*Folgen ansehen, welche Erinnerungen kommen da auf?*
Ich habe das schon sehr lange nicht mehr gesehen, aber spontan erinnere ich mich an eine lange Einstellung, in der ich irgendwie sehr viel zu sagen und zu tun hatte, um am

Schluss lässig meine Schultasche zu nehmen und zu gehen. Ich schaffte es auch perfekt, aber er hatte zwei Bühnengewichte in meiner Tasche versteckt, sodass ich die Tasche nicht anheben konnte. Und meiner Mutter hat er Salz in den Kaffee getan, den sie während einer Szene trinken sollte … Wir haben sehr viel gelacht dabei!

Woher kommt sein Witz?
Ich würde sagen, aus seiner Menschenkenntnis, Beobachtungsgabe und natürlich auch aus der Erkenntnis, dass er Menschen für sich gewinnen kann, wenn er sie zum Lachen bringt. Er sah immer schnell die Eigenheiten der Menschen. Als Teenager habe ich immer gesagt, wenn ich mich mal wirklich in jemanden verliebe, stelle ich den meinem Vater nicht vor. Denn er würde mich sofort darauf aufmerksam machen, welche eigentümlichen Angewohnheiten der doch hat – Geräusche, die Art zu atmen, den Kopf zu halten, die Nase zu rümpfen. Und wenn das erst mal ins Lächerliche gezogen wird, kann man den anderen nie wieder so sehen wie vorher. Inzwischen sehe ich das eher gelassen und weiß seine Beobachtungsgabe mehr zu schätzen.

Er erzählte mir, dass er manchmal in den glücklichsten Momenten wehmütig ist … Wir, also die Siebziger-Jahre-Kinder, haben diese tiefe Seite von ihm erst recht spät kennengelernt. Woher rührt seine Melancholie?
Ich glaube, diese Seite kannte ich schon immer, selbst als kleines Kind war mir klar, dass seine Stimmung manchmal

schnell umschlagen konnte. Die meisten Komiker neigen zu Depressionen, und das ist wahrscheinlich kein Zufall. Man macht sich zum Objekt, lädt andere dazu ein, über einen zu lachen – dazu gehört ein gewisses Selbstbewusstsein, aber auch letztendlich eine Verneinung von sich selbst. Man kennt ihn als Darsteller, als die von ihm erschaffene Figur, aber nicht als Person. Und gerade als Person will er von anderen völlig angenommen werden.

Ein Teil von ihm hat ständig das Gefühl, noch mehr leisten zu müssen. Der größte Erfolg hilft dann trotzdem nichts, denn sein schlimmster Kritiker ist und bleibt er selbst, sodass auch die schönsten Momente ihm nie ganz das geben, was er sich erhofft hatte. Je größer der Erfolg, desto größer der Druck, mit dem nächsten Projekt noch mehr erreichen zu müssen …

Ihre Mutter Rotraud Schindler ist untrennbar verbunden mit dem frühen Erfolg Ihres Vaters durch deren gemeinsame Auftritte. Was verband die beiden?

Ich nehme an, Sie wissen bereits, dass sich meine Eltern offiziell getrennt haben, als ich acht Jahre alt war, und dass es in der Ehe schon vor meiner Geburt kriselte. Als Kind habe ich deswegen eher wahrgenommen, was die beiden trennte, als was sie verband. Sie hatten sicherlich einen ähnlichen Sinn für Humor und wussten gegenseitig das Talent des anderen zu schätzen.

Ihre Mutter wirkte für die damalige Zeit stark und selbstbestimmt. War das so?
Als Kind habe ich meine Mutter als liebevoll und uns sehr zugeneigt empfunden. Stark und selbstbestimmt wären vielleicht nicht unbedingt die ersten Worte, die mir in Bezug auf sie eingefallen wären.

Ich bewundere Ihre Berufswahl. Woher kommt Ihr Interesse an der Psychotherapie?
Wie bei den meisten Psychotherapeuten kommt natürlich auch mein Interesse aus meiner eigenen Lebenserfahrung. Mir selbst hat Psychotherapie sehr geholfen, und das wollte ich auch an andere Menschen weitergeben. Es ist mir immer leichtgefallen, auf andere Menschen einzugehen, und ich habe eh immer großes Interesse daran gehabt, wie die Welt aus der Sicht der anderen aussieht. Dazu kam natürlich auch die Phantasie, dass man als Psychotherapeut ein völlig ›heiler‹ Mensch wird ...

Ich bewundere Sie für Ihre Leistung: Sie arbeiteten mit Krebspatienten. Woher schöpfen Sie die Kraft, die Ihnen der Beruf abverlangte?
Ich habe zwölf Jahre lang Krebspatienten therapeutisch betreut, habe aber danach hauptsächlich als Dozentin für Psychotherapie gearbeitet. Die Arbeit mit Krebspatienten war natürlich oft sehr schwierig, aber auch sehr interessant – in einer existenziellen Krise ist es oft einfacher, grundsätzliche Änderungen im Leben vorzunehmen, als wenn man im

normalen Status quo dahinvegetiert. Sich regelmäßig mit existenziellen Fragen zu beschäftigen, ist für mich als Therapeutin sehr wichtig. Den Tod als Teil des Lebens zu betrachten, ermöglicht eine andere Perspektive. Trotzdem ist gerade die Begleitung von Sterbenden und ihren Angehörigen eine sehr anspruchsvolle Aufgabe, die einen auch sehr mitnehmen kann.

Sie arbeiteten auch schon mit Kriegsflüchtlingen zusammen. Woher rührt Ihr Engagement?
Ich habe grundsätzlich immer gemeint, dass gerade die Menschen, die therapeutische Hilfe am meisten gebrauchen können, sie oft am wenigsten erhalten. Ich sehe das eigentlich nicht als besonderes Engagement an, sondern als eine Frage der Gerechtigkeit. Jeder sollte die Möglichkeit haben, über erlittene Verluste und Traumata zu reden, um für sich selbst zu erarbeiten, wie man trotzdem weiterleben kann.

Wie sehen Sie – einmal kurz nicht als Tochter, sondern als Psychologin – Ihren Vater? Was für eine Seele trägt er in sich?
Die eigene Familie zu analysieren, geht eigentlich immer schief – das sieht man schon bei Freud. Es ist einfach nicht möglich, seinen eigenen Vater aus rein professioneller Sicht zu sehen. Ich bewundere seine Vielfalt als Schauspieler, und er imponiert mir gerade in seinen ernsten und traurigen Rollen.

Woher kommt sein großes Können im ernsten Fach?
In diese Rollen hat er sich enorm eingebracht, sie genauestens recherchiert und musste sich dabei natürlich auch mit seinen eigenen Ängsten vor dem Alt- und Abhängigwerden auseinandersetzen – und vor dem Sterben.

Worüber lachen Sie mit ihm heute? Und wann und wo sehen Sie sich wieder?
Heutzutage spielt er natürlich immer noch Streiche, so wie an meinem Hochzeitstag, aber wir lachen auch oft über alte Erinnerungen. Während ich in England gelebt habe, trafen wir uns meist während meiner Berlinbesuche, aber inzwischen sehen wir uns durch die gemeinsame Theaterarbeit fast täglich, wohnen nur wenige Minuten voneinander entfernt, und gehen mit Christiane zusammen gern abends aus, ob nun ins Theater oder einfach ins Restaurant …

Was lieben Sie denn an ihm besonders?
Er hat mir immer Zuversicht in meine eigenen Fähigkeiten gegeben und mich ermutigt, meinen eigenen Weg zu gehen. Er hat mich unterstützt, als ich von der Schauspielerei wegwollte und Psychotherapie studiert habe, und hat mir gerade in meinen schlimmsten Lebenskrisen sehr geholfen. Besonders nach dem Tod meines Mannes letztes Jahr stand er mir immer mit Rat und Tat zur Seite und hat mir geholfen, mich in Deutschland wieder neu zu orientieren.

Er ist ein sehr toleranter Mensch, der anderen offen begegnet. Seine Fähigkeit, andere so zu akzeptieren, wie sie sind, egal aus welchem Kulturkreis sie stammen, ist mir natürlich besonders wichtig, da mein Mann indisch-südafrikanischer Abstammung war. Die beiden haben sich immer wunderbar verstanden.

Außerdem bewundere ich sein enormes Durchhaltevermögen – ich wünschte nur, davon hätte ich selbst mehr abbekommen ... Und seinen enormen Mut, immer wieder neue Dinge zu beginnen, sich nie vor den schwierigen Fragen zu drücken und Themen anzuschneiden, die sonst eher tabuisiert werden.

DER SPRINGTEUFEL UND DAS LETZTE LAGERFEUER

Beinahe-Karrieren als Bösewicht und Samstagabend-Unterhalter

Auf den Klassentreffen seiner Schule reden alle über ihn, seit 60 Jahren schon. Über diesen Jungen mit dem damals schon erwachsenen, ja merkwürdig alten Gesicht, der in Deutsch und Latein ein Einser-Schüler war. Und der in Mathe und den Naturwissenschaften versagte. Über ihn reden sie, nicht mit ihm. Niemals würde Hallervorden zu solch einem Treffen gehen.

»Das wäre ja nicht zukunftsgewandt«, sagt er. Gerne geredet hätte er allenfalls mit dem alten Französisch-Lehrer, der ihm aus Staatsräson Russisch beibrachte und dem kleinen Dieter riet, in die FDJ einzutreten, weil er sonst das Abitur vergessen könne. Was er natürlich nicht tat.

Er dachte daran, Medizin zu studieren, weil ihm nichts Besseres einfiel. Und weil alle Studienplätze belegt waren, damals schon, besorgte ihm sein Vater einen Platz in Romanistik. Weil es in diesem Studiengang noch freie Plätze gab. Dabei wussten weder der Vater noch der Sohn, was das denn eigentlich genau ist. Doch als Latein-Ass und Sprachtalent ging der junge Hallervorden in dem Fach auf, wählte unter den romanischen Sprachen Französisch, Spanisch und Rumänisch als Schwerpunkt. Und belegte später – in West-Berlin – auch das Fach Publizistik. Er dachte, dass er vielleicht einmal Auslandskorrespondent werden könnte.

Das Thema für seine Doktorarbeit hatte er schon gewählt: »Charles Maurras und die Action Française«. Doch um die zu schreiben, hätte er ein Jahr lang nach Paris gehen müssen. Und so brach er sein Studium ab. Denn er stand ja damals schon Abend für Abend auf der Bühne seiner *Wühlmäuse*. Für diese Zeit ungewöhnlich und bis heute erstaunlich, selbst für ihn: Nicht nur seine Eltern, auch seine greisen Großeltern hielten ihren Jungen nicht von diesem Weg ab. »Das gab mir unendlich viel Kraft und Selbstvertrauen. Auch wenn ich damals oft vor leeren Rängen spielte.«

Das war eben der Preis. Bis heute hasst es Hallervorden, wenn ihn Leute seines Alters wohlmeinend ansprechen und ihm mit Bedauern von ihren Jugendträumen erzählen, die sie sich nicht zu verwirklichen trauten. Da sind so viele, die gerne Schauspieler oder Tänzerin oder Sänger geworden wären. »Wer davon träumt, muss es auch versuchen, muss ausprobieren, wie weit einen dieser Weg tragen kann«, sagt der Träumer von einst und Macher bis heute.

Woher rührt diese Unerschütterlichkeit? »Ich wusste, dass Menschen mir folgen und dass ich sie zum Lachen bringen kann. Schon als ich in der Aula der Freien Uni auftrat, konnte ich mir das beweisen.«

Der erste Triumph bei einem Gastspiel im Jahr 1968 hat sich eingegraben in Hallervordens Erinnerungen. Er leistete sich einen Sylturlaub, schaukelte auf einem Segelboot in den Nordseewellen vor Westerland, bevor er abends dort einen Auftritt hatte.

»Und vom Meer aus sah ich das gelb leuchtende Plakat mit meinem großen Kopf drauf, das auf mein Soloprogramm am selben Abend hinwies. Da wusste ich: Jetzt hast du es geschafft! Eine frühe Selbstüberschätzung.«

Denn zur Vorstellung kamen nur 22 Leute. Doch unter ihnen saß der damals schon legendäre Sänger, Dichter und Komponist Georg Kreisler. Der sollte bis zu seinem Lebensende von diesem Auftritt seines Kollegen, der ihn beeindruckte, erzählen. Bis heute spricht Hallervorden deswegen von den schweren Anfängen und ermutigt junge Kollegen, sich durchzukämpfen. »Ich habe so lange selbst im eigenen Saft geschmort. Wenn ich heute ein Talent erkenne, versuche ich immer, ihm zu helfen.«

Nachdem Hallervorden 1970 in *Das Millionenspiel* den abgründigen Gangsterboss und Killer Köhler gespielt hatte – der in einer Art »Big Brother«-Manier bei seiner Hatz auf einen Mann von TV-Kameras begleitet wird und so das Trash-TV um drei Jahrzehnte vorwegnimmt – , folgte 1974 die Hauptrolle im ARD-Psychothriller *Der Springteufel* von Heinz Schirk. So überzeugend wahnsinnig gibt Hallervorden dort den Irren, der aus seiner Anstalt ausgebrochen und nun per Anhalter auf der Flucht ist, dass es bis heute eine Wucht ist, ihm dabei zuzusehen. Das beinahe Irrste an diesem Film: In der überzeugend gespielten Figur des Wahnsinnigen lässt Hallervorden bereits den Didi durchscheinen, der erst ein gutes Jahr später bekannt werden wird. Wie dieser Verrückte lacht, wie er atmet und wie er Pointen setzt, erregt im *Springteufel* noch Angst. Und ein Jahr später verformt er eben das ins Komische. Hallervorden verfügt schon damals über den Facettenreichtum eines Kaleidoskops. Bei jedem neuen Blick setzt sich ein vollkommen anderes Bild aus denselben Elementen zusammen.

Diese Wandlungsfähigkeit erkannte 1996 auch die ARD und bot ihm – wie Hallervorden das nennt – die G-SAU an, die »Große Samstagabendunterhaltung«. Hallervorden wurde Moderator des schon angeschlagenen TV-Tankers *Verstehen Sie Spaß?*. Und der Mann, der so viele Generationen damals schon an sich band, verstand sich nicht bloß als Moderator, sondern als Renovierer des Formats. Hinter den Kulissen der Show wollte er mit seiner Arbeitsbesessenheit alles neu und besser angehen. Weil er ein Kreativer ist mit dem wohlmeinenden Wunsch, alles kontrollieren und beeinflussen zu wollen.

Doch mit diesem Röntgenblick eckte er eben auch oft an. So auch bei der *Versteckten Kamera*. Für die damals schon nicht mehr wirklich witzigen Streiche, also die Einspieler der Show, holte er sich Maurice Philip Remy an seine Seite. Ein Ass seines Fachs, Remy macht einerseits Unterhaltung auf bestem Niveau, andererseits produziert er preisgekrönte zeitgeschichtliche Dokus. Viele der eindringlichsten

Dokumentationen über Hitler und den deutschen Widerstand in der NS-Zeit etwa stammen von ihm.

Und noch einen Meister gewann Hallervorden für die Show: Den langjährigen *Wetten, dass ...?*-Regisseur Alexander »Sascha« Arnz. Einen Mann, den Hallervorden bis heute bewundert für seinen Feinsinn, seine Souveränität und seinen Esprit.

Und dann setzte sich Hallervorden auch noch mit seiner dritten und vierten Wunschbesetzung durch, er bekam seinen *Spott-Light*-Redakteur Ulrich Thiele und Holm Dressler als Produzenten für die Show. Einen Mann, der schon *Auf Los geht's los* mit Blacky Fuchsberger und dann Gottschalks *Wetten, dass ...?* sowie dessen *Late Night Show* bei RTL produziert hatte.

Es hätte also wieder lodern können, das damals schon in die Jahre gekommene, aber eben noch nicht so wie heute erloschene letzte große TV-Lagerfeuer. Vor dem sich damals auch noch ganze Familien versammelten. Es flammte sogar ein bisschen wieder auf, wenn auch für viel zu kurze Zeit.

Denn hinter den Kulissen tat man alles, um das kreative Trio aus Arnz, Hallervorden und Maurice Philip Remy ARD-anstaltsgerecht auszubremsen. »Unsere wunderbare Mannschaft traf nun auf eine Unterhaltungschefin, die sich wirklich auskannte«, erinnert sich Hallervorden heute ironisch, »die auch über profunde Kenntnisse verfügte, die einfach Ahnung hatte – und zwar von Quittengelee. Aber durchaus auch von Quittenmarmelade.«

Mit Grauen erinnert sich Hallervorden, wie diese Vorgesetzte alle Ideen, Vorschläge und Beiträge prüfte, »in einer Atmosphäre, die an Steuerprüfungssitzungen erinnerte«. Und das alles mit »trauerumflortem Mienenspiel«. Dieser Unterhaltungschefin zur Seite stand »ein promovierter Bürohengst, den ständig die Sorge umtrieb, man könnte ihm etwas Schlüpfriges unterjubeln.« Wenn Hallervorden am Redaktionstisch etwa formulierte: »Das machen wir im nächsten Schritt!«, fühlte sich dieser Kollege schon alarmiert. »Um Gottes willen: Schritt! Das nimmt man doch nicht in den Mund – so'n Wort!«, erinnert sich Hallervorden.

Und dennoch gewann er den »Telestar« für seine Moderation und bemühte sich, das Dreamteam durchzusetzen gegen die Anstaltsbewahrer, versuchte es mit viel Diplomatie, Erfindungsgeist und Durchhaltewillen. Vergeblich. Bald schon verlor Hallervorden die Lust und warf hin.

Erinnert sei dennoch an drei legendäre Streiche, die ihm und seinen Männern gelungen waren: Einmal jenen mit Hallervorden selbst, in dem er als gespielter Angeber im Thai-Restaurant seine Gerichte »esstra-ssaaf« bestellt und dann Feuer speit. Dann an jenen mit Maria Schell, die einer Konzertprobe ihres Sohnes in der Münchner Alabama-Halle beiwohnte. Und die dann Zeugin wurde, als die Halle zu beben begann, ihr Boden aufbrach und in Staubwolken ein Englisch sprechender Wissenschaftler erschien. Der dann behauptete, vor einigen Tagen in Wellington/Neuseeland gestartet zu sein und unter Umgehung des 4000 Grad heißen Erdkerns per Spezialgerät den Planeten durchbohrt zu haben und nun am Ziel zu sein. Maria Schell fiel rührend komisch darauf rein.

Einer der vielleicht erstklassigsten Gags in der *Verstehen Sie Spaß?*- Historie aber gelang den Machern mit Hellmuth Karasek und Marcel Reich-Ranicki. Die beiden werden nach einer Literaturtagung in der bayerischen Provinz nach München chauffiert. Plötzlich Nebel, irreale Lichttunnel, der Bordcomputer der Limousine spielt verrückt, und der Fahrer täuscht glaubwürdig vor, dass er den Weg verloren habe. Nach einer Irrfahrt erkennt Marcel Reich-Ranicki im Vorbeifahren ein Hinweisschild: »Helsinki 119 km«. Der Wagen hält dann an einer vermeintlich finnischen Tankstelle mit finnisch sprechendem Personal und finnischen Produkten. Ein Hundeschlitten macht Rast. Und der große MRR kommt aus dem Staunen nicht mehr heraus.

Dann erscheint der Tankstellenchef, der radebrechend Deutsch spricht und der glaubt, Reich-Ranicki schon einmal irgendwo gesehen zu haben. Er zeigt einen Artikel aus einer finnischen Zeitung, in der gerade noch Fisch eingewickelt war, mit dem Bild des Literaturpapstes. »Herrlich, mit welchem Wohlgefallen sich Reich-Ranicki diesen Artikel anschaute«, erinnert sich Hallervorden, »schließlich dann die Auflösung, und man sah deutlich, wie der große Meister sich innerlich befiehlt, gute Miene zum bösen Spiel zu machen. Köstlich!«

Nach dieser G-SAU folgten die stillen Jahre, jene vor dem großen Comeback. 2012 gab er in der internationalen Verfilmung des Sebastian-Fitzek-Bestsellers *Das Kind* seine bislang böseste Rolle, einen Kindermörder. Derart eiskalt, manieriert und widerlich, dass er sich damals schon meilenweit fort vom eigenen Klischee katapultierte. So auch im gleichen Jahr im deutsch-niederländisch-russischen Kinofilm *Das Mädchen und der Tod,* in dem er unheimlich gut im Wortsinn war. Leider erreichten beide Filme nur Kenner und Cineasten, dem breiten Publikum fiel Hallervorden nicht auf in diesen frühen Verwandlungsrollen.

Es war der legendäre Atze Brauner, der Hallervorden 2005 für eine herausragende Rolle in seinem Holocaust-Drama *Der letzte Zug* anfragte. Doch Hallervorden musste aus Termingründen absagen. Sieht man sich heute den Film und den Kollegen an, der statt seiner diese Rolle eines jüdischen Künstlers verkörperte, ahnt man, wie viel Aufmerksamkeit Hallervorden gewiss gewesen wäre, hätte er diese Rolle gespielt. Joseph Vilsmaier und Dana Vávrová führten Regie in diesem Film, dem zum ganz großen Erfolg vielleicht ein Star wie Hallervorden fehlte.

»ICH WEISS, WAS ICH AN IHM HABE«

Ein Streit mit Til Schweiger und seine Folgen

Im April 2017 treffe ich Hallervorden in Köln-Ossendorf. Ein streng abgesperrtes Areal von der Trostlosigkeit eines Industriegebietes. Fensterlose Betonbunker wie Raketenhangars, in denen sich Filmstudios verbergen. In einem von ihnen gibt Hallervorden gerade eine nette Rolle im Kinderfilm *Benjamin Blümchen.* Ob er sich damit bei der jüngstmöglichen Fan-Generation verewigen will, frage ich mich. Gab er doch erst vor Kurzem den Gaststar in einem *Sesamstraße*-Special. Nun spielt er also einen alten Geheimagenten und steht vor der Kamera neben einem Schauspieler, der in ein grünes Ganzkörperkostüm gezwängt ist und einen überdimensionierten Schaumstoffkopf aufgesetzt hat, weil ein Computer ihn später zum Elefanten Benjamin Blümchen animieren wird.

»Ist leider heute nicht mein Tag«, sagt Hallervorden, als wir in der Drehpause zusammen mit dem Filmteam vor dem Studio Nudeln vom Catering-Wagen essen. Wären jetzt seine Agentin und seine Christiane vor Ort, sie würden ihn aufpäppeln mit ihrer Gegenwart, die richtigen Tabletten gegen seine Erkältung parat halten, ihn einfach umsorgen. Aber heute ist er hier allein und etwas mürrisch. Er schlurft zu seinem Set. Sein Blick ist stumpf und verliert sich in den Kulissen, die in der dunklen Halle aufgebaut sind. Irgendwann ruft der Regisseur: »Und bitte!« Und Hallervorden schaltet sein Leuchten ein, so zuverlässig wie präzise. Der Mann, der eben noch müde und fahl wirkte, dessen Gesicht die Züge eines Schlafenden trug, verwandelt sich in einen großväterlichen Benjamin-Blümchen-Mitstreiter, den die Kinder lieben werden. Weil Wärme in seinen Augen liegt, die gerade noch in der trockenen Studioluft nur tränten und brannten.

Zwei Tage später ist der Dreh zu Ende. Der Fahrer der Filmproduktion wartet schon auf Hallervorden. Kaum hat er Platz genommen im Fond der S-Klasse mit den verdunkelten Scheiben, zieht er sein Handy aus der Tasche und setzt an zum Rollentausch. Denn nun sind seine Frauen auch wieder um ihn, seine Christiane und seine Agentin Claudia Neidig.

Der Chauffeur ist gerade losgefahren, da übernimmt wieder der Intendant und Prinzipal die Hoheit über den Schauspieler, der er gerade noch war. Hallervorden ruft erst seine Theaterleiterin an, dann seine Kollegin Anouschka Renzi, um mit ihr das nächste Engagement zu verabreden. Anschließend Katharina Thalbach. Dann eine mögliche neue Regisseurin für das Chaplin-Stück, das im Herbst 2017 Premiere hat und das eigentlich der berühmte Regisseur Michael Bogdanov inszenieren sollte, wäre der nicht eine Woche zuvor verstorben.

Links neben ihm auf der Rückbank des Fonds telefoniert seine Agentin, auch sie auf der Suche nach einem neuen Regisseur für das Chaplin-Stück. Rechts Christiane Zander, auch sie telefoniert in Sachen *Schlosspark Theater*. Zwischendurch reißt Hallervorden ein paar Gags, schimpft auf den Fahrer, weil dessen Handy zu laut klingelt, entschuldigt sich dann wie immer dafür und fragt seine Begleiterinnen: »Und? Habt ihr was erreicht?« Und wenn die Agentin dann erzählt – nach seinem Geschmack zu ausführlich –, stoppt er sie: »So genau wollte ich das gar nicht wissen!«

So macht er das oft. Denn Hallervorden ist eben auch geräuschempfindlich, was Stimmen angeht. Wenn er seine Informationen bekommen hat, würgt er sein Gegenüber, vor allem seine Kollegen, gern mal ab. »Ich brauche nicht mehr Detaaaiiils«, denkt man sich still in Abwandlung des Kultspruchs aus *Didi – Der Doppelgänger*. Da endet seine Höflichkeit oder seine Geduld, wie man es nimmt. Denn in der Zeit, in der andere ihm von ihrer Arbeit oder aus ihrem Leben erzählen wollen, kann er ja selbst leben und arbeiten. Was bei ihm letztlich untrennbar ist. Wie viel Lebenszeit verbringen die meisten Menschen doch damit, einem anderen zuzuhören, oft aus reinem Anstand? Dieser Mann spart sich die Zeit. Vielleicht für den nächsten Gag, die nächste Situationskomik, den nächsten Plan – und keiner ist ihm dafür lange böse.

So geht das ohne Unterlass im Fond des Wagens. Es wird geredet, gelacht, von ihm unterbrochen und abgekürzt, die ganze Fahrt über im Stakkato. Und wieder einmal bleibt ihm keine Minute, nein, wieder einmal nimmt er sich keine Minute, um das eben Erlebte noch einmal nachklingen zu lassen. Die Hallervorden'sche Maschinerie läuft rastlos.

Es gibt einen besonderen Menschen, der diese Maschine Tag für Tag befeuert hat und am Laufen hielt: Elke Steppat war lange Jahre die persönliche Sekretärin Hallervordens, ohne die er niemals so viele Leben in eines hätte packen können. Sie sammelte, sortierte und jonglierte die Termine für ihn und warf sie ihm wie Bälle zu. Dabei war sie auch noch seine gute Seele. Und war selbstverständlich auch jetzt in diesem Mercedes in der Leitung.

Hallervordens Ton nimmt in solchen Momenten etwas Geschäftsmäßiges, sehr Knappes und Anweisendes an. In seiner scheinbaren Freizeit ist er der Chef zweier Unternehmen mit mehr als zwei Dutzend Mitarbeitern. Die meisten davon arbeiten hauptberuflich in seinen beiden Theatern. Dazu kommen die ganzen freien Schauspieler und Regisseure. Manchmal, wenn er so schneidig chefig redet, denke ich an den Herrn Immer aus *Didi – Der Doppelgänger.* Nur dass der echte Hallervorden verbindlich und höflich bleibt in seinen Intendantengesprächen, wenn mitunter auch ungeduldig bis hektisch. Es ist wohl wirklich so, dass die »Doppelgänger« in ihm selbst stecken: Jetzt gerade macht er den »Immer«, später am Abend dann wieder ein bisschen den »Bruno Koob«, den liebenswerten Chaoten, wenn er sich einfach mal einfach nur frei fühlt und ohne jeden Zwang Kölsch trinkt.

Die Lebenslust, die dann in ihm aufblüht, trägt er in seinem Gesicht wie eine Landkarte. Wer ihm näher kommt, kann die bereits erwähnten rund zwei Dutzend Grübchen zählen, seine Markenzeichen, deren Geheimnis an dieser Stelle geklärt werden muss. Sie sind in sein Kinn eingegraben und schließen sich zu witzigen Kringeln zusammen, wenn er sich freut. Auf manchen Fotos verästeln und verzweigen sie sich, mäandern wie kleine Rinnsale. Sie stammen aus schlimmer Akne in der Pubertät, zeugen aber auch davon, dass er sich einmal als Urlauber in Marseille gegen einen Dieb wehrte, der ihm seine Kamera entreißen wollte. Daraufhin zerschnitt das zerborstene Objektiv sein Kinn.

Bevor Hallervordens Mund lacht, kündigen seine Grübchen das an. Es sei denn, sein Bart wuchert sie zu. Und doch verleiht ihm gerade dieser noch mehr Ernsthaftigkeit, vielleicht, weil er ein Teil des Mienenspiels verbirgt, das sein Gesicht gerne in Beschlag nimmt.

In den letzten Bildern von *Honig im Kopf* sieht man in eben dieses Gesicht, das er leer geräumt hat von allen alten Klischees. Hallervorden sitzt auf einer Bank in Venedig und neben ihm Til Schweigers Tochter Emma. In diesem Moment geschieht etwas Wundersames. Denn es scheint zunächst so, als müsse Hallervorden dieser Szene kaum etwas an Schauspielkunst hinzufügen, um mit ihr tief zu berühren. Aus seinem Gesicht weichen die typisch Hallervorden'schen Züge, es glättet sich. Es besteht auf einmal nur noch aus Augen, Nase und Bart. In seinem Antlitz scheinen sich sein Geist und sein Selbst aufzulösen, ganz so wie man es sich vorstellt in der Rolle eines Demenzkranken. Aus ihm weicht seine Persönlichkeit. Gleichzeitig bleibt etwas kindlich Rührendes in ihm stehen, was Emma Schweiger wunderbar erwidert.

Ist es das, von dem die großen Künstler in den Theaterkantinen reden und von dem die Kritiker so gern fachsimpeln? Ist das die »künstlerische Einfachheit«, die sie als hehres Ziel all ihres Strebens angeben? Von der der Maler Picasso schwärmte, wenn er sagte: »Ich brauchte Jahrzehnte, um einfach zu werden.« Jedenfalls kann es sich Hallervorden in seinen späten Jahren leisten, zurückgenommen und beinahe verhalten zu spielen. Und damit stärker zu wirken als je zuvor.

Ich war nicht beim Dreh für diesen Film dabei, aber ich nehme Til Schweiger gerne ab, dass er seinen Kollegen zu diesem »Weniger ist mehr« ermuntert hatte. Vielleicht hat Schweiger Hallervorden auch aufgefordert, sich selbst so zu bremsen in seiner Spiellust, dass er so wunderbar »einfach« und groß wirkt in diesem Film.

Til Schweiger hatte im Dezember 2014 einige Anekdoten von den Dreharbeiten aus seiner Sicht dem *Stern* erzählt. Er erinnerte sich an einen Dreh, der in eine schlimme Fehde zweier Top- Schauspieler ausartete, zweier Künstler-Egos und – vielleicht war das am schlimmsten – zweier Alpha-Männchen.

Schweiger hatte für seinen Herzensfilm seine liebsten Drehorte ausgesucht, unter anderem wollte er unbedingt am Nigerpass in den Dolomiten drehen, weil er dort glückliche Kindheitsurlaube verbracht hatte. Vor Drehbeginn saßen er und Hallervorden nun in ihren Klappstühlen, die ihre Namen trugen. Von ferne zog ein Gewitter am Himmel auf, aber noch schien die Sonne und ließ das Licht leuchten. Schweiger erhob sich, riss die Arme hoch und jubelte gen Himmel: »Ist das geil, Leute! Ist das ein Motiv! Das müssen wir jetzt sofort mitnehmen!« Ganz so, als hätte er das alles erschaffen, dachte sich Hallervorden.

Als Meister des Timings wartete er ab, bis das ganze Schweiger-Team seinem Meister beigepflichtet und sich mit ihm gefreut hatte. Dann knurrte er in Richtung Til Schweiger: »Nur damit das klar ist ... Gott existiert ... – aber du bist es nicht!«

»Das traf wohl nicht ganz seinen Humor«, sagt Hallervorden heute, und dass es scherzhaft gemeint gewesen sei. Und berichtet dann mit einem Schmunzeln, dass sich Schweiger am Set »Imperator« nennen lässt. Was Hallervorden damals mit einem seiner unübersehbaren Augenverdrehen kommentierte. Schweiger selbst will diesen Titel als reine Selbstironie verstanden wissen. Dennoch fühlte sich Hallervorden bei diesem Dreh manchmal wie ein Fremdkörper im Imperator-Schweiger-Universum, in dem natürlich jeder jeden duzt, in dem die meisten ständig gut drauf sind und modern und cool sowieso. Manchmal fand er, dass Schweiger Szenen, in denen er, Hallervorden, sich besonders gut gefiel, ganz falsch schnitt. Ein anderes Mal wollte Hallervorden nicht jene Szene spielen, in der ihm in

Gegenwart seiner Filmenkelin, Schweigers Tochter Emma, ein Furz entfährt.

Doch Schweiger bestand darauf, denn er war längst zur inneren Weißglut getrieben und wollte diesen Machtkampf gewinnen. Es war schließlich sein Film! Und so furzte Hallervorden für ihn und pinkelte auch tricktechnisch in den Kühlschrank, weil er ihn in der Rolle des Umnachteten mit der Toilette verwechselt. Klamottig und Didi-dödelig hätte das aussehen können, doch das passierte eben nicht. Beide Szenen gelangen Hallervorden merkwürdigerweise würdevoll. Aber er hatte zuvor ein Armdrücken unter Künstlern verloren. Das wurmte ihn. Am Ende sollen die beiden kein privates Wort mehr miteinander gesprochen haben.

War es wirklich so, dass da ein Alpha-Mann dem anderen sagen wollte, wie er dieses und jenes zu spielen oder zu inszenieren hat? Schweiger sagte dem Stern, er habe Hallervorden manche Szenen zwanzig Mal spielen lassen, weil er ihm die Figur anfangs nicht geglaubt habe. Schweiger sagte: »Ich habe da erst mal keinen Demenzkranken gesehen, sondern einen Schauspieler, der so tut, als sei er demenzkrank.« Also habe er nicht lockergelassen, bis er zu einem »authentischen Ergebnis« gekommen sei.

Hallervorden sagt heute, von den ganzen zweieinhalb Monaten Drehzeit sei nur an einem Tag wirklicher Streit entbrannt. »Ich musste mich an seine Art, Regie zu führen, erst gewöhnen und mich zurücknehmen. Heute bin ich dankbar für diese Erfahrung. Der Rest dieses Zwistes ist aber viel zu hoch gehängt worden.«

Doch Hallervorden fühlte sich erst einmal falsch behandelt. Da sagt ihm einer, der noch nie wirklich selbst auf einer Theaterbühne gestanden hat in seinem Leben, was er tun und lassen soll. Dabei ist das Theater für Hallervorden das Maß aller Dinge, und nur dort beweist sich ein Schauspieler in seinen Augen. Und hatte er sich nicht überaus professionell vorbereitet, als er Wochen in einem Heim für Demenzkranke verbrachte? Als er deren Art zu gehen, zu reden und zu sein nicht nur beobachtete, sondern wirklich verinnerlichte? Und nun sagt ihm dieser Schweiger, was er tun soll! Und er inszeniert und taucht das Alzheimer-Drama auch noch in seine typisch schweigerische Idylle, mit allen Shabby-Chic-Möbeln, schönen Menschen, teuren Autos. Dazu ein stylisches Millionärs-Landhaus.

Honig im Kopf ist eben kein Doku-Drama, sondern eine perfekt ausgestattete, wunderbare Lifestyle-Geschichte. Schweigers Meisterstück, mit dem er über sich selbst hinauswächst, in dem er selbst das Abgründigste in der Krankheit Alzheimer erträglich inszeniert. Da passt ein Querkopf wie Hallervorden eigentlich nicht hinein. Und so beginnt er, der eh schon Verletzte, innerlich zu vereinsamen am Drehort. Fast genauso wie seiner Filmfigur, dem demenzkranken Amandus, entgleitet ihm seine Welt langsam. Das mag dem Film und seinem großen emotionalen Potenzial ungeplant genutzt haben.

Als alles abgedreht ist, wird Schweiger sagen: »Es war nicht immer schön, mit ihm zu arbeiten. Aber ich habe eine unglaubliche Performance aus ihm herausgeholt. Nicht mit

Gewalt, aber teilweise mit viel Einsatz. Das hat nicht immer Spaß gemacht, aber das, was ich jetzt sehe, ist einfach eine grandiose Darstellung.« Und geschickt dreht er indirekt den Spieß in Gedanken um und malt sich aus, was für ein mittelmäßiger Film wohl herausgekommen wäre, wäre er nur nett gewesen zu seinem Hauptdarsteller. Nun aber sagte er souverän: »Ich bin stolz auf Dieters brillante Leistung! Er spielte den Amandus wie von einem anderen Stern!«

Die er sogar dann erbringt, wenn er sich als Filmleiche nicht mehr regt: Selbst die Schlussszene von *Honig im Kopf*, in der Hallervorden alias Amandus in seinem Sonntagsanzug im offenen Sarg liegt, wirkt würdevoll.

Keine 35 Filmminuten zuvor bringt Hallervorden Gags rüber, über die das eben noch gerührte Kinopublikum lauthals lacht: Dem Rezeptionisten im Nobelhotel in Venedig, der einen typisch italienischen Schnäuzer trägt, fragt er: »Warum tragen eigentlich alle Italiener einen Oberlippenbart?« Als der mit den Schultern zuckt und »Isch weisse nisch« antwortet, sagt Hallervorden alias Amandus Rosenbach: »Weil sie aussehen wollen wie ihre Mutter!«

Schön auch die Szene in einem Nobelrestaurant, in der sich Amandus die servierte Aioli-Creme ins Gesicht schmiert, statt sie zu essen. Wie er dann mit dieser Knoblauchsoße zugekleistert dasitzt und ihm die Tränen kommen. Stark dann, wie zärtlich Til Schweiger sie ihm als Filmsohn abwischt und ihn tröstet. In einer anderen Szene sitzt Amandus im Zug, als der Schaffner hereinkommt und die Fahrkarten kontrollieren will. Da stellt sich der gerade arg umnachtete Amandus dem Bahnbeamten vor und reicht ihm seine Hand: »Äääh ... Alois ... Alois Alzheimer!« Und der verblüffte Schaffner gibt ihm die Hand und stellt sich ebenfalls vor: »Thomas, Thomas Müller!« Worauf Amandus voller Bewunderung im Blick flüstert: »Aaah! Drei Tore gegen Portugal!«

Kann es sein, dass dieser Schweiger-Film auch deswegen so überraschend Anklang fand bei vielen, weil dieser Hallervorden aneckt und herausragt unter den schönen Gesichtern seiner Kollegen? Da passt es, dass Schweiger gleich auch noch Katharina Thalbach für eine Nebenrolle engagierte, eine Schwester im Geiste Hallervordens, die dieser sehr schätzt.

Bei Katharina Thalbach war er im Frühjahr 2017 zu Gast, als die in Paris *Der aufhaltsame Aufstieg des Arturo Ui* von Brecht an der ehrwürdigen *Comédie-Française* inszenierte. »Das war mein bisher größtes Theatererlebnis!«, schwärmt Hallervorden von Thalbach. Von ihrer ihn überwältigenden Kunst, aber auch von ihrer Bescheidenheit: »Beim Empfang nach der Premiere kam sie zu uns wie eine Hausfrau, die für alle gekocht hat und nun froh war, dass es ihren Gästen geschmeckt hat. Sie sagte: ›Och, wie schön, dass ihr alle gekommen seid ...‹. Total unspektakulär. Irre!«

Schlichtheit in der Größe liebt Hallervorden. Und deswegen passt er eigentlich kaum hinein in die Kulissen der Schweiger-Filme, die gern sepia- oder bronzeartig eingefärbt sind. In *Honig im Kopf* dann aber doch. Schweiger hat dieses Kunststück fertig gebracht mit seinem Geschick. Sogar zwei, drei der Nobelkarossen, die in Schweiger-Filmen als Productplacement sonst nur glänzen, darf Hallervorden schrotten, weil er als Alzheimer-Amandus nicht mehr weiß, wo der Vorwärts- und wo der Rückwärtsgang liegt im nagelneuen Mercedes. Seit *Honig im Kopf* hat Til Schweiger sein Einzugsgebiet um ein paar Millionen Deutsche erweitert. Es ist groß, wenn einer sein bisheriges Meisterstück abliefert und damit nicht nur seine Fans erreicht, sondern gleich so viele neue dazugewinnt.

Hallervorden hat dank Schweiger an Ruhm dazugewonnen. Und Schweiger dank Hallervorden an millionenfach wahrgenommener Tiefe und Anerkennung. Jeder für sich hätte Vergleichbares vielleicht auch ohne den anderen irgendwie hinbekommen, wahrscheinlich aber nicht in diesem überaus erfolgreichen Maße. Heute sagt Hallervorden zu mir: »Er weiß, was er an mir hat, und ich weiß, was ich an ihm habe.«

»Wenn wir uns heute irgendwo bei Empfängen begegnen, nehmen wir uns ganz normal in die Arme und scherzen miteinander. Bei der letzten Party habe ich ihm ins Ohr geflüstert, dass ich ihn mag. Er hat viel Rückgrat bewiesen, und dass sich zwei Männer, die nun mal einen sehr eigenen Kopf haben, auch mal an einem Tag nicht so gut verstehen, ist doch normal. Til Schweiger ist halt ein Besessener. Wie der in den Drehpausen sofort an den Schneidetisch rennt und da rumfummelt, mit welchem technischen Können, unglaublich bewundernswert, wie er sich in die Arbeit reinkniet.«

SCHILDKRÖTEN ALS WESENSVERWANDTE

Was das Fossil Hallervorden mit den Reptilien eint

Hallervorden erzählt mir von seinem Urlaub auf den Seychellen. Plötzlich zieht er sein Handy aus der Hosentasche und öffnet seinen Instagram-Account – eigentlich keine Plattform, auf der Senioren lustige Selfies austauschen …

Ein paarmal wischt er über den Screen und – »Ah, da ist es ja!« – zeigt sein Lieblingsfoto aus dem Inselparadies: Hallervorden tanzt mit einer Riesenschildkröte. Er reißt seine Arme in die Höhe, er hüpft vor Freude in die Höhe und zieht die Beine hinterher, als wollte er sie in der Luft zusammenschlagen wie ein Kosake. Und als hätten seine wilden Bewegungen das träge Tier vor ihm animiert, scheint auch die Schildkröte für diesen Augenblick dem Tanz des Mannes vor ihr folgen zu wollen. Nur einen Schönheitsfehler hat dieser Millisekunden-Moment. Denn ein wenig von Hallervordens Hodensack schaut auf dem Foto aus der Badehose. Deswegen aber diesen tollen Schnappschuss für sich zu behalten, käme ihm nicht in den Sinn. Also musste er den Eier-Tanz mit Kröte auf Instagram posten. Die *Bild*-Zeitung bedankte sich.

»Ich habe das Glück gehabt, überhaupt diese eine freundliche Schildkröte getroffen zu haben. Die meisten fauchen ja, wenn sie Menschen sehen, und ziehen sich zurück. Also habe ich dieses nette Tier mit einer Frucht, die es gerne frisst, beinahe aus dem Gleichgewicht gebracht, es wäre beinahe umgefallen. Das war für mich das Humorige an diesem Bild, dass ich das Tier im Gleichschritt mit mir zum Tanzen gebracht habe. Das war der Witz, deswegen habe ich es veröffentlicht. Tatsache ist aber auch, dass ein kleines bisschen aus meiner Hose hängt, nämlich ein halber Sack. Na gut, manchmal lasse ich eben nur die halbe Wahrheit raus …«

Sohn Johannes sah das Foto bei Instagram und warnte seinen Vater sofort: »Das musst du sofort wieder rausnehmen!« »Nein«, sagte der Vater, »das spielt doch auf dem Foto keine Hauptrolle!« Viele Menschen, so sagt er, würden ihn loben für diese Art von Humor, die gepaart ist mit dem Mut, sich selbst zum Lachen freizugeben. »Das ist gut so. Die Leute werden doch hoffentlich davon ausgehen, dass ich so was da hängen habe und dass es sich noch an der richtigen Stelle befindet.« Und dann sagt er noch einen Satz, der sympathisch klingt, aber auch ziemlich unwahr ist: »Eitelkeit kann ich mir sowieso nicht leisten!« Diese scheinbare Uneitelkeit inmitten seiner Eitelkeit als Künstler ist natürlich auch eines seiner vielen Stilmittel. Er kultiviert sie auf seine Art. In *Honig im Kopf* etwa, wenn er sich bis auf die Feinripp-Unterhose auszieht und sich beim Hüpfen in den Badesee in Slow Motion filmen lässt. Oder in *Sein letztes Rennen,* wenn er seine ganze Plackerei und Ausgezehrtheit während des Rennens so hautnah drehen lässt, dass sie auch schon mal wehtut beim Zuschauen. Ungeschöntheit als Prinzip. Früher lachten die Leute auch über diese Gabe von ihm. Damals, vor vier Jahrzehnten. Da verhalf sie ihm, noch komischer zu wirken. Und heute wirkt er mit eben jener noch unverwechselbarer.

Macht er nicht auch damit Mut? Ausgerechnet in der Leinwandwelt der Schönen und Reichen fürchtet er sich nicht vor kleinen Blamagen und vor körperlichen Unebenheiten schon gar nicht.

Geschossen hat Hallervorden seinen Schildkröten-Gag auf einer der schönsten Inseln der Seychellen. Er wollte seiner Christiane ein besonderes Geburtstagsgeschenk machen und flog mit ihr und seinem Sohn Johannes auf eine Privatinsel. Den Tipp hatte er vom selben Makler bekommen, der Hallervorden schon seine eigene Insel im Atlantik verkauft hatte. »Und so reisten wir an einen Ort, der zu den wenigen auf der Welt gehört, an denen es wirklich nichts auszusetzen gibt. Alles vom Feinsten. Die ganze Landschaft, diese großartige Tierwelt mit den Flughunden in der Luft, dieser Dschungel, diese Farben, diese schnellen Wetterwechsel, alles phantastisch!« Er erzählt von den bunten Vögeln, die morgens an den Frühstückstisch flatterten und »die ja einen erstaunlichen Sinn dafür haben, welcher Mensch ihnen etwas abgibt und welcher nicht.«

Und wie sich Hallervorden so zurückschwärmt in seine Urlaubserinnerungen, wenn er erzählt, wie er »seelisch bereichert« wurde auf dieser Insel, kommt er noch einmal zurück zu den Schildkröten. Diesmal zu denen, die im Wasser leben. Dass er des Nachts auf der Insel Zeuge wurde, wie die Muttertiere aus dem Ozean an den Strand robbten. Dass sie Kuhlen für ihre Eier gruben, um sie dann darin abzulegen. Dass sich dann aus anderen Erdlöchern schon kleine Meeresschildkröten befreiten und ins Meer hasteten. Dass der Strand zur Todeszone für die frisch Geschlüpften wurde – und er eingriff: »Schlimmer noch als die Möwen, die auf die Kleinen lauerten, waren die Krabben im Sand. Ich habe ein paar von ihren Nestern mit meinen Kappen und Socken zugestopft. Was für ein Wunder der Natur es ist, dass sich diese Winzlinge den genauen Ort ihres Schlüpfens merken, bis sie dann nach 25 Jahren zurückkehren, um selber dort Eier zu legen.« Hallervorden lehnt sich für einen der wenigen Momente zurück in seinen Stuhl, wenn er so etwas erzählt, und lächelt seinen Gedanken hinterher. Das Comeback der Schildkröten nach solch langer Zeit, das macht ihn glücklich.

Wenn Hallervorden dann berührt davon berichtet, »wie viel Kraft, Durchhaltewillen und Durchsetzungsvermögen die haben müssen, um in dieses Meer zu gelangen«, dann versteht man auch besser, warum dieses Foto mit der Landschildkröte und ihm unbedingt sein musste. »Wenn die dann endlich das Wasser erreicht haben, kommen die Wellen, die sie wieder zurückschmeißen«, sagt er und gerät fast außer Atem vor Begeisterung. »Die müssen dann zusehen, wie sie wieder hochkommen, wenn sie auf den Rücken geworfen werden. Hilft einem die nächste Welle oder macht sie alles noch schlimmer?«

Hallervorden bewundert die kleinen Wesen, die um ihr Leben paddeln.

»Diese kleinen Schildkröten zu beobachten, war für mich ein Sinnbild. Sie sind der Beweis dafür, dass man sich bei jedem Anfang wahnsinnig anstrengen muss, um überhaupt eine Überlebenschance zu haben.«

Und dann erzählt er noch, dass die Kleinen am Strand von den Wellen Steine in den Weg gerollt bekommen, über die sie krabbeln müssen, oder dass sie in Fußstapfen von Menschen geraten, aus denen sie sich wieder befreien müssen. »Das sind doch für die Berge, die sie überwinden müssen. Aber sie geben nie auf!«

GENSCHER, SCHMIDT UND KLEMPERER

Begegnungen mit Staatsmännern und Helden

An den Spiegel seiner Garderobe geheftet sind Fotos, aus denen teils die Farbe gewichen ist. Lebensstationen. Eine davon: Hallervorden als Student der Romanistik an der Berliner Humboldt-Uni, der dort einem Überlebenden und großartigen Denker begegnet. Es ist der von den Nazis verfolgte Romanist Victor Klemperer. In seinen Vorlesungen sitzt Hallervorden im Hörsaal und lauscht ihm.

»Als Literaturlehrer bewunderte ich ihn und natürlich auch für das, was er unter den Nazis durchgestanden hatte«, erinnert sich Hallervorden heute. »Was ich aber überhaupt nicht verstehen konnte, war, dass dieser Feingeist nach dieser bitteren Erfahrung nicht erkannte, dass er in einer zweiten Diktatur lebte und sich von ihr vereinnahmen ließ und um Orden geradezu buhlte.« Klemperer, der als jüdischer Konvertit und unangepasster Romanist, Literaturwissenschaftler und Schriftsteller den Nazis getrotzt hatte, trat 1950 in die DDR-Volkskammer ein, weil er an einen Neuanfang im Sozialismus glaubte.

Noch heute klingt Hallervorden bewundernd und enttäuscht zugleich, wenn er daran zurückdenkt, wie dieser Klemperer »mit einem winzigen Zettel in der Hand« in die Vorlesung kam und in »wunderbar freier Rede über Literatur sprach«. Wie er ihn dafür verehrte und wie er dann immer mehr entgeistert war, »wie ein Mann mit diesem Wissen und dieser Lebenserfahrung sich ohne Not mit dem Bonbon der SED geschmückt hatte. Ich erlebte ihn so im Jahr 1954, da wusste doch jeder, worauf es hinausläuft, es gab doch schon den 17. Juni. Ich war damals schon sehr in der Opposition zum Staat DDR, sodass ich Klemperers politisches Bekenntnis unerträglich fand.«

Aufrichtig bewundert hat er stattdessen in seinem Leben einen Mann wie Hans-Dietrich Genscher. »Für das, was er für das Vaterland getan hat, und als Architekt der Wiedervereinigung. Wie er zusammen mit Scheel ermöglichte, dass Brandts Ostpolitik durchgesetzt wurde«, sagt er und erinnert sich an den letzten Auftritt Genschers. »Das war im November 2015, als er den Nachhaltigkeitspreis bekam. Er wurde im Rollstuhl auf die Bühne gefahren und sprach engagiert und kämpferisch für Europa. Dabei war dieser große Mann schon vom Tode gezeichnet.«

Ihm trauert Hallervorden nach, die beiden mochten und begegneten sich immer wieder auf Festen und Preisverleihungen. Für Genscher geht Hallervorden in seinen Erinnerungen an ihn jetzt noch ein paar Jahrzehnte weiter zurück. »Es war im Jahr 1983 kurz nach dem Ende der sozialliberalen Koalition und der Wende der FDP zur CDU hin, und

Genscher telefonierte mit seiner Mutter. Das war immer besonders rührend, weil die beiden ein so inniges Verhältnis verband. ›Mein Junge‹, sagte die Mutter zu ihrem damals schon 56 Jahre alten Sohn, ›du trinkst doch heute Abend hoffentlich nicht zu viel Alkohol?‹«

Drei Jahrzehnte später war es dieser Genscher, der eine Laudatio auf Hallervorden hielt. Er lobte Hallervordens Geradlinigkeit. Noch kurz vor seinem Tod schrieb er Hallervorden, wie der ihn beeindruckt habe mit seiner Liberalität und seiner Unangepasstheit, die ihm so viel im Leben ermöglichte. Der freie und starke Wille ist alles! Da waren sich ein Sachsen-Anhalter aus Halle und ein Sachsen-Anhalter aus Dessau sehr einig.

Sieben Monate, bevor er starb, gratulierte Genscher Hallervorden noch zu dessen 80. Geburtstag am 5. September 2015. In einem Brief an ihn schrieb er folgende Zeilen:

Lieber Herr Hallervorden,
diesen Brief schreibe ich gern, weil er an Sie gerichtet ist; ungern, weil er eine Absage erhält – eine Absage nämlich für die Teilnahme an Ihrer Veranstaltung am 5.9.2015. Meine Erwartungen über Stabilität und Beharrlichkeit des Genesungsprozesses waren offensichtlich doch stärker, als es gerechtfertigt ist. Um es offen auszusprechen: Ich werde nicht in der Lage sein, am 5.9.2015 nach Berlin zu kommen. Mir tut das sehr, sehr leid. Ich hatte mich auf diesen Abend gefreut und natürlich auf Sie und Ihre Gäste.

Lieber Herr Hallervorden, nehmen Sie schon jetzt meine ganz herzliche Gratulation zu Ihrem Geburtstag entgegen und meinen Dank und meine Anerkennung für Ihre große Lebensleistung. Sie ist nicht nur eine künstlerische, sie ist für mich auch eine zutiefst menschliche, und deshalb sind Sie für mich eine der großen Persönlichkeiten unserer Zeit. Was heißt für mich? Das wäre zu wenig. Sie sind es für viele.

In herzlicher, alter und landsmannschaftlicher Verbundenheit

Ihr
Hans-Dietrich Genscher

Auch Helmut Schmidt hat Hallervorden gemocht. Es war im Jahr 1968, als er in seinen *Wühlmäusen* ein Programm mit dem Titel *Der brave Demokrat Schmidt* spielte. Und tatsächlich saß eines Abends der zukünftige Verteidigungsminister und damalige Fraktionsvorsitzende im Publikum, wohl weil er dachte, das Stück handele von ihm, was es nicht tat. Schmidt hätte auch Schulze oder Meier heißen können. Doch dem Minister gefielen die intelligenten Texte, und schon bald fragte Schmidts Büro bei Hallervorden an, ob er nicht Lust hätte, eine der nächsten Reden Schmidts mit seinen Pointen zu bereichern.

Bald darauf saß Hallervorden in einer mit 6000 Menschen gefüllten Mehrzweckhalle und hörte dem aufstrebenden Politiker bei dessen Wahlkampfrede zu, in die er seine Pointen eingeflochten hatte. Helmut Schmidt, der manchmal von seinem Beruf sagte, dass er dem des Schauspielers ähnele, brachte die Hallervorden-Schmunzeleien so gekonnt, als wären sie ihm gerade erst eingefallen. Immer wieder unterbrochen von Zwischenapplaus. Und so kam es, dass Hallervorden Schmidt zwei Wochen lang auf einer Wahlkampftournee begleitete als dessen lustiges Vorprogramm. Nachdem die sozialliberale Koalition im Jahr 1983 zerbrochen und Helmut Kohl Kanzler geworden war, wandte sich Hallervorden dann allerdings der FDP zu. Und blieb ihr treu bis heute.

»EIN NARR GIBT NIE AUF!«

Hallervorden singt eine Hymne auf seine Melancholie

Es passiert, als ich Hallervorden zum zweiten Mal treffe. An einem Tag im Frühling 2015, bei einem Gastspiel in der Stadthalle von Neuruppin in Brandenburg. *Stationen eines Komödianten* heißt das Programm. Eine Art Zeitreise für die Zuschauer. Hallervorden retro. Wie ein Verwandlungskünstler im Zirkus wechselt er auf der Bühne in Dutzende Kostüme seiner Karriere. Er schwitzt, er hastet, er wirbelt, er vervielfältigt sich. Als würde unten im Publikum der Tod selbst sitzen und auf ihn warten, spielt er sein Leben, zumindest dessen lustige Rollen, noch einmal durch, im Schnelldurchlauf, auf fast forward gedrückt. Fast wird mir in Reihe 4 schwindlig, wie er sich da in eine Zeitmaschine schmeißt und sein Leben im Zeitraffer über die Bühne bringt. Doch zum Ende hin geschieht etwas unerwartet Anrührendes.

Für die letzte Nummer nämlich steht er in einem klassischen Clownskostüm da. Sein Gesicht ist weiß geschminkt, und mit der Schminke ist auch alles Lustige aus seinen Gedanken und Zügen gewichen. Wie ein Seiltänzer setzt er Fuß vor Fuß. Ganz behutsam kommt er seinem Publikum ein letztes Mal entgegen. Tritt schließlich nah ans Mikrofon und beginnt zu singen. Eigentümlich schön zu singen. Wie ein Chansonnier.

Von dieser Sekunde an vergisst jeder im Saal, dass er von diesem Mann bislang meistens nur *Du, die Wanne ist voll* im Ohr hatte. Denn nun singt Hallervorden das Lied vom Harlekin, der sich nicht unterkriegen lässt. Er hat es zusammen mit Wolfgang Hofer geschrieben und bringt es melancholisch und zu Tränen rührend auf die Bühne der Stadthalle. Hallervorden singt: *Ein Narr gibt nie auf.* Er singt von einem Clown, der oft am Ende war und dem nichts anderes blieb als sein Lachen. Und seine Gabe, andere lachen zu lassen. Er singt vom Narren. Von sich selbst:

Er war Harlekin, Hofnarr, Bajazzo und Clown,
Stets bereit, alle Welt in die Pfanne zu hau'n.
Sein Humor, ziemlich schwarz, seine Witze manchmal flach,
Der Krawall und der Blödsinn, die war'n auch sein Fach.

Noch eine Verbeugung, noch einmal Applaus,
Dann schließt sich der Vorhang, und der Narr geht nach Haus.
Jedoch er verstummt nicht, verlasst euch darauf,
Der Narr, er kommt wieder! Ein Narr gibt nie auf!

Für andere stolpern, sich reichlich blamier'n.
Als Satiriker die ganz dicke Lippe riskier'n!

Und manchmal, da fragte man sich, hat denn das Sinn?
Aber bitte, die Häuser war'n voll immerhin.

Noch eine Verbeugung, noch einmal Applaus,
Dann schließt sich der Vorhang, und der Narr geht nach Haus,
Jedoch er verstummt nicht, verlasst euch darauf,
Der Narr, er kommt wieder, ein Narr gibt nie auf!

Die anderen treten ja auch nicht zurück.
Die Narren aus Showbusiness und Politik.
Sie laden mich weiter zu Frechheiten ein.
Mir das nehmen zu lassen – schön blöd würd' ich sein!

Noch eine Verbeugung, jetzt mach' ich mich krumm.
Speziell für euch, für mein Publikum!
Das ist zwar scheiße fürs Kreuz, doch ich nehm es in Kauf.
Ich hab's ja versprochen. Ein Narr gibt nie auf!

Dieses Lied ist seine Offenbarung. Als ich Hallervorden dort auf der Stadthallen-Bühne von Neuruppin dieses Lied singen hörte, fühlte ich mich mit ihm nicht nur bekannt – sondern seelenverwandt. Ich höre dieses Lied bis heute in Gedanken nachklingen, wenn mir mal traurig zumute ist, und es hat mir geholfen, als ich vor sieben Jahren meinen festen Job gegen die Freiheit eintauschte.

Hallervorden und Wolfgang Hofer haben diesen leider viel zu unbekannten Text wie eine Kurzbiographie gedichtet, schonungslos ehrlich. Gesungen hat er das Lied in

Neuruppin, begleitet von einem Piano und einem wunderbar hinsummenden weiblichen Chor, zu der Melodie eines spanischen Gitarrenstücks aus dem 19. Jahrhundert. In Deutschland bekannt wurde diese Melodie vor allem durch die Interpretation des Gitarristen Ricky King in den siebziger Jahren, der den Song *Le rêve (Der Traum)* nannte.

Es war die Lieblingsmelodie meiner Mutter. Sie hat sie immer gesummt oder gepfiffen. Sie wusste nie ihren Namen. Doch sie liebte sie.

Hallervorden hat diesen Song für dieses Buch nun noch einmal eingesungen und im Internet veröffentlicht. Bei Youtube lässt sich *Ein Narr gibt nie auf* leicht finden.

In Strickjacke und Jogginghose schlurft Hallervorden in Neuruppin nach dem Applaus ins Foyer, um seine Bücher zu signieren. Wer eines kauft und sich so als Kenner des Künstlers ausweist, bekommt ein Autogramm in Goldschrift. Hallervorden wechselt dafür die Stifte. Wer ihm nur ein altes Didi-Plattencover von früher hinreicht, dem schreibt er eben nur ein Didi mit Kuli darauf. Der muss reichen. Den ganzen und richtigen Hallervorden verwahrt er fürs Bücher kaufende Publikum, für jene Fans, die sich für den Menschen hinter der Kunstfigur interessieren.

In beiden Fällen aber schwingt Hallervorden in hohen Bögen seinen Namen aufs Papier, langsam wie ein Schuljunge. Seinen Oberkörper beugt er dafür über den Tisch. In seinem Gesicht arbeitet es. Sein Mund kringelt sich, Buchstabe um Buchstabe. Die Zungenspitze klemmt ein bisschen im Mundwinkel. Er schreibt nicht, er malt Autogramme.

Im ersten Stock des Theaters steht ein Büfett für ihn und seine Bühnenmannschaft bereit. Hallervorden isst erst gedünstetes Gemüse auf ärztliches Anraten. Dann Schweinelendchen in Sahnesoße, weil der Tag so schön war. »Und noch ein Pils, bitte!« Später würde er gern noch »ein Haarwässerchen« trinken, doch in diesem Neuruppiner Mehrzweckgebäude gibt es nirgendwo einen Schnaps.

Er erzählt, wie viele Drehbücher man ihm damals zuschickte, unmittelbar nach *Honig im Kopf*. Natürlich mit vielen ähnlichen Stoffen, die sich an den Erfolg anhängen wollten. Aber einen Heimbewohner oder Dementen wollte er nicht noch einmal spielen. Einem Projekt sagte er jedoch zu und spielte einen Holocaust-Überlebenden, der als alter Mann nach Berlin zurückkehrt. Die Verfilmung des Weltbestsellers *Chuzpe* von Lily Brett. »Ein Mann voller Tatendrang und Leben«, sagt Hallervorden. »Einer, der im hohen Alter bereit ist, sein Leben noch einmal umzukrempeln und seinen letzten Lebensabschnitt nicht fremdbestimmt verwalten lassen will.« Der Film lief an seinem 80. Geburtstag im Ersten und gleich danach sein Porträt in der Doku-Reihe *Deutschland, deine Künstler*.

Einen Juden, der Hitler überlebt hat. Und mit ihm auch sein Lächeln – die Rolle in *Chuzpe* war für den sich ständig selbst herausfordernden Hallervorden wie ein Maßanzug. Wäre es schiefgegangen – viel schlimmer hätte er sich nicht blamieren können. Als nichtjüdischer Schauspieler, der mit jiddischem Akzent eine Komödie im Land der Täter dreht und scheitert. Vielleicht wäre das bei aller Schauspielkunst auch passiert, wenn dieser Mann nicht diese Traurigkeit und doch diese Zuversicht in sich tragen würde, die so dicht beieinander liegen, mitten in ihm. Wochenlang nahm Hallervorden für diese sensible Rolle Sprechunterricht und lernte Jiddisch. Er drehte dann auch noch fürs Kino die Flüchtlingskomödie *Ostfriesisch für Anfänger* und drehte mit Veronica Ferres in Südafrika.

2021 dann ein neuer Rekord: Der ZDF-Film *Mein Freund, das Ekel* mit ihm in der Hauptrolle des misanthropischen Rentners Olaf Hintz war mit 7,86 Millionen Zuschauern der erfolgreichste Fernsehfilm der Woche seit vielen Jahren. »Was ich an der Rolle so liebte, war, dass dieser Mann ja die Sprache genauso liebt wie ich. Und so durfte ich viel mit meinem Latein-Vokabular glänzen, den Genitiv erklären und die korrekte Interpunktion, das hat mir Freude bereitet. Am meisten übrigens, wie dieser Hintz die Unart in Deutschland bekämpft, den sogenannten ›Deppen-Apostroph‹ zu setzen, à la ›Hoffmanns Bettenparadies‹«, sagt er. »Und dann hatte ich diese wunderbare Partnerin Alwara Höfels. Sie hat dieselbe Berufsauffassung wie ich, sie weiß ganz genau, wann man den anderen den Fokus lassen muss und wann man sich selbst zurücknimmt.«

»ER MUSS IMMER WEITER TANZEN«

Wie seine Kollegen ihn sehen

Die Sprache und ihre Symbole sind es, die enge Kollegen mit Hallervorden verbinden. Harald Effenberg etwa. Er war der »Theo in der Tonne« in Didis *Rache der Enterbten* und spielt und dreht seitdem seit Jahrzehnten an Hallervordens Seite. Ich frage ihn, was beide verbindet.

»Zum Beispiel sprechen wir die gleiche Sprache«, sagt er, schränkt aber auch gleich wie viele von Hallervordens Kollegen ein: »Aber wirkliche Freunde wurden wir leider nie. Wahrscheinlich ist es schwierig, mit seinem Chef befreundet zu sein. Aber wir waren befreundet genug für etliche grandiose Silvesterpartys, bei denen unsere Familien gemeinsam feierten. Wer sich an diese Partys deutlich erinnern kann, war nicht dabei!«

Effenberg erinnert sich an ihre gemeinsame Zeit in *Hallervordens Spott-Light* und daran, wie »Dieter mit unglaublicher Präzision in unzählige völlig unterschiedliche Rollen schlüpfte«. Damals schon habe er sich gedacht: »Was für eine Verschwendung! Was könnte der Mann für großartige ernste Hauptrollen spielen ...« Beeindruckt war er aber schon vorher von der Verwandlung seines »Chefs«: »Als er von einem Jahr für Jahr kauziger werdenden und schließlich Briefmarken sammelnden Altstar zu einem energiegeladenen Theaterprinzipal wurde im Jahr 2008«, so Effenberg. »Die Neugründung des *Schlosspark Theaters* war für ihn ein Jungbrunnen, mit dem er nicht nur Berlin und die Theaterzuschauer, sondern auch sich selbst beschenkt hat. Und dieses Geschenk hat er verdient!«

Dass sich Schauspieler untereinander etwas gönnen, ist selten. Umso erfreulicher daher die Begegnung mit Philipp Sonntag. Oft stand Sonntag mit Hallervorden in einer Altherren-Paraderolle auf der Bühne: *Sonny Boys*, diese Komödie von Neil Simon für Komikerduos, in der schon Jack Lemmon und Walter Matthau brillierten. Dann Harald Juhnke mit Wolfgang Spier. Verfilmt wurde das Stück 1995 in der Traumbesetzung mit Peter Falk, Woody Allen, Sarah Jessica Parker (die später in *Sex and the City* berühmt wurde) und Whoopi Goldberg. Im Berliner *Schlosspark Theater* hat sich Hallervorden ebenfalls einen wunderbaren Bühnenpartner für dieses Männerfreundschaftsstück ausgesucht, mit dem er auch verwandt sein könnte. Philipp Sonntag ist ein ausgebildeter und gestandener Komiker wie er. Ein Gesichtsknautscher mit dem gewissen Grant im Humor, einer wunderbar großen Nase im Gesicht und einer Widerborstigkeit in der Art.

Er erfand *Das feuerrote Spielmobil* und saß selbst an seinem Steuer, zu einer Zeit, als Hallervorden berühmt wurde mit seinem Didi. Gute vier Jahrzehnte gab Philipp Sonntag den kultigen Alten Adi Stadler in der *Lindenstraße*. Im Alter haben sich die beiden Kollegen nun endlich gefunden und brillieren im Komödien-Evergreen. Und als Hallervorden noch auf Bananenschalen ausrutschte und Sonntag im *Spielmobil* die Herzen der Siebziger-Jahre-Kinder auf Abenteuerfahrt gehen ließ, spielten ausgerechnet an Hallervordens *Schlosspark Theater* keine Geringeren als Bernhard Minetti und Martin Held dieses witzige Altmännerpaar – als deutsche Erstaufführung.

Nun also Hallervorden und Sonntag, die voller Selbstironie zwei abgehalfterte Entertainer geben und sich in ihrer Kauzigkeit gegenseitig überbieten. Wie sie dann mitten in den schönsten Pointen ihre Ernsthaftigkeit durchscheinen lassen.

»Er ist eine charismatische Persönlichkeit«, sagt mir Philipp Sonntag nach seinem Auftritt. »Bevor ich ihn kennenlernte, fand ich seine Sketche zwar sehr grob und schräg, sie trafen aber immer meinen Geschmack. Allein schon weil ich ein Fan von Jerry Lewis und Marty Feldman bin, die haben ja auch richtig hingelangt. Und das hat er auch. Kennengelernt haben wir uns leider erst vor elf Jahren, als mich Brigitte Grothum bei ihm für eine Rolle in *Arsen und Spitzenhäubchen* vorschlug. Ich hätte mich vorher schon einmal vorstellen sollen bei ihm. Nun sind wir alt, fast schon am Ende, aber wie heißt es so schön: Zwei Parallelen treffen sich im Unendlichen. Und nun haben wir gerade einen großen Spaß zusammen in den *Sonny Boys*. Wir sind beides ältere Herren, die trotzdem immer noch neue Ideen haben und neue Wege gehen wollen.«

Wie Hallervorden war Sonntag sein Leben lang als Komiker unterwegs und hat wie er immer zu spüren bekommen, dass U hierzulande verachtet und E verehrt wird. »Das ist doch grausam, wenn man an Charlie Chaplin, Buster Keaton und Carlo Goldoni denkt«, sagt Sonntag. »Da finde ich es fast schade, dass Hallervorden der deutschen Öffentlichkeit beweisen musste, dass er eben auch E kann. Der berühmte Regisseur Giorgio Strehler hat mal gesagt, dass Komik die intelligenteste Alternative zum Leid ist und nicht das Drama oder die Tragödie. Und ein richtiger Komiker ist jemand, der über sich selbst lachen kann.«

Ich frage Sonntag noch, was denn sein ganz persönlicher Hallervorden für ein Mensch sei.

»Er ist ein Mensch, der nie lügt. Wenn er unglücklich ist, zeigt er das sofort. Er lügt nicht, weil er es nicht nötig hat. Während in unserer Branche ja viel gelogen wird und Leute einen scheinbar nett finden, obwohl sie es gar nicht so meinen. Wenn Hallervorden nett zu einem ist, meint er es auch tatsächlich so.«

Susanna Capurso spielt zusammen mit Sonntag und Hallervorden in den *Sonny Boys*. Sie ist nicht nur als Frau wunderbar warmherzig, sondern sie spielte auch die Rolle der Sabrina Buchstab in der *Lindenstraße* mit ebensolcher Wärme. Leider ließen die Macher sie dort sterben. Als ich sie anspreche auf Hallervorden, sprüht sie los: »Er ist ein großer Meister. Mich fasziniert, wie er mit vollem Ernst und Einsatz arbeitet, wie er alles gibt. Und wie er immer extrem präzise ist. Ich bin auch Feuer und Flamme auf der Bühne, dabei aber immer präzise. Und deshalb haben wir uns von Beginn an wohlgefühlt, miteinander zu spielen. Es hat uns beflügelt.«

Wenn Susanna Capurso über Hallervorden spricht, dann natürlich mit allem italienischen Gestus und weit erhobenen Händen: »Es war lange Zeit tragisch, dass er nur der Komiker sein durfte. Er hatte dieses Tragikomische, dass wir Italiener lieben und das unsere Schauspieler oft haben, schon früh in seiner Karriere, aber niemand hat ihm eine Chance gegeben, das zu zeigen. Jetzt bin ich froh, dass nun für alle sichtbar wird, was für ein wunderbarer Schauspieler er ist, mit dem zu spielen eine Ehre ist.«

Susanna Capurso ist wie Philipp Sonntag längst Teil der *Schlosspark Theater*-Familie geworden. Regelmäßig treten hier aber auch Walter Plathe auf, Angelika Milster, die aus den *Drei Damen vom Grill* und zusammen mit Brigitte Mira legendär gewordene Brigitte Grothum, Michaela May und der Peter Lustig-Nachfolger in *Löwenzahn*, Guido Hammesfahr. Aber auch Jürgen Heinrich, Marion Kracht traten auf und auch schon mal Robert Atzorn, Jürgen Tarrach und Eleonore Weisgerber.

Und in dem Flur zu den Garderoben hängen noch zwei Plakate in Erinnerung an den einzigartigen Dirk Bach, der hier im *Schlosspark Theater* seine letzten Proben erleben sollte. Die Premiere im Stück *Der kleine König Dezember* schaffte er nicht mehr. Als er eines Morgens im Herbst 2012 nicht zur Probe erschien, fuhren seine Kollegen zu seinem Appartement, das sie angemietet hatten für seine Zeit in Berlin. Und fanden ihn dort tot am Boden. Es spricht für den besonderen Geist des Theaters, dass in den Vorstellungen mit dem wunderbaren Gustav Peter Wöhler, der für Bach einsprang, gefilmte Probeszenen mit Dirk Bach *in memoriam* über eine Leinwand flimmerten.

JOHANNES IST SEINE HOFFNUNG

Ein Sohn als bester Freund

Es ist der 2. Januar 2017. Auf den Straßen Berlins liegen noch die Reste abgestürzter Silvesterraketen und explodierter Chinaböller. In der Luft hängt der Geruch von verschüttetem Sekt und Schießpulver. Hallervorden hat mich eingeladen, beim traditionellen Hallervorden'schen Neujahrstreffen dabei zu sein. Eine familiäre Betriebsfeier mit seinen Theater-Angestellten, freien Schauspielern und Regisseuren. »Als Chef ist es wichtig, ab und an mal ein Bier zu trinken mit seinen Leuten«, meint er. Und beordert in einen ziemlich abgelegenen Karaokeschuppen am Stadtrand von Berlin. Den hat er gemietet. Gemütlich fläzt man sich auf durchgesessene Fünfziger-Jahre-Sessel oder versinkt in Sofas. Es gibt reichlich vom Buffet und Alkohol aus allen Leitungen. Bunte Lampions flackern mit einer Discokugel um die Wette. Alle haben sie sich schick gemacht zur Firmenfete, die Bühnenbildner, die Damen aus der Maske, von der Kasse und der Garderobe, die Techniker, die Beleuchterinnen. Und es dauert nicht lange, bis die Ersten sich trauen und die Halb-Playback-Show beginnen.

Irgendwann wagt sich auch Johannes Hallervorden vors Mikro. Und schmettert zusammen mit einer Kollegin den Hit seines Vaters *Du, die Wanne ist voll.* Alle johlen und wollen mehr.

Der DJ spielt *In the Arms of an Angel,* als Johannes seinen Arm um die Schulter seines Vaters legt und die beiden dastehen und dem Lied schunkelnd zuhören. Dann erklingt Frank Sinatras *My Way* und Hallervorden bittet seine Christiane zum Engtanz. Danach ertönt das *Knallrote Gummiboot* und der Bluestänzer von eben verwandelt sich unter den nostalgischen Strahlen der Discokugel in Didi, den Tänzer. Zumindest erinnern seine schnellen Schritte und dieses Federn in den Knien an sein Alter Ego von einst.

Hallervorden mag keinen Smalltalk. Aber liebevoll taucht er ein paarmal an diesem Abend bei seinen Leuten auf, schaut dann tief in deren Biergläser und bringt mit gespieltem Ernst einen Running Gag: »Da-iss-ja-viel-zu-wenig-Schaum-drin!« Und bestellt dann ein neues, frisches.

So geht das locker bis zwei Uhr morgens. Erst dann verabschieden sich Hallervorden und Christiane umarmend und schließlich winkend von ihren Leuten.

Wobei die Umarmung immer schauspielergerecht zupackend ausfällt. Hallervorden umarmt anders als seine Kollegen. Seinen Kopf legt er kurz vorm Berühren des anderen gerne nach rechts statt wie üblich in Richtung linke Schulter. Man muss also auch recht schnell umdenken und umschalten und ihn von rechts umarmen. Sonst haut man mit seinem Schädel zusammen.

Wer nun meint, in seinem eigenen Theater könnte der Hausherr am Tag nach dieser Sause eine Spur lässiger mit sich selbst und seinem Werk umgehen, der irrt. Ernst und hochkonzentriert, als wäre nichts geschehen, sitzt er in seinem Besprechungsraum, den er vorher nur an beiden Türen mit »Bitte nicht stören«-Schildern bestückt hat, weil er Geräusche nun mal hasst. »Spiele ich ein Stück 40 Mal, ist es jedes Mal völlig anders«, beginnt er zu erzählen. »Sitzen diesen Abend mehr Introvertierte im Publikum, kann es sein, dass ich nicht richtig in die Vollen gehe. Sitzt auch nur ein Betrunkener im Publikum, kann alles misslingen. Das Schlimmste aber sind die Handy-Fotografierer.«

Wegen denen sieht Hallervorden manchmal schon voller Sorge im Dunkel des Zuschauerraums den Auslöser blinken und hofft in diesen Sekundenbruchteilen, dass der Blitz nicht in den Höhepunkt der Szene hineinflasht. Tut er natürlich doch oft. »Schlimm ist das, ganz schlimm, das macht einen wahnsinnig«, sagt er traurig. Deswegen lässt er jetzt vor den Vorstellungen durchsagen, dass Fotografieren verboten ist. »Was einige schlecht Erzogene nicht davon abhält, es dennoch zu tun. Und ich bin machtlos in einer Theaterrolle. Als Kabarettist könnte ich mich wehren und denjenigen lächerlich machen, aber nicht in einer Rolle, aus der kann ich ja nicht aussteigen.«

Wer Hallervorden ein paarmal auf seiner Bühne in seinem Theater beobachtet hat, erlebt einen Mann, dem dieser Ort heilig ist. An dem er von anderen und am meisten von sich selbst keinerlei Nachlässigkeit duldet. »Man kann für einen Fernsehfilm einen Typen von der Straße vor die Kamera holen, man kann ihn so lange inszenieren und immer wieder filmen, dass er passt und wirkt. Im Theater wäre das undenkbar. Das ist die Keimzelle unseres Berufs. In dem Moment, in dem das Wort dem Mund entfleucht, gilt es. Nichts ist wiederholbar. Man muss die Spannung halten, auf dass man bis zur letzten Reihe kommt, man muss Aura und Ausstrahlung haben.« Im Fernsehen sei das durch andere Mittel leicht zu ersetzen, glaubt Hallervorden, niemals aber auf der Bühne: »Die richtig guten Schauspieler sind die, die auf der Bühne überzeugen können und dort die Leute in ihren Bann ziehen!« Mit jeder Faser ist dieser Mann ein Theatermensch. Und das nicht zu seinem Privatvergnügen, sondern für sein Publikum. Sein Berlin. Sein Theater bereichert die Stadt und ihre Menschen. »Ich habe dieses Haus aus seinem Dornröschenschlaf wachgeküsst – als Verbeugung vor meinen Zuschauern.«

Und dann sagt er noch: »Es macht mich glücklich, dass ich jahrzehntelang versucht habe, Leute, die von den Sorgen des Alltags gebeutelt waren, von ihnen zu erlösen.« Ein Maßstab, so hoch, so kompromisslos, so traditionell, dass es sicher nicht leicht ist für seine Kollegen, vor seinen Augen zu bestehen, denke ich mir. Und natürlich fällt mir sein Sohn Johannes ein, der mit einem wunderbaren Selbstbewusstsein eine sowohl genetisch vermachte als auch ideell gelebte Liebe zum Theater mit seinem Vater teilt. Was aber, wenn der Vater so unbestechlich besessen auf das Handwerk schaut? Wie war es für ihn, 2017 seinen Johannes im Stück *Harold und Maude* mit Anita Kupsch auf seiner *Schlosspark Theater*-Bühne zu sehen?

»Dazu habe ich ein ganz gespaltenes Verhältnis«, antwortet der Mann, der immer voller Liebe über seinen Sohn spricht. »Ich habe Johannes gesagt, hier auf dieser Bühne spielst du erst, wenn du eine richtige Ausbildung hinter dich bringst! Vorher auf keinen Fall! Da kriegt der dieses Angebot von der Stuttgarter Komödie, *Harold und Maude* dort zu spielen. Mit Anita Kupsch, die ja in Berlin ein Star ist und die gerne einmal bei mir spielen wollte. Das konnte ich nicht abschlagen, und so hat mein Sohn ganz lässig die Hürde genommen, die ich doch extra für ihn aufgebaut hatte.« Und dann war da Johannes' Selbstvertrauen, das den Vater beeindruckte. »Er hat im Gegensatz zu mir gar kein Lampenfieber. Er geht da raus auf die Bühne wie ein mit den Hufen scharrendes Fohlen, das seine Kunststücke zeigen will. Fast so wie ich früher. Und ich glaube, dass er sich gut geschlagen hat, weil er das macht, was er kann, was seinem Wesen entspricht. Er hat sich nichts aufzwingen lassen, was nicht zu ihm gepasst hätte. Er hat genau den Mittelweg gefunden zwischen dem, was er sich zutraut, was er kann, und dem, was er besser nicht macht.«

Und das wäre? »Eine Grundvoraussetzung ist eine Ehrlichkeit an Gefühlen. Wenn er in dem Stück einer Frau seine Liebe gesteht, dann reicht es nicht, ihr gekonnt einen Kuss zu geben, sondern das Herz muss mitspielen. Und zwar so glaubwürdig, dass die Leute es dort unten mitempfinden und berührt sind. Und das kann er. Das hat er sehr glaubhaft gemacht. Es gibt aber auch ein paar Dinge, die ich auszusetzen habe, das werde ich ihm sagen, wenn er das Stück ausgespielt hat. Aber dafür, dass er keine Ausbildung hat und seine erste große Hauptrolle spielt, bin ich ganz zufrieden.«

Dennoch will der Vater, dass sein Sohn dazulernt. Von 2016 bis 2018 durchlief Johannes Hallervorden alle Stationen im Theater. Das berühmte »Von der Pike auf«-Programm. Und so saß Johannes, längst durch seine Rolle in der Disney-Serie *Binny und der Geist* ein Teenie-Star, auch mal an der Theaterkasse. Danach ging es zu den Beleuchtern, dann in die Kostümabteilung. Es folgte eine Regiehospitanz und, »weil er sich dort bewährt hatte«, eine Regieassistenz. Der Vater wollte, dass sein Sohn sieht und erkennt, »was die Kollegen alles leisten«. Erst dann könne er gern in seine Fußstapfen treten, sagt der Patriarch. Und berichtet mit Stolz in seinem Schmunzeln, wie sich der Sohn kurz vor der Premiere noch einen *Nonstop Nonsens*-Sketch auf Youtube anschaute und sich überlegte, ob er Teile von ihm in seine eigene Bühnen-Performance einbauen könne.

Fast ein wenig streng klingt der alte Herr nun, der sonst immer so butterweich wirkt, wenn er über seinen Sohn redet. Ich frage ihn, wie er es geschafft hat, diese Nähe und Freundschaft zu seinem Sohn entstehen zu lassen und zu erhalten – in einem Alter, in dem sich die meisten Söhne von ihrem Vater doch etwas entfernen oder sich gegen ihn auflehnen. Den Boden für diese Harmonie bereitet habe er, glaubt Hallervorden, vor 23 Jahren, als Johannes geboren wurde.

»Ich habe von Anfang an gewusst, was ich verpassen würde, wenn ich nicht so sehr da gewesen wäre für ihn. Wenn ich ihn nicht so aufwachsen hätte sehen können, wenn ich nicht mitbekommen hätte, wie sich solch ein kleiner Mensch entwickelt.« Und so arbeitete Hallervorden weniger, um ihm nah zu sein. Er selbst sprach Französisch mit dem Kleinen, die Mutter Deutsch.

»Mein Sohn war ein Geschenk! Und ich habe begriffen, welche Fehler ich bei den Kindern meiner ersten Ehe gemacht hatte. Damals war ich 27, da war der Gang um die Häuser und der Versuch, Karriere zu machen, wichtiger. Ich wäre nie auf die Idee gekommen, mal die Windeln zu wechseln oder das Fläschchen zu geben.«

Was er bei Johannes alles nachholte. »In seiner Kindheit gab es kaum einen Tag, an dem wir nicht ausgiebig zusammen waren. Und es gibt nichts Schöneres zu erleben, wie sich jemand Woche um Woche ein neues Segment des Lebens erobert. Wenn er mir mit seinem Minivokabular erklärte, was für wundersame Dinge passieren, wenn man Steine in Pfützen wirft. Oder wenn er mir sagte, wie es sich anhört, wenn die Ebbe einsetzt und das Wasser zwischen den Felsen zurückfließt, wie das wie Musik klingt. Das war für mich eine enorme Bereicherung.«

An dieser Stelle seiner Erinnerungen angekommen, rinnen Hallervorden wieder einmal zwei Tränen in die zwei Falten unter seinen Augen, als er Goethe zitiert: »Kleinen Kindern soll man Nester bauen, großen Kindern Flügel leihen.« Und dann erzählt er, wie schwer es dem kleinen Johannes fiel, die Insel erstmals zu verlassen, um in den Kindergarten und später in die Schule auf dem Festland zu gehen.

»Das hat mir fast das Herz gebrochen.« Hallervordens Stimme bricht jetzt auch.

Typisch für ihn, er setzt den Tränen gleich einen neuen, frischen Gedanken entgegen: »Natürlich war ich auch so verliebt in den Kleinen, dass ich einige Fehler gemacht habe. Ich habe ihm eben keine Grenzen gesetzt, ihm nicht beigebracht, auch mal gehorsam zu sein. Ich habe ihm meinen Fleiß und mein Pflichtbewusstsein vorgelebt. Das meiste von meinem Erfolg beruht auf diesem Fleiß und diesem Ehrgeiz. Das hat er sich zwar alles angeguckt, aber viel von dem übernommen hat er gerade nicht. Er denkt eher, dass die Dinge auf ihn zukommen werden. Aber man muss sich ja um sie bemühen! Man muss dem Schicksal, indem man die Arme offen hält und mitdenkt, oft auf die Sprünge helfen. Es wird nichts, wenn man nichts dazutut! Wenn man wartet, was auf einen zukommt …«

Es lindert die kleine Sorge des Vaters, dass sein Sohn ihm vor Kurzem eine Mail geschrieben hat, die mit den Worten endeten, die wie ein Versprechen klingen: »Papa, ich bin jetzt fleißig.«

»WIR SIND AUF AUGENHÖHE«

Ein Gespräch mit Johannes Hallervorden über seine Kindheit auf der Insel und seinen Vater

Sein Vater sagt über ihn: »Ich schaue in meinen Sohn wie in einen goldenen Kelch, merke, wie viel Talent in ihm schlummert, wie sehr er das Theater liebt. Genau wie ich.« Und sein Sohn Johannes antwortet: »Papa, das habe ich alles von dir. Du bist doch mein größtes Idol.«

Man merkt dem Sohn und dem Vater diese besondere Liebenswürdigkeit auch an, wenn sie sich begegnen. Und man spürt auf wohltuende Weise, dass Johannes, Jahrgang 1998, anders groß geworden ist als die anderen seines Alters. Er wirkt nicht verhätschelt oder verzärtelt, auch nicht hochnäsig. Johannes Hallervorden strahlt stattdessen eine Art Urvertrauen aus, mit dem er auf die vielen Hunderte von Menschen zugeht, die ihm im *Schlosspark Theater* begegnen. Ob er das Haus seines Vaters einmal übernehmen wird? Er spielte in Stücken wie *Harold und Maude* und in dem Jugendstück *Am Bildschirm Licht.* Seine Paraderolle, mit der er bis heute glänzt, ist *Der letzte Raucher*. Im Jahr 2022 eröffnet er sein eigenes Theater *Berliner Schnauze* in Berlin-Friedrichshain.

Wenn Vater und Sohn sich begegnen im Alltagstrubel des Theaters, gehen sie nie einfach nur aneinander vorbei, sondern bleiben inmitten der Hektik immer stehen, umarmen sich, legen sich ihre Arme über die Schultern oder lachen zusammen. Johannes ist nicht nur ein eigenständiger, aufstrebender Schauspieler, sondern gewissermaßen eine gut aussehende Ausgabe des jungen Dieter Hallervorden. Er besitzt einen ähnlichen Sprech und Humor wie sein Vater. Er kann diesen Dieter-Duktus allerdings sehr geschickt variieren. Als hätte er ein inneres Tuning dafür. Wenn er nicht möchte, klingt er erstaunlich wenig nach seinem Vater, wenn er aber ganz entspannt ist, dafür ganz schön.

Er kann nett sein, trägt aber diesen Hallervorden'schen Vorwärtsdrall in sich, dieses Energiegeladene und zuweilen Rebellische. Sein Blick taxiert, er schaut alles andere als blauäugig in die Welt hinaus – und er liebt den Widerspruch. Da wuchs einer in der Wildheit des Atlantiks auf und wirkt angenehm unangepasst. Liebevoll geht er mit der neuen Frau an Vaters Seite um. Wir treffen uns 2017 in einem italienischen Restaurant. Johannes bestellt Schnecken, denn die sammelt und isst er auch gerne auf Vaters Insel.

Johannes, wenn man Euch beide als Vater und Sohn zusammen beobachtet, wirkt ihr wie zwei Freunde. Da ist kaum ein Gefälle zu spüren ...
Ja, wir sind auf Augenhöhe.

Was ja nun nicht gerade selbstverständlich ist.
Ich habe es nie anders erlebt. Das war immer schon so. Er hat mich immer schon ernst genommen. Das ist doch ein Muss in jeder zwischenmenschlichen Beziehung, sonst funktioniert sie nicht.

Ich habe Deinen Vater nach dem schönsten Erlebnis in seinem Leben gefragt. Da erzählte er mir vom Tag deiner Geburt, wie er in Frankreich bei Ebbe durchs Watt und den strömenden Regen zu Eurer Insel tanzte. Und wie glücklich er war, Dich später dort auf dieser Insel aufwachsen zu sehen. Hat Dir diese besondere Heimat und Kindheit an diesem paradiesischen Ort eine spezielle Kraft und Sicherheit gegeben für Deinen Lebensweg?
Das kann schon sein. Ich glaube, dass ich dort Dinge gelernt habe, die die meisten anderen Kinder nicht lernen. Ich lebte ja sieben Monate im Jahr dort und fünf in Berlin, ich wuchs also in zwei Welten auf.

Hilft es Dir als junger Schauspieler in Deinen Rollen, dass Du Dich auskennst in diesen verschiedenen Welten?
Ja, das war ein Geschenk. Ich habe den Umgang und den Einklang mit der Natur gelernt. Einen Fisch selbst zu an-

geln, die Gezeiten abzuschätzen, das Wetter vorauszusehen, alles Mögliche.

Du hast also tatsächlich erlebt, wovon andere Jungs träumen, nämlich der Wildnis zu begegnen?
Auch das, ja. Ich kann aber auch zum Supermarkt gehen bei Ebbe. Oder bei Flut mit dem Boot fahren.

Ich male mir aus, dass Du seelisch gesünder und gefestigter aufgewachsen bist, eingebettet in diese Natur, kann das sein?
Das kann sein. Ich habe mich das bis jetzt nie gefragt, aber vielleicht stimmt es.

Haben Dich deine Freunde besucht auf der Insel oder warst Du oft allein?
So viele kamen nicht auf die Insel. Ich war immer ein Papa-Kind, unternahm meistens etwas mit ihm. Wir klebten aneinander. Das war herrlich.

Viele Söhne in deinem jetzigen Alter ringen mit ihrem Vater, rebellieren gegen ihn oder wenden sich sogar von ihm ab. Das fällt bei Euch beiden aus?
Ganz im Gegenteil, ich möchte mich nicht abkehren. Da habe ich noch nicht im Geringsten dran gedacht.

Wann ist die Schauspielerei ein Thema zwischen Euch geworden?
Mit dem Aufbau des *Schlosspark Theaters.* Da begann ich, Vorstellungen zu besuchen und fürs Theater zu brennen. Ich ging dann schon drei oder auch sieben Mal in der Woche ins Theater. Vorher, bei den *Wühlmäusen*, war ich dafür zu klein.

Da gehört schon eine Portion Verrücktheit dazu, als Neunjähriger so oft ins Theater zu gehen, ein Anderssein …
Aber so was von! Ich habe einen an der Klatsche, habe aber einen Beruf draus gemacht! Der Spruch ist von Papa.

Von Romy Schneider stammt der Satz: »Stecke deine Kindheit in eine Tasche und renne davon. Denn sie ist das Einzige, was du als Schauspieler hast.«
Diesen Spruch kenne und mag ich sehr, genauso ist es. Wunderschön und wahr.

Wie viel Kindlichkeit hat sich Dein Vater denn erhalten?
Sehr viel. Reicht das als Beispiel hier? *(Johannes Hallervorden zieht jetzt sein Smartphone aus der Tasche und zeigt ein selbst gedrehtes Urlaubsvideo seines Vaters: Der schwingt sich auf den Seychellen an einer Liane von einem Baumhaus hinab, brüllt: »Taaaarzaaaan!«, schaukelt zwischen zwei Bäumen hin und her, kracht dann aber mit dem Rücken gegen eine Palme und stürzt ab.)*

Vor 40 Jahren hätte Dein Vater lange geprobt für solch eine Nummer ...
Ja, Slapstick ist unglaublich anstrengend. Das richtige Timing ist harte Arbeit.

Bei der letzten Party mit deinem Vater sangst Du als Karaoke-Star den Song deines Vaters: Du, die Wanne ist voll.
Ich wurde dazu gezwungen! *(lacht)*

Wenn Du auf Youtube Deinen Vater mit Helga Feddersen in einer Badewanne sitzen und singen siehst oder ihn in Nonstop Nonsens *anschaust, wie wirkt das auf Dich?*
Ich sehe es immer gerne. Das ist ja kein anderer Mensch, den ich dort sehe, sondern immer noch mein Vater. Ich sehe ihm damals wie heute dieselbe Persönlichkeit an.

Weil Du mit ihm vertraut bist? Viele, die ihm nicht nahestehen, glauben einen anderen Hallervorden in dieser Didi-Rolle zu sehen.
Ja, aber ich sehe denselben Humor wie heute, unverkennbar. Wir beide haben nun mal einen verrückten Humor.

Wie würdest Du den beschreiben?
Wir lachen über alles, worüber sich andere Leute an den Kopf fassen. Worüber andere sagen: »Also, das war jetzt aber 'n bisschen zu viel!« Wir lachen dann einfach herzhaft los.

Dein Vater wollte gerne, dass Du jetzt einmal sämtliche Stationen im Schlosspark Theater durchläufst. Du bist ein paar Wochen an der Kasse, ein paar in der Maske, ein paar in der Bühnentechnik. Wie ist das für Dich als junger Schauspieler, wenn man funktionieren muss?
Wir wollten das beide, und es klappt gut.

Hat er Dir vom Beruf des Schauspielers abgeraten?
Ja, mehrmals. Natürlich. Als er dann merkte, dass ich es dennoch unbedingt will, hat er mich vorgewarnt: »Du brauchst sehr viel Fleiß, du hast sehr viel Konkurrenz, du hast es nie einfach!« Aber dieses Risiko, es zu versuchen, ist es mir einfach wert!

Ist das ein Kompliment für Dich, wenn man Dir sagt, dass Du mit gewissen Talenten gesegnet bist?
Das ist bescheuert! Wie soll man ein Talent vererben? Schauspiel hat überhaupt nichts mit Talent zu tun! Es ist ein erlernbarer Beruf wie jeder andere auch.

Das klingt zwar sehr uneitel von Dir,, aber ist das nicht doch in erster Linie ein Begabungsberuf?
Nein, das sehe ich anders. Er ist erlernbar. Ist zwar sehr pauschal von mir gesagt, aber für mich stimmt das.

Wann hast Du denn begonnen, diesen Beruf zu erlernen?
Mit 9 Jahren saß ich im Publikum, mit 13 drehte ich zum ersten Mal. Mit 15 stand ich auf der Bühne.

Was stört Dich an Kritik von Kollegen?
Man macht es einfach nicht. Schauspiel ist Interpretation. Wenn man da anfängt, an Kollegen rumzumodeln, sei es bei einem Gang oder einer Betonung, nein, das geht gar nicht.

Und wenn der Vorhang fällt, ist dann Lob oder Kritik erlaubt zwischen Vater und Sohn? So wie nun gerade, als Du Premiere hattest in Harold und Maude *am Schlosspark Theater. Da kommt Dein Vater doch sicher auf Dich zu und sagt was?*
Ja, dann sagt man sich »Herzlichen Glückwunsch« – ob man es gut fand oder schlecht. Das macht man so. Ich freue mich über Lob. Und Kritik, besonders die von Kritikern, ist mir recht egal. Die Premiere ist doch vorbei, ich kann es nicht mehr ändern und habe mein Allerbestes gegeben.

Mich erstaunt Deine Souveränität ziemlich …
Ist nur ein logischer Gedankengang …

Logik gibt es aber selten in Deiner Branche. Dafür die größten Sensibilitäten. Wie viele große Kollegen sind erschüttert oder verbittert über ihre Kritiker.
Das passiert, ja. Jeder ist mal verunsichert, in jedem Beruf.

Aber Ihr seid dabei jedes Mal der Öffentlichkeit ausgesetzt.
Klar habe ich nicht gerne etwas Schlechtes über mich in der Zeitung stehen. Aber ich kann es doch nicht ändern. Die Zeitungsleute werden sich nicht bei mir entschuldigen und

bei ihrer Meinung bleiben. Daher: Letzten Endes interessiert es mich nicht. Ich kann es ohnehin nicht mehr ändern.

Stimmt, aber die Menschen ärgern sich doch hauptsächlich über Dinge, die sie nicht ändern können …
Also, ich fände es schlimm, wenn aufgrund einer Kritik weniger Publikum käme oder wenn die Leute zur Pause gehen würden. Dann hätte ich ein echtes Problem. Aber wenn *Harold und Maude* so gut wie immer ausverkauft ist, die Leute zum Schluss jubeln und Standing Ovations geben, dann können die Kritiker schreiben, ich wäre ein verkrüppelter Zwergenwicht. Es wäre mir scheißegal. Was sind denn Kritiker? Es sind gescheiterte Schauspieler, gescheiterte Regisseure, Leute, die gerne im Theater arbeiten würden, aber nicht die nötigen Kompetenzen haben, es zu tun.

Da klingt eine jugendliche Wut an bei Dir.. Auch Dein Vater hat sich mächtig geärgert über manche Kritiker. Er sagt, ein Teil dieser Wut stecke bis heute in ihm.
Kritiker sind wie Eunuchen. Sie wissen genau, wie es geht, können es selber aber nicht.

Du klingst kämpferisch und angriffslustig. Gilt das auch für Deine Sicht auf die Politik und das Zeitgeschehen? Auf Facebook kommentierst Du manches Ereignis mit Biss und Mut und ergreifst Partei. Bist Du ein Liberaler wie dein Vater?
Genau. Absolut. Weil für mich das höchste Gut im Staat die Freiheit und die Menschenwürde sind. Und da ist die

FDP die einzige Partei in meinen Augen, die beides verteidigt. Oft wird gesagt, das sei die Partei für die Reichen. Das stimmt nicht, die FDP möchte den Armen helfen, nur auf eine andere Weise als die anderen Parteien.

Die Sicht auf die Politik und die Welt ist eine weitere Klammer zwischen Dir und Deinem Vater?
Ja, und es war nie so, dass mein Vater mir irgendwann einmal gesagt hätte: »Das hier ist gut, und das hier ist schlecht.« Ich konnte meinen eigenen Weg finden ohne sein Zutun, und dann stellten wir fest, dass wir die gleichen Ansichten haben. Fand ich erstaunlich.

Wenn Du ihm länger nicht begegnet bist, wie siehst Du ihn dann vor Dir?
Das sind dann meist Bilder aus Frankreich von der Insel. Wie wir im Garten arbeiten, zusammen surfen oder segeln.

Mit der neuen Frau an der Seite Deines Vaters verstehst Du Dich gut, das ist ja bei den meisten Trennungskindern nicht selbstverständlich.
Ja, ich mag sie, und ich kann seine Entscheidung sehr gut nachvollziehen. Es geht ihm einfach besser seitdem. Er sieht gesünder aus und hat abgenommen.

Zum Schluss noch ein paar Klischee-Fragen: Was bewunderst Du an Deinem Vater?
Er ist der Mensch, der immer für mich da ist, wenn ich ihn brauche.

Worin ähnelt ihr Euch am meisten?
Haare, Humor, unsere Liebe zu Frankreich und zum Theater. Einfach vieles.

Siehst Du Dir selbst die Ähnlichkeit an?
Natürlich. (lacht) Bin ja weder blind noch blöd!

Gibt es Momente, in denen Du Dich fragst, wie lange er noch für Dich da sein kann? In denen Du Angst hast, ihn verlieren zu können?
Nein. Daran will und darf ich gar nicht denken.

DER VER-RÜCKTE

Der Spaß am Ärgern mit neuen Spott-Songs und kalkulierten Entgleisungen

Oft sitzt ein Hallervorden vor mir, dessen Stimme wie mit Samt belegt scheint und dessen Züge aufgeweicht sind von Milde. Hallervorden beugt sich in solchen Momenten gern nach vorn und schaut lange auf die Tischplatte. Dann hebt er seinen Kopf wieder und sagt: »Ja, ich habe zu viele Dinge erlebt, die mir nahegegangen sind … Aber was auch in mir ist, ganz tief sogar, da ist auch ein großer Zorn! Ein Ruf nach Gerechtigkeit!«

Und dann erzählt er, es ist gerade kurz vor Weihnachten 2016, dass er zum traditionellen Adventssingen mit den Abgeordneten des Bundestags eingeladen ist. Er soll dort eine Rede halten und ein Zeichen setzen, um den Politikern und Künstlern, die in der Türkei inhaftiert sind, zu helfen und sich mit ihnen zu solidarisieren.

Schon in den Monaten zuvor hatte er den Präsidenten Recep Tayyip Erdogan als »Terroristen« und »Diktator« bezeichnet und einen Satiresong bei Youtube veröffentlicht. Nun wünschte er ihm unterm Tannenbaum im Foyer des

Bundestags »aus voller Seele, von ganzem Herzen ein langes und gesundes Leben bei großer geistiger Frische«. Denn so könne Erdogan auch im hohen Alter noch lesen, was über ihn in den Geschichtsbüchern stehe.

»Es macht mir Spaß, gegen den Strom zu schwimmen«, sagt er. Und wie sehr ihm das Freude bereitet, sieht man in anderen Clips von ihm. Alle verbreiteten sich millionenfach via Facebook und Co. Es gibt einige, sogar sehr wohlmeinende Hallervorden-Fans, die verwirren seine späten Satireauftritte. Manche befürchten sogar, ihr Idol reiße mit diesen Videos einen Teil des Erfolgs wieder ein, den sich Hallervorden im ernsten Fach aufgebaut hatte.

Das alles mag manchen gar an seinen musikalischen Output der frühen Achtziger zurückdenken lassen, als er mit *Punker Maria, ich hab' meine Nadel verloren* und *Du, die Wanne ist voll* Furore machte.

Und wieder andere nervt die Hartnäckigkeit, mit der Hallervorden heute anecken will mithilfe seiner spontan gestrickten Melodien. Doch zu seiner Lust, »gegen den Strom zu schwimmen«, gehört eben auch, so gewinnt man den Eindruck beim singenden Hallervorden, dass er manche Kritik an seinen Liedern genießt.

Als Hallervorden mit »Erdogan, zeig mich an!« 2016 eigentlich nur ein Solidaritätslied für seinen damals von Erdogan wegen dessen Schmähgedichts persönlich bedrohten Kollegen Jan Böhmermann zum Besten geben wollte, reagierte dieser prompt. »Ein weiterer Song von Dieter ›Didi‹ Hallervorden zum Thema ist unbedingt zu verhindern! Das, und darin sind sich hier alle einig, muss oberste Priorität haben«, so Böhmermann damals.

»All das macht mir nichts aus«, sagt Hallervorden heute, und man ist verwundert, wie wenig empfindlich er da ist. »Mir ist es ein tiefes Bedürfnis, Ungerechtigkeiten beim Namen zu nennen und mich auf die Seite der Schwachen zu stellen.« Und auch mit diesem Satz wird er manche Berufszyniker wieder auf den Plan rufen, die ihm so viel Güte nicht abnehmen werden. Auch das ist ihm egal, er schaltet jetzt auf stur. Die Lust zu ärgern siegt über seine Dünnhäutigkeit. Und so ein Shitstorm scheint ihn nicht zu berühren. Vielleicht auch, weil er natürlich nicht vertraut ist mit dem Netz. Er weiß bloß aus alten Tagen nur zu gut, dass in Deutschland gern Prügel bekommt, wer Deutsche zum Lachen bringen will. Das sagt viel aus über dieses Land und wie schwer es sich immer noch tut mit seinem Humor. Wieder einmal, nach allem Streicheln und Lobpreisen der letzten Jahre, bekam Hallervorden zu spüren: Ungestraft macht man sich in Deutschland nicht lustig.

Doch er ist ja auch gern ein widerspenstiger Geist. Die Nervensäge, die er oft spielte, gibt er in manchen Zusammenhängen immer noch. Und »Weniger ist mehr«, das gilt bei ihm nicht in allen Disziplinen. Ganz so, wie es Kollegen sagen, die ihn wirklich gut kennen und es auch gut mit ihm meinen, geht er beruflich gelegentlich an die Schmerzgrenze. Man hätte schmunzeln können, dass ein Altstar des Kabaretts 2016 nun auch noch den Anti-Trump mit schief sitzender Perücke gab, stattdessen hagelt es Häme. Die Parodie von Politikern und Promis war eh nie sein Fach, das sagte er immer selbst. Hallervorden war als Komiker stets dann am besten, wenn sein Witz auf seine eigenen Kosten ging. Und das ging er meistens. Didi war hart im Nehmen.

Wer sich also alles gewundert haben mochte über Hallervordens späte Netzschau, dem sei noch einmal der Ursprung des Ganzen empfohlen. Jener Videoclip zu seinem 80. Geburtstag: In ihm sang Hallervorden über sein Leben, über das, was ihn wütend macht und was ihm Halt gibt: »Ihr macht mir Mut!« In dem Lied singt er: »Denn als ich am Boden war, Leute, da wart ihr nur da. In dieser durchgeknallten Welt, die allein kein Schwein aushält, wart ihr mehr als nur ein Publikum. Dies' Lied sing ich für euch darum.«

Die Einnahmen dieses Songs spendete er der Flüchtlingshilfe und schrieb auf Facebook dazu: »Die widerwärtige Art und Weise, mit der in Deutschland Fremdenfeindlichkeit zelebriert wird, macht mich fassungslos. Wer in die verzweifelten Augen eines Flüchtlingskindes blickt und keinerlei Mitleid empfindet, ist schlicht unmenschlich. Diesem Statement will ich Taten folgen lassen.«

Und dann sinniert er, wie es ihm zu eigen ist, über die »Urängste« der Menschen beim Thema Flüchtlinge. »Alles Fremde bedeutet unter Umständen Unheil. Wir müssen eben lernen zu begreifen, dass jeder Mensch uns willkommen sein kann und muss, egal, welche Religion oder Hautfarbe er hat. Wir müssen die Arme offen halten für solche Menschen, die aus Ländern geflohen sind, wo das absolute Kriegsgrauen herrscht – und zwar solange diese Leute gewillt sind, sich unseren Gesetzen und Gepflogenheiten unterzuordnen. Das ist das Einzige, was ich verlange: dass sie unsere demokratische Grundordnung akzeptieren und bereit sind, sich zu integrieren.«

Auch mit einem solch eindeutigen Bekenntnis zu den Flüchtlingen eckt er natürlich an. Was ihn einmal mehr reizt.

Hallervorden, man muss es einmal so sagen, ist unvernünftig.

Er hat ein Theater als junger Mann gegründet und sich mit ihm verschuldet. Deswegen hat er die Rolle seines Lebens, den Didi erfunden und Jahre später einfach aufgegeben. Er hat ein Theater auf eigene Kosten renoviert. Alles scheinbar gegen jede Vernunft. Und wenn er eine ›Romy‹ in Wien überreicht bekommt, dann dankt er nicht seinen Freunden und Liebsten wie alle anderen vor ihm. Dann erklärt er in der Laudatio lieber, dass er diesen Preis nun »heim ins Reich« führen wolle. Weil er, wie er im Nachhinein erläuterte, den Österreichern wohlüberlegt habe vorhalten wollen, wie wenig sie ihre NS-Vergangenheit aufgearbeitet hätten. Das fanden nicht nur viele Österreicher unvernünftig. Unpassend auch. Und manche unmöglich. Ich finde, Hallervorden ist keins von alledem, allenfalls ist er ver-rückt! Ich meine ver-rückt mit Bindestrich und bewundere ihn dafür. Er ver-rückt die Dinge in ein anderes Licht, und er leistet es sich, unangepasst zu sein.

Das bringt ihm manchmal mehr Minus- als Pluspunkte. Er wollte austeilen bei der Romy-Verleihung und steckte umso mehr ein.

Als wolle er es auf seine alten Tage noch einmal wissen, plant er solche Streiche und fällt aus der Rolle. Ich sage ihm das auch, bevor ich es aufschreibe und frage ihn: »Ich finde, Sie sind manchmal ein ›Ver-rückter‹. Beleidigt Sie das, wenn ich das so sehe?«

»Überhaupt nicht«, antwortet er dann, »ich konnte mir in meinem Leben sogar meist vorher ausrechnen, wie sehr mir meine Taten eines Tages schaden würden. Aber ich habe trotzdem immer gemacht, was ich wollte.«

Mir fällt nur ein zweiter lebender Künstler aus Deutschland ein, der es an Ver-rücktheit, Ruhm und Unverwechselbarkeit mit Hallervorden aufnehmen kann. Der es zudem ganz ähnlich wie er spät im Leben noch einmal ganz nach oben zurückschaffte. Und das ist Udo Lindenberg.

»WIE IST DER DENN NUN WIRKLICH?«

Ein Getriebener und seine letzten Geheimnisse

»Ist der eigentlich auch privat witzig?«, fragen mich einige Kolleginnen und Freunde, wenn ich ihnen von der Arbeit für dieses Buch erzähle. Und dann fällt mir nach vielen Begegnungen mit ihm ein, dass er in meinen Augen tatsächlich so etwas wie einen »privaten« Witz hat. Dessen Pointen ihm sogar fast genau jenen Gesichtsausdruck seiner öffentlichen Pointen geben, wenn auch nur für Sekundenbruchteile. Für einen Wimpernschlag lang sieht Hallervorden beim privaten Lachen etwas didiesk aus. Nämlich immer dann, wenn er beginnt, etwas Komisches zu erzählen, und dabei seine Augen weitet und seine Nase, ein ziemlicher Zinken, kräuselt. Und wenig später auch, wenn er selber lachen muss.

Er erzählt mir von einem Mann, den er im Wartezimmer eines Arztes getroffen hat und der auf ihn zuging und einfach nur seine Hand kurz schütteln wollte, um ihm seinen »Respekt« auszudrücken. Das, so sagt Hallervorden, geschehe ihm in den vergangenen Jahren häufiger. Dass Menschen auf ihn zukommen, die sich nur kurz bedanken wollen bei ihm.

»Und das Schönste ist, dass vielen dabei Tränen in den Augen stehen.«

»Ich denke dann manchmal, wie viel Zehntausenden von Berlinern ich eine Freude in ihren Leben gemacht habe, indem ich dieses Theater aufgemacht habe. Berührend ist es auch für mich, wenn mir Menschen ehrliche Anerkennung geben, die meinen ganzen Lebensbogen verfolgt haben, von Didi über das Kabarett bis hin zum Schauspieler ernster Rollen. Solches Lob tut mir gut. Oft erröte ich dabei sogar. Und denke: Meinen die jetzt wirklich dich?«

Ja, meinen sie. Allein 409700 Facebook-Fans haben seine Seite geliked und abonniert. Dort teilt er seine Freuden. Kindlich überbordend manchmal. Sein Sohn hilft ihm beim Posten: Videobotschaften, Fotos der langen Schlangen, wenn er irgendwo auftritt. Da sind einige Facebook-»Freunde« darunter, die sagen ihm, wie sehr er ihr Leben bereichert hat. Andere erzählen ihm, aus welchen furchtbaren Lebensphasen oder Situationen er ihnen heraushalf. Davon kann er nicht genug bekommen.

In seinem Privatarchiv verwahrt er Fanbriefe, die ihn besonders berühren. Einer aus der alten Zeit klingt so: »Wir haben Ihre *Nonstop-Nonsens*-Sendungen sehr genossen«, steht dort geschrieben, »nun haben wir einem Zeitungsbericht entnommen, dass die nächste Staffel erst in einem Jahr zu sehen sein wird. Wir bitten Sie herzlichst, alles Erdenkliche dafür zu tun, damit die nächsten Sendungen möglichst bald ausgestrahlt werden können. Es grüßen freundlich zwei Achtundachtzig- und Einundneunzigjährige.«

Solche Zeilen sind ihm lieber als die Schulter- und Sprücheklopfer auf den Premierenfeiern und Preisvergaben. Jene Branchentreffs, die er in früheren Zeiten gerne mied. Heute aber steht dieser neu ins Leben und in Christiane verliebte Mann auch mal gern im Blitzlicht, am liebsten mit seiner Frau im rechten und Sohn Johannes im linken Arm. Was stört ihn der nächste Morgen, wenn er verkatert ist und die Welt von gestern, die wunderbare, nun plötzlich ganz gemein? Dann sucht und findet er die Nähe seiner Christiane. Die ihn liebevoll umhegt und mit Haferschleim für den Magen und grünem Tee gegen das Kopfweh versorgt. Der starke Mann im Mittelpunkt mag es, manchmal Hilfe zu brauchen.

Hallervorden ist nunmal ein liebesbedürftiger Künstler, jede Zuneigung tut seiner Seele wie seiner Eitelkeit gut.

Es gibt einen Kollegen von ihm, der ähnelt ihm in diesem Fleiß. Als Hallervorden im Frühjahr 2017 einer der vielen prominenten Gratulanten in Frank Elstners Fernsehgala zu dessen 75. Geburtstag ist, findet er eine großzügige Geste für seinen Kollegen. Gerade eben traten Thomas Gottschalk, Barbara Schöneberger, Günther Jauch und zu aller Ehre sogar Alain Delon auf und überschlugen sich in ihren Hymnen auf den Jubilar. Dann kommt Hallervorden. Mitten im Gespräch mit Elstner rutscht er vom Sofa und fällt auf seine Knie, um Elstner still zu zeigen, was er für ihn bedeutet. Was ihm wichtig ist, verkörpert Hallervorden nun mal mit vollem Körpereinsatz. Einfach nur ganz normal irgendwo rumzulaufen, das ist für ihn Luxus.

»In der Didi-Zeit war das besonders schwierig«, erinnert er sich. In den Kneipen und Restaurants klatschten sie mir mit der Hand auf die Schulter, knallten mir einen Schnaps auf den Tisch und forderten: »So, Didi, und nun spiel uns einen ›Gespielten Witz‹!« Schlimm war es auch oft bei Dreharbeiten auf der Straße. Die meisten Leute konnten nicht glauben, dass ich mich da konzentrieren muss. Dass es nicht einfach ist, auf einer Bananenschale so auszurutschen, dass es lustig aussieht. Die dachten, ich blödele da halt rum, dabei kann man mich schon stören und ein Foto machen, ein Autogramm verlangen. Sie sahen das, was ich tat, nicht als Kunstfertigkeit an, sondern dachten, dass sie das auch könnten. Heute ist es viel leichter und schöner, den Fans zu begegnen, weil die meisten mir Respekt und Hochachtung entgegenbringen.«

Und um jetzt noch die Frage zu beantworten, ob der echte Hallervorden so witzig ist wie der öffentliche: Nein, ist er nicht. Er ist leise und behutsam in seinem Humor. Zart.

Ich erkenne erst jetzt, nach vier Jahrzehnten, dass sogar einiges von dem ebenfalls verhaltenen, zarten Heinz Rühmann in der Kunstfigur Didi steckte. Deswegen hat er mit dieser Clownsrolle berührt, denke ich, weil in ihr etwas von der Schüchternheit und dem Hadern des jungen Hallervorden versteckt war. Und manchmal schimmerte das hindurch. Erinnern Sie sich an diese leiernde Stimmlage, wenn Didi ein Missgeschick nach dem anderen passierte, wenn er eine wunderbare Verzweiflung in seine Faxen einbaute?

Wie man im schönsten Lachen ein wenig Mitleid hatte mit diesem Mann? Ich finde, das ist die allerbeste Narrenkunst.

»Ja«, gibt Hallervorden heute zu, »ich habe einiges Privates in diese Rolle gelegt oder einiges von mir abgeleitet, auch aus meiner Kindheit. Ich bin als Junge gerne in Kostüme und Chargen geschlüpft. Ich beobachtete gerne die Großen, die Lehrer zum Beispiel, und guckte mir ihre Macken ab. Und auch das Anarchische von Didi, das trage ich in mir.« Dank Didi regierte die Unvernunft, die Freiheit von den ersten kleinen Zwängen. Der Comedian und Moderator Wigald Boning liebte als Kind diese gesetzlose Seite von Didis Humor. »Er war für mich die Personifizierung von Wildheit«, erinnert sich Boning und wunderte sich über die Ablehnung unter manchen Polit-Kabarett-Kollegen, die Didi »nicht be-, sondern verlachten«.

Schon der kleine Dieter musste jeden Tag in der Schule kämpfen gegen die Vorurteile und Attacken seiner Mitschüler. Er verhedderte sich vor lauter Unsicherheit in seiner geliebten Sprache, stotterte dann und wann. »Das alles war im Didi drin«, gibt Hallervorden heute zu. »Das Kleine von mir, das damals in mir war, das steckte ich in ihn.«

»Wie weit lässt sich die Zitrone noch ausdrücken?«, dachten sich später die Regisseure und Produzenten und buhlten bei ihm um immer noch einen Didi-Film. Doch Hallervorden wollte spätestens nach der Wiederauflage von *Die Didi-Show* nicht mehr, für die er noch einmal mit seinem Freund Ralf Gregan (Regisseur von *Zelleriesalat* und

Der Untermieter) zusammenarbeitete, der das Drehbuch schrieb. Er zog sich zurück auf seine Insel oder in seine *Wühlmäuse* und ließ Angebot für Angebot verstreichen.

»Ich will! Ich kann!«, sein Lebensmotto, das sein Vater ihm einst in sein Poesiealbum geschrieben hat, gilt natürlich auch andersherum für ihn und deswegen weiß er genau, was er nicht will.

In seinem Theater trat er zurück in seine eigenen Fußstapfen und wurde wieder Kabarettist. Heute kaum mehr vorstellbar, dass ausgerechnet ein noch junger Sender wie Sat. 1 damals bei ihm für ein satirisches Kabarettformat anfragte. Und so bekam Hallervorden im Jahr 1992 die *Spott-Schau* – versteckt im Nachtprogramm. Er bat sich aus, dass seine Sendung nicht unterbrochen werden dürfe von Werbung. Woran sich Sat. 1 bald schon nicht mehr hielt und das Format nach 21 Folgen zerbrach. Hintergrund: Der vom Bayerischen Rundfunk abgewanderte Heinz-Klaus Mertes. Als der CSU-Mann noch beim BR war, hatte Hallervorden ihn in einer seiner ersten *Spott-Schauen* einen »Arsch mit Ohren« genannt. Nun war selbiger als »Informationsdirektor« zuständig für die Sendung. Ein Redakteur der Sendung stellte Hallervorden unter vier Augen vor die Wahl: Wenn er künftig Kohl und die katholische Kirche weglasse, würde sein Vertrag verlängert. Und das war's dann.

»Und doch hatte diese zerbrochene Ehe mit Sat. 1 ihr Gutes«, erinnert sich Hallervorden heute. Der SFB wurde wieder aufmerksam auf den Kabarettisten und zimmerte für ihn 1994 die maßgeschneiderte Sendung *Hallervor-*

dens Spott-Light. Fast hundert Mal lief die im Ersten, bis 2003.

»Ich bin kein Mensch, der am Fluss des Lebens steht und wartet, was an Neuem vorbeigeschwommen kommt. Ich möchte immer möglichst schnell neue Pläne für neue Projekte haben. Ich kenne keinen Tag, an dem ich abwarte, was er nun wohl bringt, sondern ich habe immer etwas vor«, sagt er und denkt dabei schon nächste Stücke herbei, die er gerne spielen würde, malt sie sich aus, während er über sie redet und trägt dieses Schwelgen in seinem Blick. Die große Vorfreude, auf das, was kommen mag.

»Das ist mein Antrieb«, sagt er, »dieses Immer-weitermachen!« Es fällt mir schwer, an dieser Stelle des Gesprächs einzuhaken, weil er eben nicht neben dem Lebensfluss steht, sondern knietief in ihm drinnen. Weil er trotzdem immer noch so sehr dürstet nach Leben. Aber dennoch probiere ich es und frage ihn, ob er es sich denn nicht manchmal wenigstens ein bisschen am Ufer des Flusses bequem machen möchte? Um die Beine hineinzuhalten vielleicht, aber sich nicht ständig dem Strom auszusetzen.

Da legt er seine Stirn in Dackelfalten und schüttelt den Kopf. Ich frage noch mal: Ob er denn nicht wie viele andere Menschen in seinem Alter einfach mal gerne nichts tun würde? Innehalten, sich ein bisschen ausruhen. Hallervorden schaut mich an, als hätte er die Frage nicht verstanden.

Er erzählt, wie er sich auf einen dieser Felsen seiner Insel setzt, um den Gedanken nachzuhängen und den Wellen zuzuhören, wie sie an die Steine klatschen. »Doch jedes Mal komme ich in solchen Pausen auf neue Gedanken und auf neue Ideen, was ich noch alles machen könnte. Ich finde, wenn das Leben geliebt wird, dann ja nicht bloß in den nächsten 24 Stunden, sondern weil ich möglichst lange leben will. Weil ich wirklich etwas erlebt haben möchte oder andere durch mich etwas erleben. Glücklicherweise bin ich Schauspieler und nicht Steuerberater. Ich kann ja versuchen, Menschen in meinen Bann oder sogar mitzuziehen. Wenn ich die Beine hochlegen würde, könnte ich bald auch gleich zum Friedhof vorgehen.«

So entschlossen sagt er diesen Satz, dass er ihm gleich geradezu sprachphilosophisch hinterhersinnen muss. Eine Angewohnheit von ihm, die unterhaltsam ist. »Aber was heißt hier ›würde‹? ›Wenn ich das machte‹, muss es richtig heißen! Denn ›wenn‹ hat keine ›Würde‹!«

Es sind die schönsten Momente mit Hallervorden, wenn man spürt, dass da einer brennt. Und dass da einer nicht nur für sein Leben gerne, sondern um sein Leben spielt. »Ich kann doch diese Leidenschaft nicht austreten wie ein Feuerchen«, sagt er. In diesem Punkt kann er auch den Menschen Vorbild sein, die ihn gar nicht wegen seiner Filme mögen. Es dreht sich hier um einen, der sich mit all seiner Liebe für seinen Beruf und für das Leben entscheidet. In meinen Augen ist Hallervorden nicht nur ein Vollblutkünstler. Auch nicht nur ein Lebenskünstler. Sondern nun einmal ein Überlebenskünstler.

Und er ist ein Bildersammler. Nicht einer, der zweidimensionale Kunstwerke kauft und sie sich in sein Wohnzimmer hängt. Nicht einer, der Erinnerungen rahmt. Sondern einer, der unentwegt das Jetzt, das in der Luft liegt und so schnell verweht, auskosten will. Der ständig so viel Leben wie möglich, so viele Bilder dieses Lebens nicht nur sammeln, sondern regelrecht einsammeln will.

Ich habe mal eine Reportage über einen Mann geschrieben, der weiß, dass er bald erblinden wird. Dieser Mann erinnert mich immer wieder an Hallervorden. Denn er wollte noch möglichst viel erleben und ansehen für die lange Zeit in der Dunkelheit. Er war gerade dabei, sich eine Art Vorrat anzulegen an Farbe, Form und Licht. Und deswegen besuchten wir zusammen während der Recherche für die Reportage viele Museen, schöne Orte, Menschen. Sehenswürdigkeiten im wahren Wortsinn. Dieser Mann, der bald schon nichts mehr sehen würde, war nicht wehmütig und klagte auch nicht über sein Schicksal. Sondern er nahm so viel Leben in sich auf, wie er nur konnte.

So sehe ich auch Hallervorden. Andere in seinem Alter mögen das Leben langsam ausklingen lassen, was sicher verständlich und oft keine Frage des Willens ist, wenn einem das Schicksal keine Wahl lässt. Er aber stapelt, schichtet und sammelt in seiner Seele weiterhin alles, was er bekommen kann. Ich glaube, auch deswegen ist er so spät in seinem Leben so gut. Weil das Leben nur so aus ihm herausscheint.

In *Honig im Kopf* und *Sein letztes Rennen* kann man ihm bei diesem Herausscheinen zusehen. In den besten Augenblicken der Filme ruht die Kamera auf seinem Gesicht, und es wirkt für Sekundenbruchteile, als ziehe ein ganzes pralles Leben über die Leinwand. Als verschenke er es an die Zuschauer. Viel mehr kann man als Künstler nicht erreichen. Dafür lebt ein Schauspieler.

Und wofür sonst noch so? Schwer zu sagen. »Was soll ich denn außer meinem Beruf tun?«, sagt er selbst. »Ich habe keine Hobbys. Ich gehe zwar gern spazieren auf der Pfaueninsel oder jogge um den Teufelssee, manchmal gehe ich in der Havel baden mit dem Hund von Christiane, aber sonst …« Allenfalls liest der Max-Goldt-Fan gerne und schaut sich manchmal, aber nur selten, ein Fußballspiel oder eine Nachrichtensendung an. »Sonst nichts. Natürlich auch meine eigenen Sachen nicht!«

Ich habe diesen Satz häufiger von Schauspielerinnen gehört und ihn meistens nicht geglaubt. Bei Hallervorden könnte ich mir glatt vorstellen, dass er stimmt, weil ich gesehen habe, wie er sich nach glanzvollen Theatervorstellungen in seiner Garderobe beim Abschminken quält mit Selbstkritik. So sei es auch mit seinen Filmen, sagt er. »Ich sehe dann Szenen, von denen ich dachte, sie seien vom Regisseur als Halbtotale angelegt und nicht als Totale und ärgere mich. Dann sehe ich den Schnitt, der dem Film ja den Atem gibt. Und wenn ich merke, dass der nicht meinem Rhythmus entspricht, stört es mich viel zu viel.«

Genauso wie das Halbgare. »Nichts ist schlimmer als *gespielte* Gefühle – Gefühle, die nicht wirklich empfunden sind.« Dafür denkt er zurück an Dinge, die ihm real widerfahren sind, »die todtraurig waren und in die ich mich gedanklich zurückbegebe. Denn nichts ist furchtbarer, finde ich, als wenn man versucht, die Leute zu rühren, das Ganze aber nur künstlich herstellt. Das kann nie funktionieren.« Mit eben diesem Maßstab an sich selbst mutet sich Hallervorden einiges zu. »Das ist richtig. Das sind eben Situationen, von denen ich weiß, dass sie mich bis an mein Lebensende berühren. Und ich bitte um Verzeihung, dass ich diese Situationen benutze für mein Spiel. Aber es hilft am meisten.«

Es dauert, bis Hallervorden endlich verrät, was das für »Situationen« waren. Und wenn er von einer bestimmten erzählt, weiß man auch, warum er ungern spricht von ihr. Weil sie ihn eben immer, ja, wirklich immer traurig macht. »Ich denke dann an den Tod meines Vaters. An diesen Mann, der vom Leben so gestraft war und dennoch so viel Willen und Mumm hatte. Und der mit 51 Jahren zu seiner Last mit den amputierten Beinen auch noch einen Schlaganfall bekam.« Hallervorden ringt jetzt mit seinen Worten, seine gerade noch feste Stimme zittert. »Wie er dann da einseitig gelähmt in seinem Bett lag, dieser Mann, der immer so voll Enthusiasmus lebte und nun nicht mehr konnte. Der dann sogar seine Sprache verlor …« Eine Träne rollt dabei eine seiner Lachfalten herunter.

Dann erzählt er von seiner Mutter, die die Gabe hatte, sich für den kranken Vater und viele andere Menschen aufzuopfern, ihn zu pflegen. »Das habe ich leider nicht geerbt von ihr, ich kann mit dem Thema Krankheit schwer umgehen.« Später flüchtete die Mutter mit dem Rest der Familie zu ihrem Sohn nach West-Berlin. »Diesen Mut von ihr, alles hinter sich zu lassen, das Haus, die Möbel, alles und um die 60 ein neues Leben anzufangen, den bewundere ich so sehr an ihr.«

Eines Kindheitstages war die Mutter ärgerlich auf ihren Sohn, weil der wieder und wieder nicht die Süßkirschen im Garten gepflückt hatte, worum sie ihn gebeten hatte. Also ging die Mutter selbst zum Kirschenpflücken und stieg auf eine Leiter in den Baum. Plötzlich hörten die Kinder einen Schrei, rannten zum Baum, unter dem die Mutter leblos und schwer verrenkt im Gras lag. Daneben die umgefallene Leiter. Als die Kinder sich über sie beugten, voller Sorge, schnellte die Mutter hoch und lachte lauthals, weil ihr der Scherz gelungen war. »Ich liebte ihren schwarzen Humor und habe natürlich viel von ihm übernommen«, erinnert sich der Sohn. »Sie war rührend fürsorglich, sehr aufopferungsvoll und ungeheuer initiativ. Sie hat Situationen gemeistert, bei denen ich im Rückblick bewundere, mit wie viel Tatkraft, Mut und Ideenreichtum sie das geschafft hat. Und sie konnte sich förmlich ausschütten vor Lachen, wenn ihre perfekt inszenierten Scherze funktionierten. Ich denke sehr viel an sie.«

So weit das starke Erbe seiner Ahnen. Es bleibt aber die Frage, woher sein Hang zum Kämpfen und auch zur Kontrolle sonst noch rührt. Mag sein, beides hat mit seinem

Selbstvertrauen zu tun. Mit seiner Selbstkontrolle. Hallervorden wusste sich immer selbst zu vertrauen, mehr noch, er hatte sich immer sehr im Griff und wusste stets, dass alles allein von ihm abhängt. Dass ihm kaum etwas zufällt. Dass er immer alles von sich geben muss, um aus einem Misserfolg einen Erfolg zu machen. Denn ein Glücksritter war er nie. Es gibt doch kaum einen anderen Künstler, der so gerne so hart arbeitet für seinen Erfolg. Der so wenige Belange einfach mal gut sein lässt.

Ich habe ihn einmal gefragt, ob er mit mir durch einen Teil Berlins spazieren mag, an dem er besonders hängt. Vielleicht einfach nur jenen rings um sein Theater. Da zuckte er mit den Schultern. Er sei hier in Berlin-Steglitz verwurzelt, weil sein Theater nun mal einen festen Untergrund benötige, sagte er dann. Aber eigentlich wisse er nicht viel über dieses Viertel, weil er immer nur hier drinnen arbeite. Er ist ja nicht nur Intendant dieses Hauses. Sondern auch seiner Träume. Und die inszeniert er an diesem Ort.

Zwischendurch einfach mal kurz durch sein Steglitz schlendern, das kann er nicht. Dieser Mann ist auf innerlicher Durchreise. Ich denke, vielleicht ist seine Insel deswegen so wichtig für ihn, weil er wenigstens dort einfach mal bleiben und innehalten kann. Und den Augenblick, den schönen, verweilen lassen muss.

»BIN UMGEZOGEN!«

Wie er sein Begräbnis plant und sich den Tod ausmalt

Hallervorden ist ein Getriebener. Ein »nirgendwo Gebliebener«, wie Heinz Rudolf Kunze in einem Song singt. Ein Unentwegter. Was geschieht mit solchen Menschen, wenn sie eines Tages in die Ruhe, die sie sich zuvor nie gestattet hatten, gezwängt werden. Wenn sie krank werden oder langsam sterben. Sind sie dann innerlich immer weiter auf dem Sprung? Oder kommen sie endlich irgendwo an?

Gerade deswegen habe ich mir Hallervorden im Frühjahr 2017 in seinem *Schlosspark Theater* mit großer Neugier angesehen. Er spielte in der Wiederaufnahme des Hauptmann-Stücks *Vor Sonnenuntergang* ein bisschen auch aus seinem Leben: Alter Mann verliebt sich noch einmal, bevor seine Sonne untergeht und er stirbt. Dass die Verwandten im Stück ihm das neiden, ihn in den Selbstmord treiben, tun sie im wahren Leben natürlich nicht. Ganz im Gegenteil, sie freuen sich mit ihm über sein spätes Glück.

Ich habe *Vor Sonnenuntergang* in der Verfilmung mit Hans Albers geliebt und auch Harald Juhnke, dessen allerletzter Film ebenfalls *Vor Sonnenuntergang* war. Beide Männer spielten die Hauptrolle mit einer geradezu wehen Zartheit, versunken in eine Melancholie und schließlich verzweifelt.

Hallervorden trotzt dieser Interpretation mit seinem ganzen künstlerischen Wesen. Er spielt diesen Matthias Clausen als einen Kämpfer, der sich noch einmal in seinem Leben mit aller Kraft aufbäumt, um noch einmal er selbst zu sein. Er steht da auf seiner Bühne, umringt von einem Ensemble aus Neidern, Missgünstlingen und Niederträchtigen und lässt sich dabei zusehen, wie er inmitten dieses Abgrundes um sein Überleben ringt. Wie er seine ganze Wut, die er ja auch aus seinem Leben hinter und vor der Bühne kennt, herausschleudert. Wie er damit das Publikum in seinen Bann schlägt.

Das nämlich freut sich über einen Hallervorden, der in seiner Rolle bis kurz vor Schluss des Dramas wieder einmal nicht aufzugeben scheint, der sich gegen allen Widerstand behauptet. Der leben will, jeden Moment, und das mit seiner viel jüngeren Frau. Ganz so wie der echte.

Wie er sich verausgabt, wie er brüllt, fleht und seine Gefühle vervielfältigt, ist groß. Da wirkt es bei all der Kraft des Spiels fast schon unpassend, dass er zum Schluss sterben muss. Als Juhnke und Albers in *Vor Sonnenuntergang* melancholisch starben, hat man ihnen das geglaubt. Hallervorden wirkt ein bisschen zu vital, sogar für den Bühnentod. Das ist der kleine Haken bei seinem Spiel in diesem Stück: Er wirkt am Ende einfach zu lebendig.

Zwei Minuten nachdem der Vorhang gefallen ist, steht er zum Verbeugen im Schlussapplaus sehr glaubwürdig wieder auf. Denn auf Wiederauferstehungen versteht er sich nun mal.

Aber bühnenwirksam zu sterben und wiederaufzuerstehen reicht diesem Besessenen nicht. Und so überlegte er lange, wie er in seinem *Schlosspark Theater* dieses große Thema vom Abschied und Neubeginn noch einmal auf die Bühne bringen könnte. Und so spielte er 2021 und 2022 den lieben Gott persönlich in *Gottes Lebenslauf*, dem Stück von Jean-Louis Fournier, das er eigens ins Deutsche übersetzte. Ich habe in diesem Stück gerade die Schöpfung hinter mir«, erklärte er, »der Himmel ist fertig, die Erde ist fertig, die Tiere sind fertig und so auch der Mensch. Jetzt fühle ich, der Schöpfer, mich selbst fix und fertig.« Er verfalle in tiefe Melancholie. Aus der er sich in dieser Komödie befreit.

Und weil sein Publikum das große Menschheitsthema mit ihm in der Hauptrolle so liebt, setzte er 2022 gleich noch einen drauf. Eine neue Herausforderung musste her. Und so nahm er mit dem Stück *Der König stirbt* noch einmal – nicht nur nach Hermann Hesses Gedicht – eine andere »Stufe«. Er wagte sich ans absurde Theater und spielte den Gebieter in Eugène Ionescos Stück natürlich selbst. An seiner Seite seine Frau Christiane, die die Haushälterin »Julchen« mit einer an Brecht-Inszenierungen erinnernden Courage spielt, dass sie neben ihrem Mann wunderbar verwegen und oft augenzwinkernd besteht.

Da steht er also in einen falschen Hermelin gewandet in dem Haus, in dem er ja selber König ist und spielt den Regenten mit seiner ganzen Angst, bald abtreten zu müssen. Aber das eben nur gelegentlich melancholisch und traurig, sondern durchsetzt mit seinem Witz. Wie Hallervorden ein paar Anleihen seiner beiden *Didi – Der Doppelgänger*-Rollen in dieses Hochkultur-Stück schleust, hat etwas von einem Meisterdieb. Er klaut von sich selbst, schmuggelt eine Reminiszenz an sein Alter Ego in Ionescos Text und das Publikum freut sich in der Komplizenrolle.

Als ich mir dieses Stück ansehe im *Schlosspark Theater,* werde ich zu einem dieser Komplizen und lächle, wie der Hausherr den vielleicht hallervordischsten Weg gefunden hat, seine eigene Sterblichkeit zu thematisieren: indem er sie kunstvoll ad absurdum führt auf seiner Lebensbühne. Da klettert er auf der Bühne eine Art Lebensleiter hoch und spielt, wie seine Zeit verrinnt. Komisch und bestürzend zugleich. Übrigens: Von dieser Leiter wird noch einmal gegen Ende dieses Buchs die Rede sein …

An einem unserer gemeinsamen Abende – es war schon still in der Champagnerhalle seines Theaters und alle Mitarbeiter waren gegangen –, da erzählte er von seinem Beinahe-Glauben. Dass er oft überflutet werde von dem Gedanken, dass es eine höhere Macht gebe. Dass das doch alles kein Zufall sein könne hier auf der Erde.

Er sagte, dass er zwar nicht an den Gott einer Kirche glauben könne. Dass er aber manchmal in Augustnächten auf seiner Insel an einem dieser Findlinge lehne, die die Hitze des Tages noch in sich tragen. Und die ihm von ihrer Wärme etwas abgeben: »Ich schaue dann in den Sternenhimmel und bin zutiefst berührt. Und bin geneigt zu glauben, dass noch jemand anderes im Spiel ist.« Im Spiel.

Für einen Moment war es sehr still. Man hörte Hallervordens Atem. Das ist bei einem, der jeden Zug seines Atems kontrollieren und einsetzen kann, selten. »Ich würde schon gerne weiterleben nach meinem Tod, aber ich kann daran nicht glauben ... Von der Geburt an kommen wir dem Tod doch tagtäglich näher und näher. Manchmal bin ich neugierig, ob und wenn ja, was dann kommen wird. Aber ich fürchte, dass es dann eher dunkel ist.« An dieser Stelle seiner Gedanken angekommen, bemerkte er, dass er traurig klang: »Eigenartig. Oft denke ich: Dieses oder jenes von mir wird mein Sohn behalten, auch wenn ich nicht mehr da bin. Komisch, oder?«

Nein, nur menschlich. In einigen alten Interviews erzählte er auch, dass er manchmal die Furcht gehabt habe, er könne nicht mehr erleben, wie sein Sohn volljährig werden würde.

»Ich glaube, dass man nur in zwei Formen weiterleben kann. In seinen Kindern und in seinen Werken. Vielleicht wird ja ein kleiner Teil von dem, was ich getan habe, von mir übrig bleiben oder sogar überliefert werden. Manchmal sehe ich Sechsjährige, die über Didi lachen, obwohl sie ihn ja nur über ihre Eltern oder Großeltern kennen. Das macht mir Mut. Das liegt aber auch an der modernen Technik, dass es eben Filme und DVDs gibt, sonst würde ich genauso verschwinden in der Vergessenheit, wie es Schiller beschrieben hatte: ›Dem Mimen flicht die Nachwelt keine Kränze.‹« Und natürlich wird auch sein *Schlosspark Theater* von ihm erzählen, wenn er einmal fortgegangen ist.

An ein Wiedersehen im Jenseits aber und himmlische Zugaben kann er nicht glauben. »Diejenigen, die ich gerne wiedersehen würde, sind ja ohnehin schon so fest in meinen Gedanken verankert, dass sie auf eine gewisse Art fortleben. So wie ich hoffentlich einmal in den Gedanken meines Sohnes.« Und wieder sagt er: »Was zählt, ist das Leben! Man muss es genießen!«

Spricht er solche großen Sätze aus, sucht er schnell danach wieder einen Grund zum Lächeln. Auf dass er selbst nicht so dramatisch dreinblickt, wie sich der Inhalt seiner Gedanken anhört. Seine Grübchen am Kinn kräuseln sich sonst wieder zu kleinen Kratern, der ganz normale Dieter-Reflex. Doch das Lachen, das wirklich laute, bleibt diesmal aus.

»Ich würde gerne noch ein wenig auf dieser Welt bleiben. Auch um meinem Sohn noch etwas beizustehen. Vielleicht braucht er mich ja noch ein bisschen.« Nein, es sei nicht so, dass er sich dem Tod nahe fühle. »Ich möchte nur niemanden damit belasten. Ich mache alles wie immer selbst.«

Deswegen hat er auch niemandem davon erzählt, dass er in diesen Tagen seine letzten Dinge geregelt hat. Er hat einen »sehr lebenslustigen und intelligenten« Bestatter zu sich ins Theater eingeladen und mit ihm alles eingehend besprochen. Und eine Idee für die Traueranzeige hat er auch schon. Darauf soll bitte die Anschrift des Friedhofes stehen. Mit dem Vermerk: »Bin umgezogen.«

»WEM DAS WASSER BIS ZUM HALS STEHT …«

Ein Kämpfer gegen Corona

Von den Steinen, die man ihm in den Weg legte und die er meist mit Freude wegräumte, war in diesem Buch schon die Rede. Was aber, wenn sich die Steine zu einer Lawine zusammentun, die droht, alles unter sich zu begraben? Corona, das war für viele Menschen und Branchen eine existenzielle Gefahr. Und Corona machte viele lethargisch. Den Mann dieses Buchs jedoch machte die Pandemie einmal mehr erfinderisch.

Am Brandenburger Tor sprach er, wie etliche seiner Kollegen auf einer Demonstration – »Alarmstufe Rot«. Er hielt eine große Rede für das Überleben der Kultur. Dann erdachte er ein Konzept, um seine Theater durch diese schwere Zeit zu bringen. So ausgefeilt war seine Strategie, dass der Berliner Senat dieses exemplarische Vorgehen für alle anderen Theater der Stadt sogar übernommen hat.

Lange Zeit durfte Hallervorden in Berlin vor maximal 105 Zuschauern spielen und spielen lassen, eine Auslastung von gerade einmal 20 Prozent. Wirtschaftlich betrachtet war das ein Desaster, aber ideell ein Gewinn. »Da musste ich also wieder einmal ordentlich zuschießen. Aber ich trat ja einmal an mit einem Versprechen, Theater für die Menschen zu machen und nicht fürs Geld. Und so hätte ich auch vor nur zehn Zuschauern gespielt.« Auf den Plätzen, die er damals freihalten musste, ließ er Puppen Platz nehmen, die die Zuschauer selbst gestalten durften. Alles für die Psychologie, auf dass sich das Theater nicht so leer anfühlt.

Von Beginn der Pandemie an fahndete Hallervorden nach Auswegen. Nach Überlebensstrategien für die Kultur in Corona-Zeiten. Er streamte Vorstellungen online, obwohl das nur Geld kostete und nichts einbrachte. »Aber ich wollte Kontakt zu unserem Publikum halten, das war es mir wert«, sagt er. Und er nahm alle Einladungen in Talkshows an, um seine Stimme für die Kultur zu erheben. Sein schönster Satz aus einer dieser Sendungen: »Wem das Wasser bis zum Hals steht, der sollte seinen Kopf nicht hängen lassen!«

Wie kaum ein zweiter Künstler, außer vielleicht Till Brönner, brachte er sich derart kraftvoll ein in einer Zeit der allgemeinen Lähmung. »Ich wollte den Leuten Mut machen: ›Lasst uns jetzt nicht verzweifeln und hadern mit unserem Schicksal, sondern überlegen, wie wir da wieder rauskommen!‹«

Stolz ist er nun, dass seine *Wühlmäuse* und sein *Schlosspark Theater* überlebt haben. Und dass er niemanden entlassen hat – in Zeiten, in denen Zehntausende aus der Kulturbranche ihre Jobs verloren. »Ich wollte vor allem den Menschen, die viele Jahre loyal waren und treu für mich gearbeitet haben, zeigen, dass sie sich nun auch auf mich verlassen können. Und genau das zahlt sich jetzt aus. Meine Leute haben gespürt, dass ich für sie da war, als es eng wurde. Und das geben sie mir jetzt wieder zurück. Wir sind in unseren Theatern noch mehr als Familie zusammengewachsen, weil wir wissen, dass wir aufeinander zählen können.«

Jeder andere hätte sich nun zurückgelehnt nach einem solchen Kampf. Sich erholt von allen Anstrengungen. Erst einmal durchatmen, nachdem einem beinahe die Luft weggedrückt wurde. Aber was fällt Hallervorden ein in solch einem Moment? Das nächste Wagnis!

Er beschließt in Zeiten des großen Theatersterbens ein neues, ein drittes Theater zu gründen: Das *Mitteldeutsche Theater* in seiner Geburtsstadt Dessau. Und das auch noch selbstschuldnerisch. Alles investiert er zunächst erst einmal selber, fast so wie damals, als er das *Schlosspark Theater* wieder zum Leben erweckte. Ohne öffentliche Gelder. Im September 2022 zog er in die Marienkirche und verwandelte das ehemalige Gotteshaus in eine Kulturstätte.

Da hat also grad jemand seinen Kopf gerettet und ein Stück Kultur – und kaum hat er überlebt, hält er sein Haupt, diesen unverbesserlichen Dickschädel, schon wieder hin. »Ich wollte gerne zu meinen Wurzeln zurückkehren. Und ich wollte der Stadt etwas von dem zurückgeben, was sie mir mal gegeben hatte. Sie hat mich auf den Weg ins Leben geführt. Im *Anhaltischen Theater* habe ich schließlich alles zum ersten Mal erlebt, was Theater ausmacht: Oper, Operette, Ballett, Märchen, Schauspiel, alles habe ich dort zum ersten Mal kennengelernt. Und deswegen verstehe ich die Gründung des *Mitteldeutschen Theaters* als eine Geste des Ehrenbürgers von Dessau, der ich bin. Ich möchte einen neuen kulturellen Anziehungspunkt schaffen für all das, was diese Stadt heute ohnehin schon bietet mit dem Bauhaus, mit den Museen, dem Wörlitzer Park. Der Stadt, in der mein Großvater einst die Synagoge vor den Nazis gerettet hat.«

EPILOG

Hallervordens Traum

Ein Windstoß vom Atlantik wirbelt in die Empfangshalle seines Schlosses, als er die Türe öffnet. Wir sind wieder auf seiner Insel vor der Bretagne. In der Halle zwischen Steinboden und Deckenpfeilern steht ein aus Metallstücken geschweißter Harlekin. An den Wänden hängen Jugendstillampen mit Frauenkörpern, die sich in Schmetterlinge und Pfaue verwandeln. Hallervorden und Christiane Zander sitzen auf einer Balkonterrasse. Es gibt einen Schluck Pastis de Marseille.

Von dieser Loggia schauen sie um die halbe Insel. Sie sehen, wie die Strömungen des Meeres sie umspülen. Sie hören das Schreien der Möwen und das Gurren von Tauben. Der Hausherr serviert jetzt Champagner Rosé. Hallervorden deutet auf den Rücken des fünf Meter hohen Monolithen vor der Terrasse, den er jetzt bald wieder hinaufkraxeln wird, um seine Mulden mit Steinkräutern zu bepflanzen. Er nennt die Namen seiner Lieblingspflanzen und wonach deren Blüten duften. »Es war mir wichtig, eine Insel zu kaufen, auf der ich auch wirklich das Gefühl habe, auf einer zu sein«, erklärt er. Daher kamen die anderen, größeren, die er sich damals, Ende der Achtziger anschaute, nicht infrage. Dabei hatte der Inselmakler wirkliche Juwele im Programm. Er zeigte Hallervorden Oasen in Griechenland, Italien, auf den Jungferninseln und Bahamas. Alle zu groß für ihn und auch zu weit weg.

Von der Terrasse geht eine Treppe hinab in den Rittersaal, der jederzeit Kulisse sein könnte für einen Mantel- und Degenfilm. Ein gelagetauglicher Tisch wird von Stühlen umringt, die Riesen gehören könnten und in deren Polster die Blumen und Ranken des Gartens gestickt sind. Ein Ölgemälde füllt die seidenbestickte Wand aus und zeigt Burgbewohner bei Mahl und Trank. Zwei Kamine überragen den Hausherrn weit. Der führt nun noch tiefer in sein Reich. In einem Raum nebenan hängen Taucheranzüge und Harpunen, mit denen er und sein Sohn manchmal größere Fische jagen.

Zwei Wendeltreppen führen in einen der Türme hinauf, dort zeigt er mir sein Schreibzimmer. Er hat diese kleine Turmkammer rundherum mit einem Kirschholzschreibtisch ausstatten lassen. Das flirrende Licht des Meeres strahlt durch vier Fenster von allen Seiten hinein. Hier also hat er die meisten seiner Texte des letzten Vierteljahrhunderts geschrieben.

Unter dem Dach des Schlosses liegen mehrere Schlafzimmer. Lässt man die Fenster geöffnet, weht der beinahe schon warme Frühlingswind vom Atlantik hinein und trägt alle Düfte von Salz, Strand, Erde und Pinien in die Gemächer.

Dann tritt er wieder hinaus in den Garten. »Es war mir wichtig, dass mich nach jedem zehnten Schritt eine neue Blume anlächelt«, deutet er jetzt zum Boden. Besonders stolz zeigt er auf jene Beete, die nicht er, sondern Johannes angelegt hat. Da ist jemand glücklich über die Werke seines Sohnes und beschreibt sie mit einer Hingabe, als würde er ein Kunstwerk loben. Und jedes Mal begleite ihn ein Fiebern und Hoffen, sagt er, ob die neu eingesäten Beete auch angehen und gedeihen. Ob sie irgendwann »Danke« sagen zu den beiden Männern, die sie pflegen. Denn das sei das schönste Geschenk, meint Hallervorden, als könne er seine grünen Freunde tatsächlich hören. Hallervorden geht mit seinen Pflanzen so behutsam um, als wären es seine Haustiere.

Den Steinriesen um die Burg herum haben Vater und Sohn Namen gegeben. Jene am Strand heißen »Schildkröten«, weil sie so aussehen wie jene, die auf den Seychellen zum Eierlegen an den Strand robben. Den Koloss neben dem Schloss nennen sie »Hase«, weil er tatsächlich auf dem Sprung zu sein scheint. Mitten auf der Insel liegt ein Hühnerstall. Christiane hat erst gestern auf dem Festlandmarkt Zwerghühner gekauft, die nun in der Erde scharren und glücklich gackern. Verzückt stehen die beiden nun vor ihren neuen Nachbarn und schauen ihnen zu. Hallervorden erzählt, dass er als Junge schon Hühner hielt. Am liebsten mag er die neue Henne mit dem witzigen Federpuschel auf dem Kopf, »ein Clowns-Huhn«, sagt er.

Dann geht es hinein zum Abendessen. Kühl ist es Anfang Mai in seiner Burg, weil der Gaslieferant säumig ist. Und so sitzen wir in der von einem Elektroheizer angewärmten Küche, essen Fischsuppe und Lachsmedaillons, dann Hallervordens geliebte Mousse au chocolat, eine ganz herbe, dunkle Variante, die er mit reichlich Williams übergießt und löffelt. Erst ein paar Jahre später entschließen sich beide, sich nur fleischlos zu ernähren. Deswegen wird Hallervorden sogar auf seine einst geliebten Kohlrouladen verzichten.

Spät am Abend steigt er noch ein paar Treppen hoch, die sich in die oberen Geschosse winden. Er tritt auf den »Romeo-und-Julia-Balkon« und dann auf eine große, von Zinnen bewehrte Terrasse, auf der er manchmal Partys gibt. Von dort geht es in den Wohnzimmer-Salon. Die Schritte knarzen über edles Parkett. Dann schleichen sie wie durch Neuschnee über Seidenteppiche hin zum großen Panorama-Fenster mit Blick in die Kiefernkronen und den Horizont.

In jeder zweiten Nische stehen kleine Clownsfiguren aus Porzellan. Seine Kollegen. Der Chef-Clown deutet jetzt auf die ein oder andere Antiquität und sinniert: »Dieser Schrank ist von 1662. Wer weiß, mit wem der es schon zu tun hatte? Er bedeutet mir, dass aller Besitz eben nur auf Zeit ist.«

Am nächsten Morgen ist Sturmwarnung. Die nächsten drei Tage wird Hallervorden mich nicht übersetzen können mit dem Schlauchboot, sagt er, zu aufgewühlt sei die See. Der einzige Ausweg aus dem Paradies: Um 9.19 Uhr gibt es 20 Minuten völliger Ebbe. Aber wirklich auch nur diese 20 Minuten.

Hallervorden leiht mir seine Gummistiefel. Ich verabschiede mich von den beiden und laufe durch den Schlick des Watts und über das Gestrüpp von Algen zurück ans Festland. Kaum erreiche ich den Strand, laufen schon einige Priele im Watt zusammen, und ich erinnere mich an Hallervordens Warnung: »Die Flut kommt langsam, dann aber sehr bald schon mit der Geschwindigkeit von galoppierenden Pferden.«

Ich drehe mich noch einmal um, zurück zur Insel. Und denke jetzt: Vielleicht macht es diese Insel möglich. Vielleicht macht sie es Hallervorden möglich, dass er erfolgreich unterwegs ist auf der Suche, die uns alle irgendwann einmal umtreibt.

Dass er einer Antwort nahe ist auf die eine große Frage: Wie wird man eigentlich nur man selbst?

Am Abend zuvor bedankte ich mich bei ihm für die Zeit, die er mir gegeben hat. Und für all das, was er mir anvertraut hat.

Dann erzählte ich ihm noch, dass ich oft von ihm geträumt habe während meiner Arbeit für dieses Buch. Und fragte ihn dann selbst nach seinem einen großen Traum.

Nicht nach seinem großen Wunsch. Sondern nach einem Traum, den er nachts immer wieder mal träumt.

Und tatsächlich gibt es einen, der ihn schon lange in seinem Leben verfolgt.

»In diesem Traum klettere ich irgendwo an einer Hausfassade hoch. Und weiß dann, ganz oben angekommen, nicht mehr, wie ich runterkommen soll. Der Abstieg ist in dieser Phantasie immer gefährlicher als der Aufstieg. Oft denke ich auch, warum soll ich eigentlich wieder runterklettern? Vielleicht geht es ja noch ein Stück höher! Dieser Traum kommt immer wieder.«

Da sorgt sich ein Mann, der immer eine neue Stufe im Leben nehmen muss, der immer neu angefangen hat und schnell nach oben kam, dass er irgendwann wieder heruntermuss. Dabei will er doch, ehe er absteigt, lieber noch immer weiter nach oben. Das ist der Hallervorden, so denke ich, der sich nicht richtig freuen kann, wenn er einen Preis in seinen Händen hält. Weil er sich im Moment des Jubels schon fragt: »Und was kommt nun?«

Da schaut also einer mit 87 Jahren nicht nach, ob die Leiter fest steht, sondern träumt, dass sie noch ein paar Sprossen mehr haben möge. Vielleicht kann er die Menschen deswegen so gut erheitern und rühren zugleich. Weil er die Leichtigkeit des Seins wagt, selbst in der Schwere. Weil er immer noch ein Stück weiter hinaufsteigen will auf der Leiter. Als gäbe es da nichts, das ihn herunterziehen könnte. Und diese Leiter scheint noch nicht zu Ende. Solange er von ihr träumt.

WERKVERZEICHNIS

KINO UND FERNSEHEN

»Oskar, das Schlitzohr und Fanny Supergirl« (2021)
Fernsehfilm – Oskar

»Mein Freund, das Ekel« (2021)
Serie – Olaf Hintz

»Wer weiß denn sowas?« (2021)
Quizshow

»Schönes Schlamassel« (2020)
Fernsehfilm – Schlomo Wiesnewski

»The Masked Singer« (2020)
TV-Show – Chamäleon

»Wer weiß denn sowas?« (2019)
Quizshow – 500. Folge

»Mord mit Ansage« (2019)
Comedy Show, 2 Folgen – Gast

»Mein Freund, das Ekel« (2019)
Fernsehfilm – Olaf Hintz

»Nord Nord Mord – Sievers und die Tote im Strandkorb« (2019)
Fernsehfilm – Olaf Bolt

»Benjamin Blümchen« (2019)
Kinofilm – Walter Weiß

»Endlich Witwer« (2018)
Fernsehfilm – Gast

»Counterpart« (2018)
Serie, 3 Folgen – Martin

»Liebe auf den ersten Trick« (2017)
Fernsehfilm – Reiner

»Weiser« (2017)
Fernsehfilm – Klassenlehrer Tom

»Rock My Heart« (2016)
Kinofilm – Paul Brenner

»Sesamstraße«: Die Zeitmaschine (2016)
Fernsehfilm – Opa Joost

»Ostfriesisch für Anfänger« (2015)
Kinofilm – Uwe Hinrichs

»Chuzpe – Klops braucht der Mensch« (2015)
Fernsehfilm – Edek Rotwachs

»Tiefe Wunden« (2015)
Spielfilm – Friedrich Müller-Mansfeld

»Honig im Kopf« (2014)
Kinofilm – Amandus

»Lindenstraße« (2013)
TV-Serie, 1 Folge – Dieter Hallervorden

»Sieben Tage Ohne« (2013)
Spielfilm – Emmerich

»Soko 5113« (2013)
TV-Serie (Episode: »Wasserratten«) – Rudolf Heise

»Live is Life II – Später geht's nicht« (2012)
Spielfilm – Dieter Jürgens

»Sein letztes Rennen« (2012)
Kinofilm – Paul Averhoff

»Death with Vengeance« (2012)
Kinofilm – Günther

»Das Mädchen und der Tod« (2012)
Kinofilm – Der Graf

»Old Ass Bastards« (2012)
Comedy– 1 Episode

»Das Kind« (2011)
Kinofilm – Mr. Stiemer

»Soko Stuttgart« (2011)
TV-Serie (Episode: »Tödliches Idyll«) – Alfred Vogelmann

»Die zertanzten Schuhe« (2011)
TV-Film – König Karl

»Kissenschlacht« (2011)
TV-Film – Harry Vandenberg

»In aller Freundschaft« (2010)
TV-Serie (Episode: »Blattschuss«) – Fritz Kuttesch

»1½ Ritter – Auf der Suche nach der hinreißenden Herzelinde« (2008)
Kinofilm – Pferdehändler

»Die Comedy-Falle« (2005 – 2008)
Comedy

»Armee der Stille – la isla bonita« (2006)
Kinofilm – Lukas de Winter

»Des Wahnsinns kesse Leute« (2005)
Comedy-Show – Moderator

»Zebralla!« (2000 – 2001)
Sitcom, 11 Folgen – Jürgen Zebralla (auch Regisseur)

»Verstehen Sie Spaß?« (1996 – 1997)
Samstagabend-Show – Moderator

»Hallervordens Spott-Light« (1994 – 2003)
Kabarett-Show – Regisseur, versch. Rollen

»Sachen zum Lachen« / »Kennen Sie den?« (1993)
Show – versch. Rollen

»Klipp-Klapp, der Clip Club« (1993)
Videoshow – Moderator

»Spottschau« (1992 – 1993)
Kabarett-Show – versch. Rollen

»Alles Lüge« (1992)
Kinofilm – Günther Kasulke

»Bei mir liegen Sie richtig« (1990)
Kinofilm – Willi Kritz

»Die Didi-Show« (1989)
Comedy-Show, 10 Folgen

»Didi der Experte« (1988)
Kinofilm – Willi Schulze

»Laus im Pelz« (1987)
Kabarett-Fernsehaufzeichnung – Rick Strassmann

»Didi auf vollen Touren« (1986)
Kinofilm – Didi

»Die Nervensäge« (1985 – 1986)
TV-Serie, 26 Folgen – Willi Böck

»Didi und die Rache der Enterbten« (1985)
Kinofilm – Dieter Dödel
(und weitere sechs Rollen)

»Is' was, Kanzler?« (1984)
Kinofilm – Gastauftritt mit Titelsong

»Didi – Der Doppelgänger« (1984)
Kinofilm – Bruno Koob / Hans Immer

»Zelleriesalat & Gitterspeise« (1983 – 1984)
Fernseh-Show, 4 Folgen
»Der Schnüffler« (1983)
Kinofilm – Herbert Böckmann

»Grand Gala – 3 mal klingeln« (1982)
TV-Reihe, 6 Folgen – Moderator

»Welle Wahnsinn« (1982)
Comedy Show, 2 Folgen – versch. Rollen

»Onkel & Co« (1981)
Komödie, 2 Folgen – Willi Wusel

»Alles im Eimer« (1981)
Kinofilm – Leo Berger

»Stachel im Fleisch« (1981)
Kinofilm – TV-Komiker

»Ach du lieber Harry« (1981)
Kinofilm – Harry App

»Mein Gott Willi« (1980)
Fernsehspielfilm – Willi Gimmel

»Lästerlexikon« (1975 – 1978)
TV-Serie, 3 Folgen

»Nonstop Nonsens« (1975 – 1980)
Slapstick Show, 21 Folgen +
5 Specials – Didi Slap

»Betrifft Fernsehen« (1974)
TV-Serie

»Der Springteufel« (1974) Fernsehspielfilm – Anhalter

»Was?« (1973)
Spielfilm – Hallervorden in einer Gastrolle

»Lokaltermin: Mildernde Umstände« (1973)
TV-Serie – Hallervorden in einer Episodenrolle

»Kara Ben Nemsi Effendi« (1973)
TV-Serie, 26 Episoden – Wekil

»Die Vorstandssitzung« (1977)
Kurzfilm

»Mister Tingeling stellt ein« (1971)
Fernsehspielfilm

»Die Schöngrubers« (1972)
TV-Serie – Gast

»Vorsicht! – Stellenweise tief« (1972)
Satiren mit Hallervorden

»Mein Onkel Benjamin« (1972)
Fernsehspielfilm

»Tatort (Rattennest)« (1972)
Fernsehspielfilm – Gast

»Ti vor Tu« (1972)
Fernsehspielfilm – Ben

»Abramakabra« (1970 – 1976)
TV-Serie, 10 Folgen – versch. Rollen

»Von Liebe keine Rede« (1971)
TV-Serie

»Hei-Wi-Tip-Top« (1971)
TV-Serie

»Die Kriminalerzählung« (1970 – 1974)
TV-Serie, 26 Folgen – Hallervorden in Episodenrollen

»Das Millionenspiel« (1970)
Fernsehspielfilm – Köhler

»Die Hochzeitsreise« / »Eine Nervensäge gegen alle« (1969) Spielfilm

»Darf ich sie zur Mutter machen?« (1968)
Spielfilm – Ulrich Vogler

»Seltsame Begegnungen« (1967)
Kurzfilm

»Die Rückblende« (1961 – 1962)
monatliche Sendung

THEATER

»Der König stirbt« (2022)

»Gottes Lebenslauf« (2020)

»Kasimir und Kaukasus« (2018)

»Mosca und Volpone« (2017)

»Vor Sonnenuntergang« (2016 – 2017)

»Der Bürger als Edelmann« (2014 – 2016)

»Sonny Boys« (2013 – 2016)

»Ich bin nicht Rappaport« (2012)

»Arsen und Spitzenhäubchen« (2011 – 2012)

»Zebralla« (2010 – 2012)

»König der Herzen« (2009 – 2010)

»Die Socken Opus 124« (2009 – 2013)

»Stationen eines Komödianten« (2008 – 2015)

»Die Nervensäge« (2007)

»Mit dem Gesicht« (2004 – 2006)

»Dinner für Spinner« (2003 – 2006)

»Am 8. Tag schuf Gott den Rechtsanwalt« (2002 – 2004 / 2013 – 2015)

»Sachen zum Lachen« (1988 – 1989)

»Die Didi-Show« (1987 – 1988)

»Laus im Pelz« (1987)
Theaterstück nach Larry Shue

»P. P. P.« (1986)

»Zelleriesalat und Gitterspeise« (1981)

»Wir wühlen – Sie wählen« (1980)

»Plem Plem« (1978)

»Des Wahnsinns kesse Beute« (1977)

»Klamotten für Kichererbsen« (1976)

»Aus dem Tagebuch des Monsieur Klamotte« (1974)

»Hilfe, die Polizei!« (1972)

»Das ist der Gipfel« (1970)

»Auf Grund gesetzt« (1970)

»Menschen, Tiere, Aggressionen« (1969)

»Der brave Demokrat Schmidt« (1968) Premiere am 01. Februar 1968

»Lebenshilfe« (1968)

»Seltsame Begegnung« (1967)
Premiere am 04. September 1967

»Glückliche Maschinen« (1967)
Premiere am 03. Mai 1967

»Gesellschaft mit beschränkter Hoffnung« (1965)
Premiere am 18. Oktober 1965

»Wahlpurgisnacht« (1965)
Premiere am 26. April 1965

»Bonn Quichote!« (1964)
Premiere am 19. November 1964

»Kleiner Mann, was tun!!!« (1964)
Premiere am 09. April 1964

»Völker, hört die Skandale!« (1963)
Premiere am 22. November 1963

»Tele – wieso'n« (1963)
Premiere am 01. September 1963

»Ernte 63« (1963)
Premiere am 29. März 1963

»Örtlich wieder Schläge« (1962)
Premiere am 21. September 1962

»Bitte um die Urzeit« (1962)
Premiere am 08. April 1962

»Verdummt nochmal!« (1961)
Premiere am 12. Oktober 1961

»Nicht auf den Mond gefallen« (1961)
Premiere am 14. April 1961

»Der Humor hat seine Schuldigkeit getan« (1960)
Premiere am 22. Dezember 1960

AUSZEICHNUNGEN

2022
LEA-Award

2021
Karl-Valentin-Orden

2018
Otto-Mühlschlegel-Preis der Bosch-Stiftung

2016
Goldener Vorhang vom Berliner Theaterclub e. V.

2016
Goldene Henne in der Kategorie Lebenswerk

2016
Medienpreis für Sprachkultur

2015
Satire-Stern auf dem Walk of Fame des Kabaretts

2015
Bambi Ehrenpreis der Jury für »Honig im Kopf«

2015
Romy (Österreich), Beliebtester Schauspieler

2015
Ernst-Lubitsch-Preis

2014
Münchhausenpreis

2014
Deutscher Filmpreis für den besten Hauptdarsteller »Sein letztes Rennen«

2014
Ehren-Jupiter 2014 in der Kategorie Lebenswerk

2013
Jürgen-von-Manger-Preis (»Tegtmeiers Erben«) in der Kategorie Lebenswerk

2013
Goldene Kamera in der Kategorie Lebenswerk

2013
Goldener Vorhang für seine Rolle in »Ich bin nicht Rappaport« am Schlosspark Theater vom Berliner Theaterclub e. V.

2012
Verdienstorden des Landes Berlin

2011
Goldener Vorhang für seine Rolle in »Die Socken – Opus 124« am Schlosspark Theater vom Berliner Theaterclub e. V.

2010
Krefelder Krähe Kabarettpreis, Ehrenpreis

2009
Steiger Award in der Kategorie Entertainment

2009
Berliner Bär BZ-Kulturpreis

2009
Prix Pantheon Sonderpreis der Jury in der Kategorie »Reif & Bekloppt«

2008
Goldener Vorhang für sein Lebenswerk vom Berliner Theaterclub e. V.

2008
BZ-Kulturpreis

2006
Ehrenbürger der Stadt Dessau

2005
Fallensteller-König »Die Comedy-Falle«

2005
Bayerischer Kabarettpreis Ehrenpreis

2004
Ehrenmitglied im Verein Deutsche Sprache e. V.

2003
Deutscher Comedypreis, Ehrenpreis für sein Lebenswerk

2001
Eulenspiegel-Kleinkunstpreis der Stadt Bernburg

1996
Telestar, Beste Moderation Unterhaltung für »Verstehen Sie Spaß?«

1981
Bambi

BILDNACHWEIS

Cover: Umschlaggestaltung: wilhelm typo grafisch unter Verwendung eines Fotos von © Hannes Caspar

S. 1: DERDEHMEL (2)
S. 2: DERDEHMEL
S. 3: DERDEHMEL
S. 4 - 5: DERDEHMEL
S. 6: privat (2)
S. 7: privat
S. 8: Die Wühlmäuse (2)
S. 9: ©UFA Fiction / ©ZDF ((2)
S. 10: Anne Wilke / barefoot films GmbH / Warner Bros. Entertainment GmbH
S. 11: © LEONINE Studios
S. 12 - 13: DERDEHMEL
S. 14: DERDEHMEL
S. 15: DERDEHMEL
S. 16: DERDEHMEL
S. 17: DERDEHMEL (2)
S. 18 - 19: DERDEHMEL
S. 20: DERDEHMEL, Markus Leyacker-Schatzl
S. 21: Erwin Lanzensberger
S. 22: DERDEHMEL, BrauerPhotos / DERDEHMEL
S. 23: BrauerPhotos / DERDEHMEL
S. 24: DERDEHMEL